JN045967

ソーシャルワーク実践における意思決定支援

ミクロ・メゾ・マクロシステムの連鎖的変化に向けたエンパワメント

公益社団法人日本社会福祉士会　編集

中央法規

はじめに

　日本社会が大きく変容し、複合化・複雑化する生活課題に対して、従来の属性別や対象者のリスク別の制度等では十分に対応することができない状況において、制度や分野ごとの「縦割り」や「支え手」「受け手」の関係を越えて、すべての人々が地域、暮らし、生きがいをともに創り、高め合うことのできる地域共生社会の実現が目指されています。そして、この地域共生社会の実現に向けて、社会福祉士には制度横断的な課題への対応、社会資源の開発、地域住民の活動支援、関係者との連絡調整等の役割を果たすことが求められています。

　このような現状において、2022（令和4）年には「ソーシャルワークを紡ぐ～一人ひとりがつながりを実感できる社会への変革と社会的包摂の実現～」をテーマに、東京都にて第30回日本社会福祉士会全国大会を開催しました。1500人を超えるソーシャルワーカーが参加した本大会では、地域共生社会の実現に向けた社会福祉士への期待の高さが確認されるとともに、ソーシャルワーク4団体による連携や協働が議論されました。そして、ソーシャルワーカー同士の連帯を強め、「知」「技術」「価値」「実践」を紡ぐ機会となりました。

　すべてのプログラムが、今後ソーシャルワーカーが活動していくために不可欠な内容ではありますが、なかでも基調講演である「すべての人びとがWell-beingを実現できる社会への変革に向けたソーシャルワーク」と、その内容をふまえ意思決定支援に注目した東京特別分科会の「包括的支援体制の構築と意思決定支援～ソーシャルワークにおける意思決定支援の実践と課題を考える～」は、書籍として残し、ソーシャルワーカーの実践力の向上に活用すべきであると考えました。

　そこで、全国大会の講演や議論をもとに、ソーシャルワーク実践の基盤となる意思決定支援に注目して、誰もが自分の意思に基づき尊厳を保持した生活を継続することができるよう、ミクロ・メゾ・マクロシステムの連鎖的変化に向けたエンパワメントの実践をまとめました。なかでも、ソーシャルワーカーの思考を言語化して示した具体的な実践事例は、ソーシャルワーク実践の参考になることでしょう。

　本書が、ミクロ・メゾ・マクロレベルの総体としてのソーシャルワーク実践における意思決定支援を、すべてのソーシャルワーカーが実践するための一助になり、すべての人々のWell-beingの実現につながることを期待しています。

公益社団法人日本社会福祉士会
会長　西島善久

目次

第**4**章
ソーシャルワーク実践における
意思決定支援の展開に向けて

おわりに

編集委員・執筆者一覧

第1章

すべての人々が
Well-being を
実現できる社会に向けた
ソーシャルワーク

第 1 節

現代日本における Well-being

1 Well-being とは

　ソーシャルワーク専門職のグローバル定義には、「ソーシャルワークは、生活課題に取り組みウェルビーイング（Well-being）を高めるよう、人々やさまざまな構造に働きかける」（国際ソーシャルワーカー連盟 2014）とある。つまり、Well-being の増進は、ソーシャルワークの目的だといえる。

　では、Well-being とは何だろうか。最初にこの言葉を公的に使用したのが、

図 1-1　Well-being を構成する主な要素

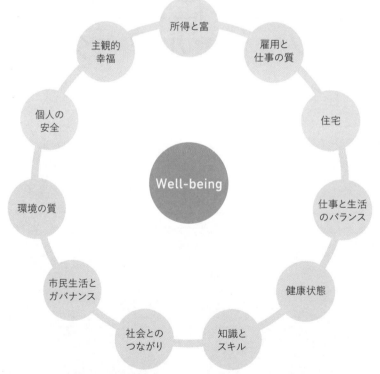

出典：OECD（2020）*How's Life ? Measuring Well-being.* によって示された Well-being
　　　を構成する主な要素を図式化して加筆

1946 年に 61 か国の代表によって署名された世界保健機関（WHO）憲章だといわれている。そこでは、"Health is a state of complete physical, mental and social well-being and not merely the absence of disease or infirmity."「健康とは、病気でないとか、弱っていないということではなく、肉体的にも、精神的にも、そして社会的にも、すべてが満たされた状態にあること」（日本 WHO 協会訳）とされている。つまり、生活のあらゆるニーズが充足されることで権利が実現され、幸せと感じられる状態だといえるのではないだろうか。

　生活のあらゆるニーズを、経済協力開発機構（OECD）のフレームワーク（2020）をもとに整理すると、①所得と富、②雇用と仕事の質、③住宅、④仕事と生活のバランス、⑤健康状態、⑥知識とスキル、⑦社会とのつながり、⑧市民生活とガバナンス、⑨環境の質、⑩個人の安全、⑪主観的幸福の 11 要素で説明できる（図 1-1）。主にこのような要素が、程度の差はあれ、関連し合いながら充足されている状態が、Well-being だと考えられる。

2　日本における Well-being の実態

　現代日本の人々は、このような要素を充足し、Well-being を実現できているのだろうか。少なくとも、いくつかの要素を充足できず、Well-being を実現できていない人々が存在していることは明らかであろう。社会福祉の観点からそれぞれの要素を概観していく。

①所得と富

　資本主義社会である日本において、健康で文化的な生活を継続できるだけの所得と富が確保されることは必須要素だといえる。しかし、2021（令和 3）年の総世帯の消費支出が年平均約 293 万円（総務省 2022）であるにもかかわらず、それに満たない所得の世帯が 30％あまりを占めている（厚生労働省 2022a）。なかには、最も基本的なニーズを充足することさえできない状況もみられる。例えば、ひとり親世帯においては、「食料が買えなかった経験」が「あった」世帯が 30.3％にのぼっている（内閣府政策統括官 2021）。

　アベノミクスにおいて、高所得者や企業への減税は繰り返されたが、実質賃金は低下し続けている。労働分配率はデンマークで 60％のところ、日本は先進 7 か国で最も低く 50％にとどまっており（厚生労働省 2018）、2021（令和 3）年の日本の平均賃金

は、OECD 加盟の 34 か国中 24 位である（OECD）。結果として、高所得 10％にあたる人の平均所得が年約 1937 万円であるのに対して、低所得 50％にあたる人の平均所得は年約 144 万円と、約 13 倍の差がみられる（World Inequality Labo 2023）。そして、所得階層の最下層の家庭に生まれた子どもが平均所得を得られるようになるのに、日本では少なくとも 4 世代分の時間がかかると予測されており（OECD 2018）、貧困の連鎖が固定化してきているといえる。

②雇用と仕事の質

　人口減少に伴い、全体的には不本意に非正規雇用で働いている人の割合は減少し始めたが、例えば、45 歳〜 54 歳男性の非正規雇用労働者のうち、31％が不本意となっている（内閣府 2022a）。また、2019（令和元）年の 55 歳〜 59 歳の一般労働者の時給を比較すると、非正規雇用労働者が 1301 円であるのに対して、正規雇用労働者は 2477 円であり、ほぼ同じ労働時間であっても雇用形態による時給の差がみられる（厚生労働省 2020a）。その背景には、責任等により職務内容に違いはあるものの、正規雇用における年功序列型の賃金体系や男女の賃金格差などがあると考えられる。そして、新型コロナウイルス感染症の影響による経営環境の悪化において、非正規雇用労働者が最初に解雇されたように、非正規雇用労働者は労働力の調整弁として活用されている。

　一方、『全国就業実態パネル調査 2020』では、雇用形態に関係なく、職場でのハラスメントを見聞きした割合が年々増加し、6 人に 1 人の雇用者がハラスメントを受けていることが明らかにされている。その約 85％がパワーハラスメントである（リクルートワークス研究所）。また、一般的に安定した職業だといわれる地方公務員が精神疾患等による公務災害補償を受理された件数は、2003（平成 15）年には 37 件であったのに対し、2019（令和元）年には 153 件にのぼっている（厚生労働省 2021a）。

③住宅

　空き家の総数は、1988（昭和 63）年に 394 万戸（9.4％）であったのが、2018（平成 30）年には 848 万 9000 戸（13.6％）に増加し続けているにもかかわらず（総務省 2019）、ホームレスの人々は 3448 人いるとされている（厚生労働省 2022b）。この人数は減少傾向にあるが、厚生労働省によるホームレスの全国実態調査（概数調査）の結果は、巡回による目視によって把握したものであるため、減少しているのは、目視しやすい河川や公園等においてブルーシートや段ボール等で寝起きをしているホームレ

スの人々だといえる。本調査では、ネットカフェやコンビニ、道路や公園等を徘徊しているホームレスの人々はほぼ把握できていないことをふまえると、何倍ものホームレスの人々がいることが推測される。

④仕事と生活のバランス

以前に比べて長時間労働は減少したものの、当然の権利である有給休暇を取得することに「ためらいを感じる」人は52.7％にのぼっている（内閣府 2021）。そして、末子妊娠時の退職理由をみると、30.2％の正社員が「仕事を続けたかったが、仕事と育児の両立の難しさで辞めた（就業を継続するための制度がなかった場合を含む）」としている（内閣府 2021）。育児休業制度は整っているものの、家事や育児に対する女性の負担が偏っている状況において、仕事と生活のバランスを保つことの難しさがうかがえる。同様に、家族の介護や看護を理由とした離職者数は、2016（平成28）年10月からの1年間で約9万9100人であった。なかでも、女性の離職者数が全体の75.8％を占めている（内閣府 2022b）。

⑤健康状態

2018（平成30）年に実施された「国民健康・栄養調査」によると、主食・主菜・副菜を組み合わせた食事を1日2回以上食べる頻度が「ほとんどない」と回答した割合は、世帯所得600万円以上に比べて、200万円未満で有意に高くなっている（厚生労働省 2020b）。また、歯の本数が20歯未満と回答した人の割合は、世帯所得が低いほど有意に高くなっている。このように、所得による健康格差がみられる。また、2021（令和3）年6月1日現在における国民健康保険料に一部でも滞納がある世帯数は、前年より減少しているものの、208万1000世帯にのぼっている（厚生労働省保険局 2022）。その理由は定かではないが、必要なときに必要な医療を受けることが困難な人々がいることは明らかだといえる。

⑥知識とスキル

『令和3年 子供の生活状況調査の分析 報告書』（内閣府政策統括官 2021）によると、大学またはそれ以上に進学したいと思っている世帯は、世帯収入が中央値の2分の1（貧困線）である約159万円未満の世帯では28％なのに対して、中央値である約318万円以上の世帯では64.3％となっている。仮に、経済的に困窮している世帯の子ど

もが進学したとしても、生活費や学費を稼ぐためにアルバイトなどに時間をとられ、中退することもあれば、卒業後も奨学金の返済に追われ、破産することもある。「親ガチャ」という言葉が有名になったが、経済的格差が教育格差等のさまざまな機会の格差を生じさせ、貧困の連鎖を固定化させていると考えられる。

⑦社会とのつながり

孤独・孤立が社会問題として認識され、内閣官房に対策担当室が創設されたが、その調査（2022）によると、孤独感が「しばしばある・常にある」と回答した人は4.5%であった。この人々の就労状態は、失業中が12.5%、派遣社員が8.7%であり、世帯年収の状態は、100万円未満が7.3%と最も多くなっている。このような結果から、就労や経済的状態が孤独感に大きな影響を与えていることがうかがえる。

⑧市民生活とガバナンス

日本における在留外国人数は増加傾向にあり、2022（令和4）年には約296万人となっている。中長期在留者のうち、技能実習で在留する外国人は約33万人に迫り、永住者の次に多くなっている（出入国在留管理庁 2022）。しかしながら、根本的な移民政策の議論がなされないなかで、外国人技能実習生が単なる安い労働力という形で搾取されているとして、アメリカ国務省から、日本は「Trafficking Victims Protection Act of 2000（人身取引被害者保護法）」の最低基準を満たしていないとみなされている（United States of America Department of State 2022）。日本には「外国人の技能実習の適正な実施及び技能実習生の保護に関する法律」はあるが、厚生労働省が2021（令和3）年に監督指導した外国人技能実習生の実習先である9036事業所（実習実施者）のうち、約72.6%にあたる6556件で、労働安全衛生法や労働基準法に違反して、賃金の未払いや違法残業等がなされていたことが明らかになっている（厚生労働省労働基準局 2022）。

⑨環境の質

建築後50年以上経過している社会資本が全国で数多く確認されており、2040年には道路橋の約75%、トンネルの約53%、港湾施設の約66%が該当すると報告されている（国土交通省）。また、人間にとって有害な物質によって汚染された状態である土壌汚染が判明し、基準不適合と判断された件数は、2020（令和2）年4月からの

1年間で、615件（法対象事例）となっている（環境省 2022）。このような安全な生活の継続を脅かす環境の問題とともに、気候変動による自然災害の増加などもみられる。

⑩個人の安全

日本は世界的にみると安全な国だといえるが、家庭においては個人の安全が守られないような状況がみられる。例えば、児童虐待相談対応件数は増え続け、2021（令和3）年度には過去最多となっている。また、2021（令和3）年のDV（ドメスティック・バイオレンス）に関する相談件数は12万件を超えており（内閣府男女共同参画局 2022）、2022（令和4）年の警察における配偶者からの暴力相談件数は8389件、配偶者からの暴力の防止及び被害者の保護等に関する法律（配偶者暴力防止法）等によって検挙した件数は780件となっている（警視庁）。

⑪主観的幸福

国際連合が定めた国際幸福デーである3月20日に毎年発表される世界幸福度ランキングをみると、2023（令和5）年に日本は137か国中47位であった（Helliwell,J.F.ら 2023）。幸福度は、1人当たりの国内総生産（GDP）、社会的支援、健康寿命、人生の選択における自由度、寛容さ、汚職の認識の6つの要素で測っているため、日本人が謙虚な回答をする傾向があることをふまえると、真の幸福度の比較とはいえないかもしれない。しかしながら、少なくとも人生の選択における自由度と寛容さが低いことは確かなようだ。

実際、日本の自殺死亡率は、G7（アメリカ、フランス、ドイツ、カナダ、イギリス、イタリア）のなかで最も高い。10代と20代の死亡のうち、最も多い原因が自殺となっている（厚生労働省 2022c）。その原因や背景は多様かつ複合的なものであり、経済・生活問題、健康問題、家庭問題、勤務問題、学校問題、男女問題などが連鎖しているといわれている（厚生労働省自殺対策推進室 2022）。つまり、ここまで確認してきた要素を充足することができず、Well-being の実現が阻害され、希望をもてず、自殺に至っていると考えられる。

3 Well-being の実現を阻害している背景

①社会福祉の対象の変化

　このように、複数のニーズが関連し合いながら充足できないために、Well-being を実現できていない人々が存在していることは明らかであるが、どうしてこのような現状になっているのだろうか。さまざまな要因が考えられるが、社会が大きく変容し、社会福祉の対象も変化しているなかで、社会の仕組みや社会的規範等が追いつかず十分に機能できていないことが主な要因だと考えられる。

　1990 年代前半までは 1 世帯当たりの平均総所得金額は増加し続けており（厚生労働省 2017）、終身雇用や年功序列によって安定した収入を継続的に得ることができるとともに、企業による福祉も充実している人々が大多数を占めていた（図 1-2）。また、1989（平成元）年の男性雇用者世帯のうち、専業主婦世帯は半分以上を占めていた（厚生労働省 2020a）。この世帯の人々は、主に専業主婦による家事、育児、介護等の無償労働によって生活が支えられている場合がほとんどであったといえる。そして、この専業主婦を中心として、地域における相互扶助も機能してきたと考えられる。

　バブル経済崩壊後は、新自由主義の考えのもと、リストラ、賃金カット、非正規化、アウトソーシング、産業の海外移転、労働力の輸入などが推し進められ、就労による

図 1-2　社会福祉の対象の変化

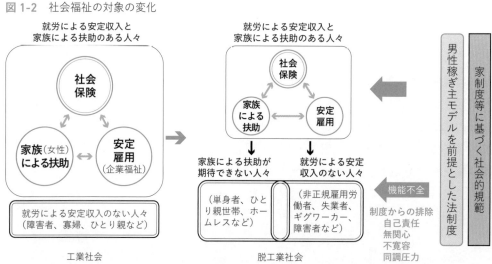

出典：髙良麻子『日本におけるソーシャルアクションの実践モデル——「制度からの排除」への対処』中央法規出版、p.11、2017 年をもとに作成

安定収入が確保されている人々の割合が減少している。なかでも、2008（平成20）年のリーマンショックによる非正規雇用労働者の派遣切りや、正規雇用労働者であっても大企業によるリストラなどによって、経済的困窮はさらに拡大した。

また、近年ではインターネット経由で単発の仕事を請け負うギグワーカーなど、従来とは異なる多様な労働形態がみられる。このような状況もあり、前述のように「働いているのに食べていけない」、いわゆるワーキングプアと称される人々がいることが確認されている。

こうした産業構造や雇用構造の変容とも関連して、未婚、離婚等によって、1989（平成元）年に20％であった単独世帯は、2021（令和3）年には29.5％に増加し続け（厚生労働省 2022a）、家族による扶助が期待できない人々が増えている。同居や別居にかかわらず家族がいる場合にも、前述の虐待やDVの実態から推察されるように、家族による扶助が期待できない人々が一定数いると考えられる。

一方、就労による安定した収入がある人は結婚していることが相対的に多いが、男性雇用者世帯のうち、共働き世帯は2019（令和元）年には66.2％となっており（厚生労働省 2020a）、男性稼ぎ主モデルが想定する、妻が家事、育児、介護等を担うことによって家族で福祉的ニーズを充足することができる家庭は少数だと考えられる。そもそもこのような考え方が、雇用から女性を組織的かつ構造的に排除しているにもかかわらず、労働力不足を補うために女性の活躍が求められている現状がある。

②社会福祉関連法制度の機能不全

社会福祉の対象はこのように変化しているにもかかわらず、社会福祉関連法制度が十分に機能できていない様子が確認される。例えば、120年前に「父」中心の家族制度のもとでつくられた民法の嫡出推定の条文がそのままであるために、無戸籍の問題が生じていた（2024（令和6）年4月1日から改正法が施行）。また、生活保護の捕捉率は、欧米諸国が47％〜92％であるのに対して、日本は15％〜18％であり（厚生労働省 2021b）、約8割前後の人々が、生活保護の対象になっているにもかかわらず利用していない、あるいは利用できない状況にある。このような制度について、岩田（2021）は、ホームレス型の貧困にも、リーマンショック時の派遣労働者等の失業にも、新型コロナウイルス感染症のパンデミックにも、生活保護は対応できていないと述べている。

ただ、社会福祉関連法制度が従前のままかといえば、そうではない。「措置」から「契約」へ、それに伴う利用者の権利擁護の仕組みの推進、施設ケアからコミュニティケアへ、サービス供給の多元化と市場化、事業計画とサービス評価の仕組みの推進、地

方分権化など、さまざまな制度的枠組みが整備されてきた。

　現在では、制度や分野ごとの縦割りの弊害に対処し、「支え手」と「受け手」という関係を超えて、住民一人ひとりの暮らしと生きがい、地域をともにつくっていく地域共生社会の実現が目指されている。そして、縦割りの弊害に対処し子ども政策を推進するための「こども家庭庁」が設置されたり、「困難な問題を抱える女性への支援に関する法律」が成立したりするなど、ここ数年でも大きな動きがみられる。

　しかしながら、男性稼ぎ主モデルを前提とした基幹的法制度に関する根本的な改革はいまだなされていない。2022（令和4）年6月14日に閣議決定された男女共同参画白書において、「家族の姿はもはや昭和ではない」や「さまざまな政策や制度が高度成長期のまま」だと強調されたばかりである。その結果、これまでのように就労による安定収入と家族による扶助のある男性稼ぎ主モデルに該当する一部の人々に対しては法制度が機能しているものの、就労による安定収入がない人々や家族による扶助が期待できない人々、そしてその両方がない人々に対しては、男性稼ぎ主モデルを前提とした法制度が機能するはずもなく、制度から排除されてしまっている。

③家制度等に基づく社会的規範

　法制度の改廃や創設を担う権限や権力を有する人々の多くは、就労による安定収入と家族による扶助のある人々に属すると考えられる。そのためか、そうではない人々の存在は認識しながらも、実態を理解することなく、従来の家制度等に基づく社会的規範をもとに、「就労による安定収入がないのは自己責任である」とか「結婚もできないのか」といったような反応をすることがある。最近では、同性婚をめぐる議論において、性的少数者（性的マイノリティ）に対して嫌悪感を示した例などがあった。

　このような従来の社会的規範は、権限や権力を有する人々に限定されるわけではなく、多くの人々に染み渡っていると考えられる。だからこそ、「正規雇用」「結婚」「出産」「家族介護」などから外れる人々が、偏見、差別、排除の対象となり、当事者も自分を責め続けることになる。また、現状に即した法制度はあっても、このような社会的規範がその活用を阻害することにもなる。例えば、日本における父親の育児休業制度は41か国中1位だと評価されているが（Unicef 2019）、「令和2年度雇用均等基本調査」（厚生労働省 2021c）によると、実際の育児休業取得率は12.65％であり、かつ短期間の利用にとどまっている。その理由としては、「職場が取得しづらい雰囲気だった」「職場の人手が不足していた」などがあげられていた（三菱UFJリサーチ＆コンサルティング 2019）。

4　誰もが Well-being を実現できるために必要なこと

　出生率が過去最低を更新し続け、2023（令和 5）年 2 月に出生数が 80 万人を下回り、少子高齢化が進むなか、人口減少は止められない状態にある。日本は自然資本が少なく、1 年間に日本の住民が消費する自然資源とサービスを賄うためには、日本 7.7 個分に相当する生物生産力が必要な状態だといわれている（Global Footprint Network 2019）。そして、歳出が税収を上回る状況は続き、国債等の公債で賄う依存度は年によって変動しているが、2021（令和 3）年は 46％となり、普通国債残高は 1000 兆円強まで累増している（財務省 2022）。

　国際的には、ロシアによるウクライナ侵攻やテロ等によって世界秩序の崩壊は進み、自国優先の価値観が一段と浸透している。そして、日本においても防衛力強化の声が高まっており、そこに財源が投入されている。また、気候変動は止まることなく、自然災害や新型コロナウイルス感染症のようなパンデミックも継続する可能性が高い。このように、これまでの「当たり前」がそうではなくなり、「ありえない」ことがますます起きてくるだろう。

　このような状況において、すべての人々が Well-being を実現できる社会に変革していくのは至難の技だといえよう。しかし、ここで諦めたら、Well-being からは遠ざかるばかりである。混沌としたこの社会において、すべての人々が Hope（希望）を失わず、Well-being の実現に向けて活動できる社会にしていくためには、従来の家制度等を背景とした凝り固まった社会的規範を、多様性を包摂する社会的規範に変えるとともに、男性稼ぎ主モデルを前提とした法制度を、実態に即して機能する社会福祉関連法制度に変革することが必要だと考えられる（図 1-3）。

　多様性を包摂する社会的規範への変革が進めば、実態に即して機能する法制度への変革も進み、法制度が変われば、社会的規範も変わる。この連動をつくり出し、社会を変えていく必要があるだろう。また、いくら法制度を変革しても、制度・組織・専門職の縦割りによる弊害は残るため、その問題にも対処していかなければならない。

　このような変革をソーシャルワーカー（以下、SWr）だけで実現できるはずもなく、またすべきでもない。SWr は、あらゆる人々とともに、ソーシャルワークの専門性を発揮しながら、チェンジ・エージェントとして変化を促していく必要がある。

図 1-3　誰もが Well-being を実現できるために必要なこと

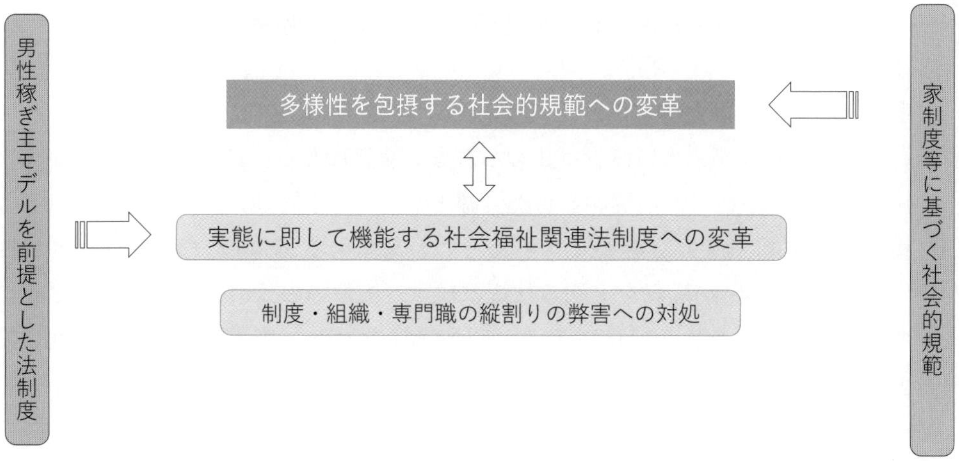

男性稼ぎ主モデルを前提とした法制度

家制度等に基づく社会的規範

多様性を包摂する社会的規範への変革

実態に即して機能する社会福祉関連法制度への変革

制度・組織・専門職の縦割りの弊害への対処

第2節

誰もが Well-being を実現できる社会に
向けたソーシャルワーク

1 ソーシャルワーカーによる実践の蓄積と課題

①ソーシャルワーカーによる実践の蓄積

　1987（昭和62）年5月に「社会福祉士及び介護福祉士法」が公布され、1989（平成元）年に初の社会福祉士が、続いて1997（平成9）年に「精神保健福祉士法」が公布され、精神保健福祉士がSWrの国家資格として誕生した。以降、いやそれ以前も、SWrはさまざまな役割を果たしてきた。なかでも、法制度に基づくサービスの担い手として、高齢者福祉、障害者福祉、児童・母子福祉、女性福祉、地域福祉、生活保護、生活困窮者福祉、就労支援、医療関係、教育関係、司法関係、災害など、ニーズに応じてその実践領域を拡大してきた。

　また、前述のように、制度から排除されている人々が生活課題を抱えながら地域で孤立している状況において、福祉教育等で地域福祉の基盤づくりをしつつ、地域の社会資源とともに個別支援を行いながら、この地域をつくっていくことを一体的に進める「地域を基盤としたソーシャルワーク」（岩間・原田 2012）等の実践が、社会福祉協議会や地域包括支援センターなどで蓄積され、理論化されている。

　このような実績をふまえ、地域共生社会の実現に向けて、社会福祉士には、ソーシャルワーク機能を発揮し、制度横断的な課題への対応や必要な社会資源の開発、そして、地域住民の活動支援や関係者との連絡調整などの役割を果たすことが求められている（社会保障審議会福祉部会 2018）。

②ソーシャルワーカーによる実践の課題

　しかしながら、日本社会福祉士養成校協会の調査（2017）によると、地域福祉を目的としている社会福祉協議会や地域包括支援センターの職員であっても、「個人・家族への働きかけ」の実施率は高いものの、「組織への働きかけ」や「地域への働きかけ」の実施率が相対的に低いことが明らかになっている。また、社会福祉士のソーシャル

ワーク機能の実態把握を目的とした日本社会福祉士会による調査（2019）においても、側面的援助機能、代弁機能、直接支援機能、教育・指導機能、仲介機能、ケアマネジメント機能といったミクロレベルの機能を発揮するために必要な知識・技術を有しているSWrの割合は80％近くであるのに対して、代弁・社会変革機能、組織化機能、調査・計画機能といったマクロレベルの機能においては30％前後であることが明らかになっている。

　このように、クライエント個人や家族を対象とした支援はSWrによって実践されているものの、社会福祉関連法制度や社会的規範の変革といったマクロシステムを対象とした実践は相対的になされていないことが明らかになっている。

2　Well-being を実現できる社会に向けたソーシャルワーク

　このような課題認識のもと、これまでの実績をふまえソーシャルワークの専門性を再確認したうえで、多様性を包摂する社会的規範への変革と、実態に即して機能する社会福祉関連法制度への変革を連動させながら推進し、誰もがWell-beingを実現できる機会を確保できる社会に向けて変化させていくためには、SWrは主に下記の5つを実践する必要があると考えられる。

---

① 批判的な思考に基づく問題の構造的理解
② インボランタリー・クライエントの発見とアウトリーチ
③ ミクロ・メゾ・マクロシステムの連鎖的変化の構想によるエンパワメント
④ 実態に即した法制度の改廃・創設を実現するソーシャルアクション
⑤ 縦割りの弊害に対処するコーディネーション

---

①批判的な思考に基づく問題の構造的理解

　多様性を包摂する社会的規範への変革を促進するには、SWr自身が多様性を包摂する社会的規範をもっていなければならない。そのためには、家制度等に基づく従来の社会的規範や、「これまではこうだったから」「制度で決まっているから」「こういうものだから」といった現状ありきの考え方から、自分を解き放ち、人間の尊厳、人権、社会正義、多様性の尊重等のソーシャルワークの価値を判断軸として、物事を批判的にとらえ、差別、搾取、抑圧、排除等の背景を構造的に理解する必要がある。このような批判的な思考によって、「この社会的規範が排除を生じさせている」とか「法

制度が機能していない」と気づくことが、社会の仕組みを変革していくスタートだといえる。

　SWr は、年齢、ジェンダー、国籍、学歴、宗教、文化、価値観等が多様な人々と活動しているため、経験として多様性を理解することができる。また、社会的不正義を経験している可能性が高い、専門的支援を必要とするクライエントを支援しているため、具体的に社会的不正義を把握することができる。つまり、差別、搾取、抑圧、排除等がどのような社会的規範や社会福祉関連法制度、およびその運用等によって生じているのかを明らかにすることができる。前述のように、「これまでありえないと思い込まされてきたことが起こり得る」社会においては、不可欠な思考だといえる。

②インボランタリー・クライエントの発見とアウトリーチ

　現状においても専門職の人材不足が課題として認識されているが、今後はますます専門職不足が深刻になり、さらなる効率化が目指されるだろう。その結果、自ら助けを求められない、いわゆる支援希求力の弱い人々であるインボランタリー・クライエントが、「仕方がない」と切り捨てられる可能性が高いと考えられる。

　一方で、インボランタリー・クライエントは、従来の社会的規範や虐待等の経験によって自分が悪いと思い込まされ、自分の意見や感情等を表出することを抑圧され続け、パワーレスな状態に陥り、声を上げられないままでいると考えられる。また、例えば女性は家事手伝いとみなされ、ひきこもりの状態であることが最近まで明らかにされてこなかったように、従来の社会的規範が現状のニーズに気づくことを阻んでいる。

　このような状況において、例えば、OpenAI による自動応答システム等を活用して支援へのアクセスの選択肢を増やす等の仕組みを整える。そして、何らかの支援が必要な状態にあるにもかかわらず、その支援等につながっていない人々を発見し、パターナリズムに注意しながら積極的に訪問してはたらきかけ、支援やサービス等につないでいく取り組みであるアウトリーチを実践する必要がある。その際、社会福祉士や精神保健福祉士の国家資格は、個別に訪問してはたらきかけるときに社会的信用を高めてくれる。

　同時に、「助けを求める力」を教育や地域において高めながら、ネットワーキング機能を発揮して、「助けて」と言わなくても、誰もが誰かしらと何らかのつながりをもち、潜在しているニーズを早期に発見できる地域をつくっていくことが、Well-being の実現に向けてインボランタリー・クライエントが活動できるようになるために必要だと考えられる。

③ミクロ・メゾ・マクロシステムの連鎖的変化の構想によるエンパワメント

◆ ミクロ・メゾ・マクロシステム

　多様性を包摂する社会的規範への変革と、実態に即して機能する社会福祉関連法制度への変革を連動させながら推進するためには、クライエント個人や家族といったミクロシステムを対象とした支援を基本としながらも、メゾシステムやマクロシステムも対象として、それらの階層性・相互性・全体性をふまえ、計画的にシステムの連鎖的変化をクライエント主体で生じさせるように促進する必要がある。つまり、このような実践こそ、人と環境の関係からニーズを把握し、人と環境との良好な適合状態に向けて交互作用の質を高めるべく、人・環境双方の接触面に介入するソーシャルワークの主となる専門性だといえる。

　ここであえて、よく使用される「レベル」ではなく、「システム」という言葉を使用しているのは、何の変化を目標として介入するのかを明確にするためである。

　日本ソーシャルワーク教育学校連盟の『ソーシャルワーク演習のための教育ガイドライン』(2022) によると、ミクロレベルとは「困難な状況に直面する個人や家族への直接援助である」とされ、「より一層の人権保障が求められる状況や人権侵害が起こっている状況」などとされている。一方で、メゾレベルは「家族ほど親密ではないが、グループや学校、職場、近隣など有意義な対人関係があるレベルで、クライエントに直接影響するシステムの変容を目指す介入である」とされ、マクロレベルは「社会問題に対応するための社会計画や地域組織化など、社会全般の変革や向上を指向しているものである」とされている。

　例えば、医療的ケアが必要な小学生のＡさんの家族を支援するために、家族会を組織化してピアカウンセリングを行うとともに、保護者以外の付き添いを可能にすべく教育委員会にはたらきかける実践は、どのレベルだと理解できるだろうか。この場合、一部がメゾレベルの実践であり、一部がマクロレベルの実践だと考えられる。このように、ソーシャルワークにおいて、ミクロ、メゾ、マクロレベルの実践は一体であるため、ソーシャルワーク実践をレベルとして整理する場合には、その理解に困難が伴うとともに、どこまでがどのレベルかを検討することに意味を見出せないこともある。

　そこで、本書においては、ミクロシステムを【個人や家族】、メゾシステムを【グループ、組織、近隣住民、自治会等】、マクロシステムを【地方自治体、国家、制度・政策、社会規範、国際機関、自然環境等】ととらえ、どのシステムの変化を想定した介入であるかを明確にするために、「システム」を使用する。

◆ ミクロ・メゾ・マクロシステムの連鎖的変化

ミクロ・メゾ・マクロシステムの連鎖的変化を促進するためには、マクロシステムまでも視野に入れたアセスメントにおいて、どのような交互作用によってクライエントのニーズが充足されていないのかの仮説を構築するとともに、クライエントがニーズを充足して Well-being を実現する交互作用に変化させるには、どのシステムがどのように連鎖的に変化していけばよいのかについて構想する必要がある。そして、それを実現するには、いつ、誰が、誰に、どのようにはたらきかけるのが有効なのか、また、その動きを起こすには、SWr は、いつ、誰に、どのように介入すればよいのかをプランニングする（髙良・佐々木 2022）。

これを実践するには、特定のクライエント個人や家族のニーズ充足に向けた実践において、メゾ・マクロシステムも対象とした支援を展開するとともに、その個別ニーズを普遍化して、メゾ・マクロシステムの問題としてとらえ直すことが不可欠になる（図1-4）。例えば、統合失調症であるクライエント B さんの社会復帰が、統合失調症に対する地域の人々の偏見によって阻害されていたとしたら、それは B さんのニーズ充足を阻害する社会的障壁だが、B さんだけに限ったことではなく、統合失調症の誰もが経験する偏見というマクロシステムの問題だといえる。

所属組織によっては、特定のクライエントに対する支援しか業務として認められないこともあるだろう。このような場合にも、①（p.14）で述べたように批判的思考を

図 1-4　ジェネラリスト・ソーシャルワークの実践展開の過程

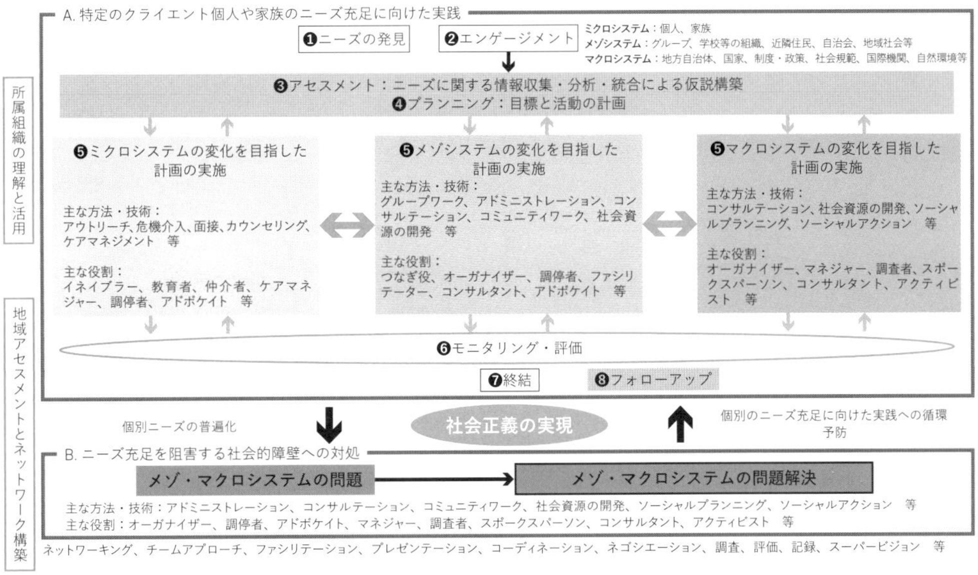

出典：髙良麻子・佐々木千里編著『ジェネラリスト・ソーシャルワークを実践するために――スクールソーシャルワーカーの事例から』かもがわ出版、p.25、2022 年を一部改変

大切にして、メゾ・マクロシステムの問題を見て見ぬふりにすることなく、認識した問題をその問題への対応が可能だと考えられる組織やSWrに伝えていく必要がある。また、地域ケア会議のような法的に位置づけられた仕組みであれば、所属組織の業務に限定されることなく、メゾ・マクロシステムの問題を把握して対応につなげることが比較的容易だと考えられる。

　介護保険法に位置づけられている地域ケア会議は、特定のクライエントである高齢者等の地域でのその人らしい生活の継続を支援するために、個別課題への対応を多様な専門職や地域住民等と検討するだけでなく（地域ケア個別会議）、検討した個別事例の蓄積から地域課題を把握して、対応策を検討し（地域ケア推進会議）、実際に社会資源の開発や政策形成につなげることで、メゾ・マクロシステムの問題に対処する方法である（長寿社会開発センター 2022）（図 1-5）。このような仕組みを有効に活用して、ミクロ・メゾ・マクロシステムの連鎖的変化を促進し、誰もが Well-being を実現できる社会に近づけていくこともできるだろう。

図 1-5　「地域ケア個別会議」と「地域ケア推進会議」の連動による地域包括ケア推進のイメージ

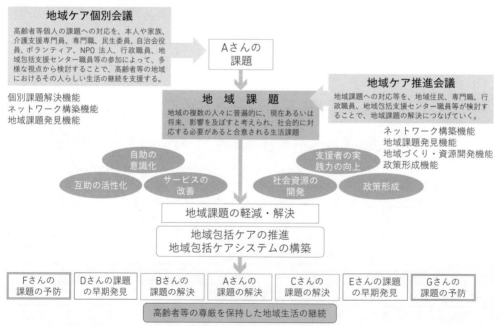

出典：東京都福祉保健局高齢社会対策部在宅支援課『令和元年度自立支援・介護予防に向けた地域ケア会議実践者養成研修事業【文章版研修テキスト】』東京都福祉保健財団、p.32、2020 年を一部改変

◆ クライエントが主体のエンパワメントのプロセス

このようなソーシャルワーク実践展開の過程において再確認しなければならないことは、あくまでクライエントが主体のエンパワメントのプロセスにしなければならないということである。つまり、社会における差別・搾取・抑圧・排除などによって資源や機会の不平等が生じ、クライエントが本来のパワーを発揮できないパワーレスな状態に陥っているととらえるエンパワメント・アプローチに基づき、SWrとクライエントがともに抑圧構造を理解する。そして、両者の協働作業によって、クライエントが主体的に経験しながら、個人的・対人的・社会政治的パワーを獲得し、排除や抑圧等の構造を変革することを支援する必要がある。そして、このようなプロセスにおいて、SWrはクライエントを含む人々の対話・交流を意識的につくり出し、そうした経験から、人々の社会的規範の変化を促す。それは、ソーシャルワークの価値を広めていくことだといえる。

クライエント主体を貫徹するためには、クライエントの意思決定支援が不可欠になる。意思決定支援というと、ミクロシステムを対象とした介入が思い浮かぶと考えられるが、それのみならず、クライエントが意思決定できるよう、それを阻害するメゾシステムやマクロシステムを変化させる必要があり、それも意思決定支援だといえる。例えば、性犯罪の規定を見直す刑法改正というマクロシステムの変化を促すことで、抑圧されてきた被害者が自分の意思を表明することができるようになると考えられる。

④実態に即した法制度の改廃・創設を実現するソーシャルアクション

◆ ソーシャルアクションとは

社会福祉関連法制度を改廃や創設できるのは、それができるだけの権限と権力を有している人々である。そのため、このような人々が実態に即して機能する法制度に変革するようにはたらきかけなければならない。それを直接的に行うのが、ソーシャルアクションである。前述のミクロ・メゾ・マクロシステムの連鎖的変化との関連で説明すると、主にマクロシステムの変化を目標とした介入方法の1つがソーシャルアクションだといえる。

2021（令和3）年度開始の社会福祉士の養成カリキュラムから、「ソーシャルワークの理論と方法（専門）」における厚生労働省による「ねらい（目標）」と「教育に含むべき事項（内容）」に、ソーシャルアクションが初めて加えられたことからも明らかなように、これまでSWr養成においてソーシャルアクションに関する十分な教育がなされてきたとは言い難い。

実際、社会福祉士によるソーシャルアクションの認識および実践状況や課題等を明らかにすることを目的に実施した調査によると、ソーシャルアクションの主要因である構造的変革を含めて理解し、かつ実践をしていた人は24%（148人）にとどまっていた（髙良 2013）。SWr は、所属組織、地方自治体、国家等が求めている役割を忠実に果たし、さまざまなサービスの担い手として十分に機能してきたといえるが、社会的に不利な立場におかれている人々の声を社会に届け、すべての人々が Well-being を実現できる社会に変革していくために実践してきたとは言い難いのが現状である。

　だが、社会福祉関連法制度に基づいたサービスを提供している SWr は、法制度の課題を具体的に把握できるという強みがある。また、地方分権が進むとともに事業委託も増加していることから、法制度の改廃や創設、運用変更などを行う権限を有している人々に相対的にアクセスしやすい立場にいることが多い。このような立場を活かして、クライエントの声に基づいた法制度の変革に向けて活動する必要がある。

◆ ソーシャルアクションの 2 つのモデル

　ソーシャルアクションには、「闘争モデル」と「協働（事業開発）モデル」がある（髙良 2017）。「闘争モデル」は、二項対立的な権力構造を顕在化し、決起集会、デモ、署名、陳情、請願、不服申立て、訴訟等などの組織的示威・圧力行動を、世論を喚起しながら行い、立法的・行政的措置を要求するモデルである。「協働（事業開発）モデル」は、社会的に不利な立場におかれている人々のニーズを充足するサービスや仕組みを多様な主体の協働によって開発および提供し、その事業実績を根拠として立法的・行政的措置を要求するモデルである（図1-6）。2 つのモデルは、社会的発言力の弱い当事者の声を政策に反映していくとともに、このプロセスおよび政策を通して権力や関係等の構造を変革する活動である。

　どちらのモデルを実践するか、あるいは両方のモデルを活用するか等については、クライエント、社会的不正義に対応する集団、SWr にとって最もリスクが少なく、かつ目標を早期に達成できるように判断しなければならない。しかしながら、対立構造を明確にする「闘争モデル」は、既存の法制度を根拠とした組織に属する SWr にとって、実践することが難しいことは安易に想像できる。このようなソーシャルアクションについては、これまでも行われてきた職能団体による声明や要望等での表明、署名への参加、裁判における個別支援、調査への参加等、SWr 個人が明確に特定されない形で活動に関与することができるだろう。

　一方、「協働（事業開発）モデル」は、生活問題が多様化するなかで政策主体もどうしたらよいのかよくわからない状況において、SWr の専門性を発揮して、実際の事業実績とともに実態に即した法制度を提案することができるリスクの少ない活動だと

図 1-6　ソーシャルワークにおけるソーシャルアクションの展開過程

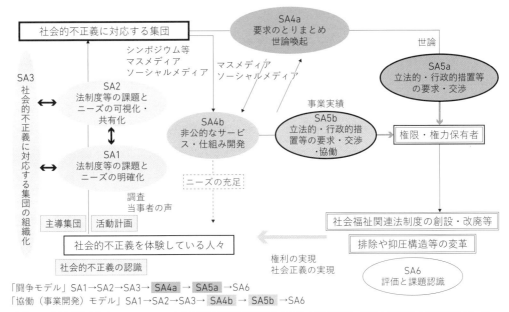

「闘争モデル」SA1→SA2→SA3→ SA4a → SA5a →SA6
「協働（事業開発）モデル」SA1→SA2→SA3→ SA4b → SA5b →SA6

出典：一般社団法人日本ソーシャルワーク教育学校連盟編『最新 社会福祉士養成講座　精神保健福祉士養成講座12　ソーシャルワークの理論と方法［共通科目］』中央法規出版、p.322、2021 年を一部改変

いえる。特定非営利活動法人（NPO 法人）が増加するなか、地方分権の推進を背景として、地域の権限・権力保有者にはたらきかける実践が各地で散見されるとともに、このような活動の蓄積のもと、国の政策形成に関与する実践者も増えている。

　「闘争モデル」は法制度の改廃に有効だが、世論を喚起して集団の圧力によって変化を起こそうとするため、マイノリティや論争型の問題に対する法制度の変革は実現しづらい。そのことをふまえ、SWr は当事者や社会起業家を含む多様な主体と協働しながら、法制度の創設等に向けて「協働（事業開発モデル）」を実践する必要があるといえよう。

　前述のように、ソーシャルアクションにおいても、当事者であるクライエントが主体となり、Well-being の実現を阻む障壁を取り除き、パワーを高める機会とすべきである。そのため、ターゲットとする権限・権力保有者のシステムに直接はたらきかけるアクション・システムは、クライエント・システムとできる限り重複させるよう留意すべきである。しかしながら、ソーシャルアクションは社会的に声を上げる活動であり、多様な価値観が存在する現状においては、誹謗中傷等の標的となる可能性も高い。これらのリスクを予防しながら、いかにクライエントのパワー獲得につなげるかが鍵だといえる。

⑤縦割りの弊害に対処するコーディネーション

　実態に合致した法制度等ができても、制度・組織・専門職の縦割りの弊害は残る。この弊害を軽減するには、「個々のメンバーがそれぞれの相違は保持しながら全体の調和を構築していく働きかけ」（日本ソーシャルワーク教育学校連盟 2021）であるコーディネーションが不可欠である。以前からその必要性は認識されており、例えば、生活支援コーディネーター、子育て支援コーディネーター、地域体制整備コーディネーターのように、さまざまなコーディネーターと呼ばれる人が活動している。しかしながら、地域は分野や事業ごとに分かれているわけではないため、それらを横断するコーディネーションが必要になる（図 1-7）。

　社会福祉協議会等を中心として、SWr は地域におけるソーシャルワーク実践を蓄積しているとともに、ミクロ・メゾ・マクロすべてのネットワークのレベルを循環できる。このような強みを活かしながら、SWr 同士もつながり、縦割りの弊害に対処する必要がある。

図 1-7　縦割りの弊害に対処するコーディネーション

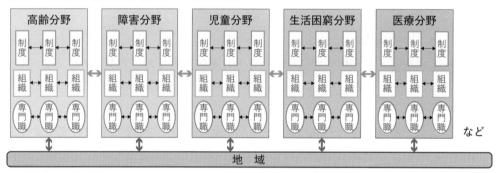

引用・参考文献
・国際ソーシャルワーカー連盟（2014）「ソーシャルワーク専門職のグローバル定義」
・公益社団法人日本 WHO 協会「世界保健機関（WHO）憲章とは」
・OECD（2020）How's Life? Measuring Well-being
・総務省（2022）『家計調査報告（家計収支編）2022 年（令和 4 年）平均結果の概要』
・厚生労働省（2022a）『2021 年 国民生活基礎調査の概況』
・内閣府政策統括官（2021）『令和 3 年 子供の生活状況調査の分析 報告書』
・厚生労働省職業安定局（2018）「我が国の構造問題・雇用慣行等について」『雇用政策研究会』第 3 回資料
・OECD「平均賃金」
・World Inequality Lab（2023）World Inequality Report 2022 Country sheets
・OECD（2018）『社会階層のエレベータは壊れているのか？　社会的流動性を促進する方法』
・内閣府（2022a）『令和 4 年版男女共同参画白書』
・厚生労働省（2020a）『令和 2 年版厚生労働白書』

- リクルートワークス研究所（2020）「職場のハラスメントを解析する　全国就業実態パネル調査2020」
- 厚生労働省（2021a）『令和3年版過労死等防止対策白書』
- 総務省（2019）『平成30年住宅・土地統計調査』
- 厚生労働省（2022b）『令和4年 ホームレスの実態に関する全国調査（概数調査）』
- 内閣府男女共同参画局 仕事と生活の調和推進室（2021）『仕事と生活の調和（ワーク・ライフ・バランス）総括文書──2017〜2020』
- 内閣府（2022b）『令和4年版高齢社会白書』
- 厚生労働省（2020b）「平成30年国民健康・栄養調査結果の概要」
- 厚生労働省保険局（2022）『令和2年度国民健康保険（市町村国保）の財政状況について』
- 内閣官房孤独・孤立対策担当室（2022）『人々のつながりに関する基礎調査（令和3年）調査結果の概要』
- 出入国在留管理庁（2022）「令和4年6月末現在における在留外国人数について」
- United States of America Department of State（2022）*Trafficking in Persons Report*
- 厚生労働省労働基準局（2022）「外国人技能実習生の実習実施者に対する監督指導、送検等の状況（令和3年）」
- 国土交通省　社会資本の老朽化対策情報ポータルサイト インフラメンテナンス情報「社会資本の老朽化の現状と将来」
- 環境省（2022）『令和2年度土壌汚染対策法の施行状況及び土壌汚染調査・対策事例等に関する調査結果』
- 内閣府男女共同参画局（2022）「配偶者暴力相談支援センターにおける相談件数等（令和3年度分）」
- 警視庁「配偶者からの暴力事案の概況」
- Helliwell, J. F., Layard, R., Sachs, J. D., De Neve, J.-E., Aknin, L. B. & Wang, S.（Eds.）（2023）*World Happiness Report 2023*. New York: Sustainable Development Solutions Network
- 厚生労働省（2022c）『令和3年版自殺対策白書』
- 厚生労働省自殺対策推進室（2022）「令和3年中における自殺の状況」
- 厚生労働省（2017）『平成29年版厚生労働白書』
- 髙良麻子（2017）『日本におけるソーシャルアクションの実践モデル──「制度からの排除」への対処』中央法規出版
- 厚生労働省（2021b）「第1回生活保護制度に関する国と地方の実務者協議（参考資料）生活保護制度の現状について」
- 岩田正美（2021）『生活保護解体論──セーフティネットを編みなおす』岩波書店
- Unicef（2019）*Are the world's richest countries family friendly? Policy in the OECD and EU*
- 厚生労働省（2021c）「令和2年度雇用均等基本調査」
- 三菱UFJリサーチ＆コンサルティング（2019）「平成29年度 仕事と育児の両立に関する実態把握のための調査研究事業報告書」
- Global Footprint Network（2019）*Earth Overshoot Day 2019 is July 29th, the earliest ever*
- 財務省（2022）『日本の財政関係資料（令和4年4月）』
- 岩間伸之・原田正樹（2012）『地域福祉援助をつかむ』有斐閣
- 社会保障審議会福祉部会 福祉人材確保専門委員会（2018）「ソーシャルワーク専門職である社会福祉士に求められる役割等について」
- 一般社団法人日本社会福祉士養成校協会（2017）『厚生労働省平成28年度生活困窮者就労準備支援事業等補助金 地域における包括的な相談支援体制を担う社会福祉士養成のあり方及び人材活用のあり方に関する調査研究事業報告書』
- 公益社団法人日本社会福祉士会（2019）『厚生労働省平成30年度生活困窮者就労準備支援事業費等補助金社会福祉推進事業 ソーシャルワーク専門職である社会福祉士のソーシャルワーク機能の実態把握と課題分析に関する調査研究事業報告書』
- 日本ソーシャルワーク教育学校連盟（2022）『ソーシャルワーク演習のための教育ガイドライン（2022年2月改訂版）』pp.19-20
- 髙良麻子・佐々木千里編著（2022）『ジェネラリスト・ソーシャルワークを実践するために──スクールソーシャルワーカーの事例から』かもがわ出版、p.25
- 地域包括支援センター運営マニュアル検討委員会編（2022）『地域包括支援センター運営マニュアル3訂』長寿社会開発センター
- 髙良麻子（2013）「日本の社会福祉士によるソーシャル・アクションの認識と実践」『社会福祉学』53(4)、pp.42-54、日本社会福祉学会
- 日本ソーシャルワーク教育学校連盟編（2021）『最新 社会福祉士養成講座6　ソーシャルワークの理論と方法［社会専門］』中央法規出版、p.143

第**2**章

ソーシャルワーク実践の
基盤としての
意思決定支援

「私たちのことを私たち抜きで決めないで」

このフレーズが頭の中にないソーシャルワーカー（以下、SWr）はいないだろう。しかし私たちは、本人が表出した意思や思いより、支援者側が考える本人にとってよかれという、いわゆる「最善の利益」を優先させてきてはいなかっただろうか。

「ソーシャルワーカーの倫理綱領」には、クライエントに対する倫理責任として、「クライエントの自己決定の尊重」がソーシャルワーク専門職のグローバル定義の改正前から明文化されており、SWr は誰もが本人の自己決定を尊重した支援者であることを大前提と考えているだろう。しかし、自己決定の尊重を叶える本人への意思決定支援はどうあるべきか、このことについて十分に整理されてきたのかは懸念が残る。本人の意思のとらえ方や支援者の向き合い方については個別に解釈が異なり、何が正解なのか間違いなのか、そもそも正解はあるのか、私たちの迷いや戸惑いは大きいと思われる。

そして、第 1 章で述べた、すべての人々が Well-being を実現できる社会に向けたソーシャルワークを実践するためには、個人や家族といったミクロシステムのみならず、ミクロ・メゾ・マクロシステムの連鎖的変化を意識した意思決定支援が求められる。

これらの課題認識をふまえ、本章では、まずミクロ・メゾ・マクロシステムの連鎖的変化を意識した意思決定支援の実践の基盤となるソーシャルワーク専門職のグローバル定義、SWr の倫理、国際連合（以下、国連）の障害者の権利に関する条約（以下、障害者権利条約）、および国際生活機能分類（ICF）と意思決定支援の連関性を確認する。次に意思決定支援の概念的整理を行い、最後にミクロ・メゾ・マクロシステムにおける意思決定支援の循環性について述べる。

第 **1** 節

ソーシャルワーク実践と意思決定支援

1　ソーシャルワーク専門職のグローバル定義と意思決定支援

　ソーシャルワーク専門職は、国際ソーシャルワーカー連盟（IFSW）が 2014（平成
26）年に採択した「ソーシャルワーク専門職のグローバル定義」（以下、グローバル定義）
をソーシャルワーク実践の基盤となるものとして認識し、実践の拠り所としている。

ソーシャルワーク専門職のグローバル定義（Global Definition of Social Work）
　ソーシャルワークは、社会変革と社会開発、社会的結束、および人々のエンパワメントと解
放を促進する、実践に基づいた専門職であり学問である。社会正義、人権、集団的責任、およ
び多様性尊重の諸原理は、ソーシャルワークの中核をなす。ソーシャルワークの理論、社会科
学、人文学、および地域・民族固有の知を基盤として、ソーシャルワークは、生活課題に取り
組みウェルビーイングを高めるよう、人々やさまざまな構造に働きかける。

　「ウェルビーイングを高めるよう、人々やさまざまな構造に働きかける」ソーシャ
ルワークは、幅広い生活課題に対して総合的な取り組みを行う。そのはたらきかけの
対象は、個々人の生活課題のみならず、ときに権力者によって引き起こされ、人権が
抑圧される戦争や暴力への反対と平和の希求であり、人々を抑圧する社会構造や社会
的障壁であり、また生物の生存可能性を低下させ得る気候変動や自然環境の悪化でも
あり得る。それほどソーシャルワークの対象は幅広く、不平等・差別・搾取・抑圧の
永続につながる構造的障壁の問題に取り組むソーシャルワーク実践は、人々のエンパ
ワメントと解放のために、その環境となる「社会変革と社会開発、社会的結束」を促
進する。
　グローバル定義の注釈には、「ソーシャルワークの大原則は、<u>人間の内在的価値と
尊厳の尊重</u>、危害を加えないこと、多様性の尊重、人権と社会正義の支持である」と
いう原則や、「人々のために」ではなく、「<u>人々とともに</u>」働き、「抑圧的な権力や不
正義の構造的原因と対決しそれに挑戦するために、<u>人々の希望・自尊心・創造的力を
増大させる</u>ことをめざすもの」であるというソーシャルワークの実践の考え方、あり

方が示されている（下線筆者）。「人々とともに」働き、人々の希望・自尊心・創造的力を増大させることをめざす実践は、本書のテーマである意思決定支援の実践の過程でもある。

　「あらゆるレベルにおいて人々の権利を主張すること、および、人々が互いのウェルビーイングに責任をもち、人と人の間、そして人々と環境の間の相互依存を認識し尊重するように促すことにある」（グローバル定義・注釈）というソーシャルワークの主な焦点は、個人の尊厳を尊重するために、本人の意思形成・意思表明・意思実現に本人とともにチームや関係者が協働して取り組む意思決定支援や、その実践の土台としてのミクロ・メゾ・マクロシステムの連鎖的変化に向けたエンパワメントにおいても、常に留意していくものとなる。

2　ソーシャルワーカーの倫理綱領と意思決定支援

　SWr は、ソーシャルワーク専門職としての倫理を実践の基盤として、専門的知識と技術をクライエントの必要に応じて活用する。本書のテーマである意思決定支援のソーシャルワーク実践も、SWr の倫理を基盤とする。

　新たなグローバル定義を受け、日本社会福祉士会も参加する日本ソーシャルワーカー連盟の構成 4 団体において、2005（平成 17）年の倫理綱領の改定、検討作業が行われ、2020（令和 2）年 5 月に「ソーシャルワーカーの倫理綱領」として報告された。

　新たなソーシャルワーカーの倫理綱領では、「われわれソーシャルワーカーは、すべての人が人間としての尊厳を有し、価値ある存在であり、平等であることを深く認識する。われわれは平和を擁護し、社会正義、人権、集団的責任、多様性尊重および全人的存在の原理に則り、人々がつながりを実感できる社会への変革と社会的包摂の実現をめざす専門職であり、多様な人々や組織と協働すること」が言明されている（色文字は、今回の改定で新たに追記された部分）。

　SWr は、平和を擁護し、社会正義、人権、集団的責任、多様性尊重および全人的存在の原理に則って、人々がつながりを実感できる社会への変革と社会的包摂の実現を目指していく専門職であることに改めて留意しなければならない。そして、SWr がこれらの原理に則って活動を進めていくためには、多様な人々や組織と協働し、連携の仕組みとネットワークの構築を図っていかなければならない。

　ソーシャルワーカーの倫理綱領の内容と意思決定支援の実践は、当然のことながらすべて関連している。倫理綱領における「クライエント」という言葉が「ソーシャルワーク専門職のグローバル定義に照らし、ソーシャルワーカーに支援を求める人々、

ソーシャルワークが必要な人々および変革や開発、結束の必要な社会に含まれるすべての人々をさす」（倫理綱領 注3）ように、ミクロ・メゾ・マクロシステムの連鎖的変化に向けたエンパワメントのソーシャルワーク実践における意思決定支援に倫理綱領の内容は通底している。

なかでも意思決定支援の実践と関連する、下記の5つの「クライエントに対する倫理責任」と改定内容を確認しておく。

Ⅰ　クライエントに対する倫理責任（一部抜粋）

4.（説明責任）
　ソーシャルワーカーは、クライエントに必要な情報を適切な方法・わかりやすい表現を用いて提供する。

5.（クライエントの自己決定の尊重）
　ソーシャルワーカーは、クライエントの自己決定を尊重し、クライエントがその権利を十分に理解し、活用できるようにする。また、ソーシャルワーカーは、クライエントの自己決定が本人の生命や健康を大きく損ねる場合や、他者の権利を脅かすような場合は、人と環境の相互作用の視点からクライエントとそこに関係する人々相互のウェルビーイングの調和を図ることに努める。

6.（参加の促進）
　ソーシャルワーカーは、クライエントが自らの人生に影響を及ぼす決定や行動のすべての局面において、完全な関与と参加を促進する。

7.（クライエントの意思決定への対応）
　ソーシャルワーカーは、意思決定が困難なクライエントに対して、常に最善の方法を用いて利益と権利を擁護する。

11.（権利擁護）
　ソーシャルワーカーは、クライエントの権利を擁護し、その権利の行使を促進する。
※色文字は今回の改定で追記された部分

---

①説明責任

意思決定支援において説明責任を果たしていくにあたり、「クライエントに必要な情報を適切な方法・わかりやすい表現を用いて提供する」ためには、クライエントとクライエントを取り巻く環境の全人的なアセスメントが求められる。このアセスメントがなければ、必要な情報はどのようなものなのかという判断ができない。また、クライエントのワーカビリティ（本人自身がもつ問題解決に向けた意欲、能力、機会など）や情報等を受け止める力、潜在的な可能性を把握することが重要となる。

さらに、支援者側のわかりやすく適切に伝達するコミュニケーション能力、多様な手段や技法、必要な情報の内容や量などのアセスメント力、クライエントの選択肢と

なり得る社会資源のネットワーク、必要な社会資源の開発力などが問われてくることになる。「説明責任」の倫理責任は、支援者側のアセスメント力をはじめとした総合的な相談支援の力を同時に問うているといえる。

②クライエントの自己決定の尊重

この倫理責任は、意思決定支援の目的と重なる。SWr は、人々が自身で選択し決定をするという権利を尊重し促進する。自己決定のための選択の幅を広げることができるように、必要な情報を伝え、社会資源を活用し、開発する。

今回の改定において追記された「クライエントの自己決定が本人の生命や健康を大きく損ねる場合や、他者の権利を脅かすような場合」について、日本社会福祉士会編集の『三訂　社会福祉士の倫理　倫理綱領実践ガイドブック』（中央法規出版、2022 年）では、虐待を受けて一時保護されている本人が家に帰りたいと強く訴える事例や、ヤングケアラーが過剰に役割を担おうとする事例、ゴミとして出されたアルミ缶を収集してため込み自宅の敷地外にはみ出して地域から苦情が寄せられている事例への対応を紹介している。

セルフネグレクトの状態で生命の危機がある場合や自殺企図がある場合などへの対応も含めて、その予防や防止に向けたソーシャルワークの技法や社会資源の活用方法を学びながら、人と環境の双方とその接点にはたらきかける総合的なソーシャルワーク実践が求められている。

また、本章第 2 節で後述する意思決定支援および代行決定のプロセスの 7 つの原則の内容、およびクライエントの状況に応じて 7 つの原則の循環性をふまえて対応していくことが求められる（p.44 参照）。

③参加の促進

この倫理責任も今回の改定で追記されたものであり、2018（平成 30）年 7 月に国際ソーシャルワーカー連盟(IFSW)総会および国際ソーシャルワーク学校連盟(IASSW)総会で承認されたグローバルソーシャルワーク倫理声明文の「5. 参加する権利を促進する」という倫理声明に基づいている。意思決定支援の過程において、本人は保護の客体ではなく、本人が権利行為の主体であることを明示している。

④クライエントの意思決定への対応

「意思決定支援を踏まえた後見事務のガイドライン」において、意思決定能力とは「支援を受けて自らの意思を自分で決定することのできる能力」とされ、意思決定を行う場面での（情報の理解）（記憶保持）（比較検討）（意思の表現）といった4つの要素があげられている。ガイドラインでは、「意思決定能力は、あるかないかという二者択一的なものではなく、支援の有無や程度によって変動するもの」としており、また、「意思決定能力のアセスメントは本人の能力の有無のみを判定するアプローチではなく、支援を尽くしたといえるかどうかについても、チーム内で適切に検討することが求められる」とされている。

意思決定支援においては、本人の能力ではなく、支援者側の意思決定を支援できる能力が常に問われていることを意識する必要がある。

⑤権利擁護

「ソーシャルワーカーは、クライエントの権利を擁護し、その権利の行使を促進する」という際のクライエントは、SWr に支援を求める人々、ソーシャルワークが必要な人々、および変革や開発、結束の必要な社会に含まれるすべての人々を指している。平和の擁護、社会正義、人権、集団的責任、多様性尊重および全人的存在の原理に則り、ミクロ・メゾ・マクロシステムの連鎖的変化に向けたエンパワメント、総合的な権利擁護の実践が求められていることを改めて確認しておきたい。

3 障害者権利条約と意思決定支援

①当事者の立場でとらえることが強調された契機

意思決定支援のとらえ方について、それぞれの個人的な考え方ではなく、支援を必要とする当事者の立場でとらえることが強調された大きな契機は、国連の障害者権利条約に日本が署名・批准したことである。

障害者権利条約は、すべての障害のある人が（ただし、障害はその人に存在しているのではなく、社会の障壁を障害ととらえることが重要）、さまざまな場面と立場においてその自由と人権が尊重されることを明確に提示し、国はこれを守らなければならないと規定している。

障害者権利条約に署名・批准したことに伴い、日本はほかの契約締結国と同様、国連障害者権利委員会に対し、条約に基づく義務履行のためにとった措置および進捗状況に関する政府報告を定期的に提出することが義務づけられた。そして、第1回政府報告を2016（平成28）年に提出した結果、2022（令和4）年に国連障害者権利委員会より総括所見が示された。

　なお、日本社会においては、「障害者」という言葉が障害者福祉制度等の対象者を指しているという誤解が生じやすいので注意が必要である。障害は、個人の心身の機能によって生じるものではなく、これらの人に対する態度および環境といった社会的障壁との間の相互作用によって生じる。障害のある人とは、社会的障壁によって継続的に日常生活または社会生活に制約がある状態のあらゆる年代の人のことであり、加齢、病気、事故等により誰もが障害がある状態になり得る。

　障害のある人の人権が尊重されることや、さまざまな社会的障壁を除去していくためのはたらきかけは、すべての人々の課題である。

②障害者権利条約における自律と自立

　障害者権利条約の前文には「(n) 障害者にとって、個人の自律及び自立（自ら選択する自由を含む。）が重要であること」が認められ、第3条の一般原則においては「(a) 固有の尊厳、個人の自律（自ら選択する自由を含む。）及び個人の自立の尊重」が定められている。原文は、前文が「(n) Recognizing the importance for persons with disabilities of their individual autonomy and independence, including the freedom to make their own choices」、第3条が「(a) Respect for inherent dignity, individual autonomy including the freedom to make one's own choices, and independence of persons」である。

　第3条の一般原則の筆頭に固有の尊厳と自律と自立の尊重が置かれ、個人の尊厳を人権の基盤として、自律 (individual autonomy including the freedom to make one's own choices) の自己決定権が自立 (independence of persons) と同様に権利としていかに重要視されているかがわかる。

　『広辞苑』（第7版）によると、自律は「外部からの支配や制御から脱して、自身の立てた規範に従って行動すること」であり、ソーシャルワーク実践における意思決定支援の目的である個人の尊重、自己決定権と重なる。

　さらに、障害者権利条約の前文では「(o) 障害者が、政策及び計画（障害者に直接関連する政策及び計画を含む。）に係る意思決定の過程に積極的に関与する機会を有すべきであることを考慮」することが明記されている。本章の冒頭で述べたように、障害者

権利条約策定の議論において強調された統一スローガンが「Nothing about us without us（私たちのことを私たち抜きで決めないで）」であったことを支援者は常に意識し、ミクロ・メゾ・マクロシステムの連鎖的変化に向けたエンパワメントのソーシャルワーク実践においては、各システムにおける意思決定に当事者とともに参加し、協働していく取り組みが求められる。

③法律の前にひとしく認められる権利と意思決定支援

意思決定支援については、障害者権利条約第12条に示されている。

第12条　法律の前にひとしく認められる権利

1　締約国は、障害者が全ての場所において法律の前に人として認められる権利を有することを再確認する。

2　締約国は、障害者が生活のあらゆる側面において他の者との平等を基礎として法的能力を享有することを認める。

3　締約国は、障害者がその法的能力の行使に当たって必要とする支援を利用する機会を提供するための適当な措置をとる。

4　締約国は、法的能力の行使に関連する全ての措置において、濫用を防止するための適当かつ効果的な保障を国際人権法に従って定めることを確保する。当該保障は、法的能力の行使に関連する措置が、障害者の権利、意思及び選好を尊重すること、利益相反を生じさせず、及び不当な影響を及ぼさないこと、障害者の状況に応じ、かつ、適合すること、可能な限り短い期間に適用されること並びに権限のある、独立の、かつ、公平な当局又は司法機関による定期的な審査の対象となることを確保するものとする。当該保障は、当該措置が障害者の権利及び利益に及ぼす影響の程度に応じたものとする。

5　締約国は、この条の規定に従うことを条件として、障害者が財産を所有し、又は相続し、自己の会計を管理し、及び銀行貸付け、抵当その他の形態の金融上の信用を利用する均等な機会を有することについての平等の権利を確保するための全ての適当かつ効果的な措置をとるものとし、障害者がその財産を恣意的に奪われないことを確保する。

第12条第1項から第3項において、障害のあるすべての人が法律の前に人として認められる権利を有することを規定し、障害のある人が法的能力があることを前提として、その権利を行使するために必要な支援にアクセスできるようにすべきであることが示されている。第3項で述べられている「必要とする支援」には、意思決定支援が含まれていると解される。第4項において「権利、意思及び選好」という言葉が使われていることも、意思決定支援のあり方を考えるときに重要となる。

障害者権利条約は、その人の人生や生き方は、他者に決められるものではないことを徹底的に求めている。つまり、「私ができることをあなたに提供したい」という考

え方から、「あなたが自分で決めたり実行したりするには、何が必要なのかを知るために、あなたのことをもっと知りたい」という考え方に意識を変換することが支援者に求められているともいえる。主体はあくまでも支援者側ではなく、その人本人なのである。そして、本人が「こういうことは私が決めることができるのだ」という気持ちをもつこと、そのことがエンパワメントの相互作用を促し、ひいては Well-being の実現につながると考える。

　国連障害者権利委員会が日本の成年後見制度の見直しを求める大きな理由は、成年後見制度が本人に代わって第三者（法定代理人＝成年後見人等）が法律行為を行うことを法的に認めていることにある。一方で、民法には「身上配慮義務」（第858条）という規定がある。そこでは、後見人等には身上配慮義務があるとされ、本人の意思を尊重した事務を行うことが規定されているが、その具体的場面や方法が提示されていないことから、後見人等によって対応が異なることが大きな問題として指摘され続けてきた。

　成年後見制度の利用の促進に関する法律（以下、成年後見制度利用促進法）に基づく第二期成年後見制度利用促進基本計画（以下、第二期基本計画）においては、推進するのは成年後見制度の利用ではなく、「地域共生社会の実現に向けた権利擁護支援」であると明確化されている。第二期基本計画で整理された権利擁護支援では、「権利侵害からの回復支援（レスキュー的な対応が必要な支援）」と、「意思決定支援等による権利行使の支援（本人の力を引き出すエンパワメントが必要な支援）」という考え方が示された。

　現状では、虐待への対応や本人の同意が得られないなかでの成年後見制度の活用などが「権利侵害からの回復支援」に該当するが、これらの支援は限定的であり、本人の状況や環境の変化に伴い定期的に見直しを図る必要があると考える。意思決定支援とともに、回復支援の場面においても SWr のかかわりが求められる。その際に、意思決定支援のあり方を本人やほかの支援者と共有することが大切である。

4　ICF と意思決定支援

　2001 年に世界保健機関（WHO）総会において採択された国際生活機能分類（ICF：International Classification of Functioning, Disability and Health）は、人の生活機能と障害の国際分類として、さまざまな対人援助職が共通に使用しているものであり、SWr はその基本的な考え方をふまえ、理解しておく必要がある（図 2-1）。

　意思決定支援との関連で特に留意しておかなければならない ICF の考え方は、大きく 2 つある。1 つは、人の心身機能、活動、参加といった生活機能をみていくうえ

図 2-1　国際生活機能分類（ICF）の概念図

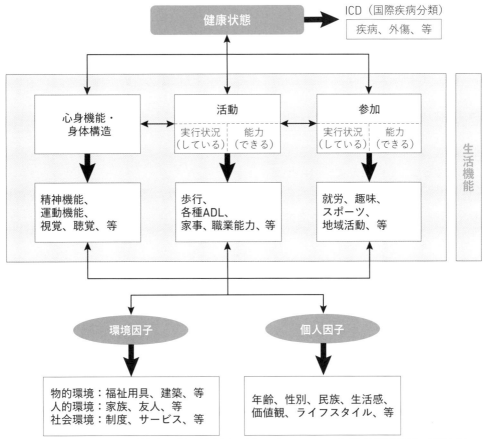

出典：厚生労働省大臣官房統計情報部編『生活機能分類の活用に向けて──ICF（国際生活機能分類）：活動と参加の
　　　基準（暫定案）』財団法人厚生統計協会、p.4、2007 年

では、現在の「実行状況」とともに、本来発揮できる「能力」に着目することである。
つまり、本人が保持している力と可能性に着目して多様なアプローチを試みていくと
いうことであり、ソーシャルワークのストレングスモデル、エンパワメントアプロー
チにもつながる。

　もう 1 つは、人の生活機能は、健康状態とともにその人の環境因子や個人因子と
相互作用しており、環境因子が変わることで、その人の生活機能が促進されることが
あるということである。意思決定支援においても、ミクロシステムの実践における支
援者の態度、支援者の援助技術の向上、社会資源との媒介、わかりやすい情報提供、
支援チームの形成支援、本人が安心して意思形成、意思表明ができる環境の設定など
の環境因子の促進が必要となる。また、ミクロシステムの実践の土台となるメゾ・マ
クロシステムの環境整備への総合的なはたらきかけや連鎖的変化に常に留意する必要

がある。

ICFは、障害の有無にかかわらずすべての人に当てはまる統合モデルであり、多様な専門職がチームアプローチを行う際の共通言語でもあるといえる。

SWrとしては、特に環境因子と個人因子が人の生活機能と相互作用しているというICFの基本的な考え方に着目して、本人との関係構築のなかで価値観、ライフスタイル、生活歴などの個人因子の特性や強み（ストレングス）をともに探りながら、活動レベルの生活行為を整えていくことを支援する。そして、参加レベルの本人の目標に向かって、本人と環境因子をエンパワメントしながら、その関係性を改善していくことに協働して取り組んでいく必要がある。

意思決定支援の実践において、最も意識しておかなければならないのは「ICFの使用に関する倫理的ガイドライン」である（表2-1）。

表2-1　ICFの使用に関する倫理的ガイドライン

尊重と秘密

(1) ICFは常に個人の固有の価値と自律性（自己決定権）を尊重して用いられるべきである。

(2) ICFは決して人にレッテルを貼ったり、障害種別のみで人を判断するために用いるべきではない。

(3) 臨床の場でICFを用いる場合には、生活機能水準の分類がなされる本人の十分な認識と、協力と同意を得るべきである。もしその人の認知機能に制限があるためにこれが不可能ならば、その人の権利を代弁する人が積極的に関与すべきである。

(4) ICFを用いてコード化された情報は個人情報とみなすべきで、そのデータが用いられる様式に適した、機密保持についての承認された規則に従わねばならない。

ICFの臨床的利用

(5) 臨床家は、できるかぎり個人またはその代弁者にICFの使用の目的を説明し、その人の生活機能の水準を分類するためにICFを用いることの適切さについての質問をすすんで求めるべきである。

(6) 生活機能レベルを分類される人（またはその人の代弁者）は、できるかぎり参加する機会がもて、特に、評価対象となる項目や評価結果の適切さについて疑問をのべたり賛同する機会が得られるようにすべきである。

(7) 分類で確認される問題点はその人の健康状況とその人が生活している物的・社会的な背景の両方の結果から生じるものなので、ICFは全体的視野にたって用いられるべきである。

ICF情報の社会的利用

(8) ICFの情報は可能な限り最大限に、障害のある人と協力して、彼ら／彼女らの選択権や自己の人生の支配権をより強くするために用いられるべきである。

(9) ICFの情報は個人の参加を促し支援しようと努める社会政策や政治改革の促進に向けて用いられるべきである。

(10) ICF、およびその使用により得られるすべての情報は、個人やグループの確立された権利を否定したり、正当な権利を制限するために用いられるべきではない。

(11) ICFで同じに分類がなされた人々であっても、多くの点で異なっている。ICF分類を基準として用いる法律や規則は、人々を本来意図すること以上に同質のものととらえてはならず、生活機能が分類対象となっている人々をあくまで個人としてとらえるように保証すべきである。

出典：障害者福祉研究会編「付録6 ICFの使用に関する倫理的ガイドライン」『国際生活機能分類（ICF）——国際障害分類改定版』中央法規出版、pp.234-235、2002年を一部抜粋

どの項目も意思決定支援の実践と関連するが、特に「(1) ICF は常に個人の固有の価値と自律性（自己決定権）を尊重して用いられるべきである」「(8) ICF の情報は可能な限り最大限に、障害のある人と協力して、彼ら／彼女らの選択権や自己の人生の支配権をより強くするために用いるべきである」「(9) ICF の情報は個人の参加を促し支援しようと努める社会政策や政治改革の促進に向けて用いられるべきである」といったガイドラインの内容を改めて確認しておきたい。

　「ICF の使用に関する倫理的ガイドライン」は、先に述べたグローバル定義、ソーシャルワーカーの倫理綱領、障害者権利条約の内容とともに、意思決定支援の実践において留意する必要がある。

意思決定支援の概念的整理

1 意思決定支援とは何か

意思決定支援という言葉には大きく 2 つの意味がある。

> ①支援つき意思決定（Supported decision-making）
> 　支援されながら本人が意思決定すること。**決定はあくまでも本人が行い**、支援者はその人が
> うまく決定できないところを手伝うというかかわり方。
> ②代理代行決定（Substitute decision-making）
> 　**本人に成り代わって支援者や周囲の人が決定すること**。

　まず、SWr として「意思決定支援」という言葉を用いるときに、どちらをイメージしているかを振り返ることから始める必要がある。後述する各種ガイドラインにおいても、これらを明確に分けて記載されているとは限らない。しかし、最も新しく示された「意思決定支援を踏まえた後見事務のガイドライン」（以下、後見事務ガイドライン）においては、上記①を意思決定支援と定義しており、本章においても、①を意思決定支援であると整理して記述していく。

「意思決定支援」と併用される言葉

　ここで、「意思決定支援」という言葉を用いるときに、よく一緒に使われる言葉や近接領域で使用される言葉についても若干の整理を試みたい。

◆　『最善の利益』（ベストインタレスト）
　障害者権利条約において、この用語は限定的に使われている。すなわち、第 7 条（障害のある児童）と第 23 条（家庭及び家族の尊重）のなかで、児童（子）の最善の利益を指摘しているのみである。障害のある成人については「最善の利益」という用語は使われておらず、「意思及び選好」という用語が使われていることに留意が必要である。

「最善の利益」とは、本人にとって客観的な利益を重視して、本人にとっての最善を他者が判断する原則である。「本人にとってよかれと思ってやってあげる」という支援者側が決定するときの考え方であり、本人が意思決定できないと考えたときに使われる。

確かに、本人が自分自身で決定することができない（難しい）場面はあるだろう。しかし、支援の現場では、本人が意思を表出しているにもかかわらずそれが妥当ではないと判断されて、結果としてこの用語を用いて他者が判断して決定する、ということが起きてはいないだろうか。「最善の利益」という用語は、「意思決定支援」とは異なるものであるという理解がまず求められる。

◆ 『意思と選好に基づく最善の解釈』

障害者権利条約では、本人の意思決定が難しい場合、「最善の利益」ではなく「意思と選好に基づく最善の解釈」が必要であることを示しているが、この用語をどのように解釈する必要があるだろうか。

まず、ここであげられている「意思」とはその人の思うこと・考えることであり、「選好」は好き・嫌いである。この部分について、現状では明確な定義づけはないと思われる。

筆者は、「意志」ではなく「意思」という用語が使われていることに着目している。『広辞苑』（第7版）によると、「意志」は「意志を貫く」「意志の強い人」「意志薄弱」など、物事を成し遂げようとする、積極的な心の状態を表す。哲学・心理学用語としては「意志」を用いることが多い。一方で、「意思」は「双方の意思を汲む」「家族の意思を尊重する」など、思い・考えの意味に重点を置いている。法律用語としては「意思」を用いることが多い。

これより、「意思」は、曖昧な、揺れ動く思いを含め、その人の内面の変化にも配慮したものとしてとらえられると考えられる。その人がこれまで発してきた言語的・非言語的メッセージや行動に基づいて、本人が好きなこと、嫌いだと思うことを他者が解釈するということであれば、本人自らが意思決定をすることとは異なることがわかる。

どれだけ情報を集めて（あるいは、ほとんど情報が集まらないということもあるだろう）、他者である支援者が最善を尽くして解釈したとしても、本人の思いとは「ずれが生じる」という自覚が求められる。

◆ 『表出された意思』

これも支援の現場ではよく問題になることである。本人が表出した言葉が本意なの

か、ということを吟味することがまず求められるであろう。言葉の使い方によって、人それぞれ解釈が異なったり、発した言葉が違った意味でとらえられたりするということは、私たちも日常的に経験することである。また、経験不足のために語彙が少なく、適切な言葉が選択できないということもある。そのため、言葉だけで判断することは、意思決定支援の場面においては注意が必要である。

　揺れ動く思いがあることや、その場面や対応する人によって表出が異なることを、「意思がぶれる人」「支援者を振り回す人」「意思決定ができない人」ととらえるのではなく、なぜそのように思うのかを丁寧にやり取りするプロセスが大事になる。そもそも本人に十分な情報が届いているのか、何かを決定するときに、本人にとってのメリットやデメリットが本人にわかりやすく伝わっているのかという前提条件がないなかで、「（本人が言ったことをそのまま）本人が決めたことだから」と自己責任に帰するような対応は、意思決定支援とはいえない。

2　意思決定支援の3つの次元

　障害者権利条約第12条で示された内容をふまえれば、成年後見制度との関係において、判断能力が不十分な人を権利行使の「主体」として位置づけし直し、本人による意思決定をサポートする意思決定支援が、権利擁護支援の基本的な手法となるべきことは明らかである。しかし、こうした実践を行うときに、意思決定支援の具体的な内容が明確に定義されているわけではないということが、「意思決定支援は難しい」と思われる大きな理由であるといえよう。

　意思決定支援の各種ガイドラインが提示されているが、あくまでもガイドラインであり法的根拠があるわけではない。そこで、日本社会福祉士会編集の『意思決定支援実践ハンドブック――意思決定支援のためのツール活用と本人情報シート作成』（民事法研究会、2019年）第1章を参照して、3つの次元を紹介する。

①理念としての意思決定支援

　これまで述べてきた障害者権利条約の考え方は、理念として理解する必要がある。この場合、意思決定支援と代行決定がどのように違うのかを比較すると理解しやすい（表2-2）。

表 2-2　意思決定支援と代行決定との比較

項目	意思決定支援	代行決定
本人の判断能力（意思決定能力）や法的能力の存否	本人に能力がある＝支援者は本人の決定をサポート	本人に能力がない＝支援者が代わりに決定する
本人の法的位置づけ	権利行使の主体	保護の客体（対象）
支援（決定内容）の基本方針	「本人らしさ」が基準 愚行権（愚行の自由）も基本的には保証される	客観的な価値観、社会の標準的な価値観を重視
重視される能力の主体	支援者の能力（支援者の意思決定を支援できる能力の有無）	本人の能力（本人に能力がないことが代行の条件）
正当化原理	自己決定権	パターナリズム

出典：公益社団法人日本社会福祉士会編『意思決定支援実践ハンドブック――意思決定支援のためのツール活用と本人情報シート作成』民事法研究会、p.11、p.128、2019 年

・本人に能力が、「ある」と考えるのか、「ない」と考えるのか。
・本人の法的な位置づけは、「主体」なのか、「客体」なのか。
・支援の基本方針は、「本人らしさ」なのか、「客観的な価値観」なのか。
・重視される能力は、「支援者」なのか、「本人」なのか（支援者が本人の意思決定を支援する能力がないから代行するのか、本人に能力がないから代行するのか）。
・支援の原理は、「自己決定権」なのか、「パターナリズム」なのか。

　いずれも、前段が意思決定支援、後段が代行決定の考え方といえる。
　成年後見人等は、代理権や同意権・取消権が付与されている場合、どちらの支援も可能であるといえるが、その場合であっても、まずは意思決定支援から試みる。そして意思決定支援では、本人の権利を擁護することが叶わない場合に、必要最小限の権限行使を行うことによって本人を保護する責務がある。はじめから代行決定ありきで他者決定をするのではない（図 2-2）。

②技法としての意思決定支援

◆ 意思決定支援にかかわる 5 つのガイドライン

　これまで、意思決定支援にかかわる 5 つのガイドラインが公表されている（表2-3）。

図 2-2　成年後見人等による意思決定支援

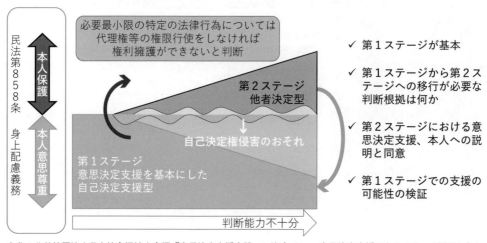

支援の第１ステージから第２ステージへの移行概念図

必要最小限の特定の法律行為については
代理権等の権限行使をしなければ
権利擁護ができないと判断

第２ステージ
他者決定型

↓

自己決定権侵害のおそれ

第１ステージ
意思決定支援を基本にした
自己決定支援型

民法第８５８条　身上配慮義務

本人保護

本人意思尊重

判断能力不十分

✓ 第１ステージが基本

✓ 第１ステージから第２ステージへの移行が必要な判断根拠は何か

✓ 第２ステージにおける意思決定支援、本人への説明と同意

✓ 第１ステージでの支援の可能性の検証

出典：公益社団法人日本社会福祉士会編『意思決定支援実践ハンドブック──意思決定支援のためのツール活用と本人情報シート作成』民事法研究会、p.31、2019 年を一部改変

表 2-3　意思決定支援等にかかわる各種ガイドラインの比較

ガイドライン	特徴	共通項
障害福祉サービス等の提供に係る意思決定支援ガイドライン（2017（平成 29）年）	障害者の意思を尊重した質の高いサービス提供に資する 本人にとっての最善の利益の判断も意思決定支援に含む	・本人への支援は、本人の意思（自己決定）の尊重に基づいて行う ・意思決定の主体は本人である ・前提としての環境整備、チーム支援、適切な情報提供等の要素を示す
認知症の人の日常生活・社会生活における意思決定支援ガイドライン（2018（平成 30）年）	認知症の人が自らの意思に基づいた生活を送れることを目指す 代理代行決定はガイドラインの対象外	
人生の最終段階における医療・ケアの決定プロセスに関するガイドライン（2018（平成 30）年 3 月改訂）	本人・家族等や医療・介護従事者が最善の医療・ケアをつくり上げるプロセスを示す	
身寄りがない人の入院及び医療に係る意思決定が困難な人への支援に関するガイドライン（2019（令和元）年）	医療機関の対応とともに成年後見人等に期待される具体的な役割を示す	
意思決定支援を踏まえた後見事務のガイドライン（2020（令和 2）年）	成年後見人等が意思決定支援をふまえた後見事務を適切に行うことができるよう、役割の具体的イメージを示す	

a　障害福祉サービス等の提供に係る意思決定支援ガイドライン（2017（平成29）年）

　障害者の日常生活における場面（基本的な生活習慣に関する場面）と社会生活における場面（住まいの場を移す等）を対象とし、意思決定支援の定義や意義、標準的なプロセスや留意点を取りまとめたガイドライン。事業者や成年後見の担い手を含めた関係者間で共有することによって、障害者の意思を尊重した質の高いサービスの提供に資することを目的としている。

b　認知症の人の日常生活・社会生活における意思決定支援ガイドライン（2018（平成30）年）

　認知症の人（診断の有無にかかわらない）の日常生活における場面（基本的な生活習慣やプログラムへの参加を決める等）と社会生活における場面（住まいの場を移動する場合や、ケアサービスの選択、自己の財産を処分する等）を対象とし、認知症の人を支える周囲の人において行われる意思決定支援の基本的考え方（理念）や姿勢、方法、配慮すべき事柄等を整理したガイドライン。これにより、認知症の人が自らの意思に基づいた日常生活・社会生活を送れることを目指す。

c　人生の最終段階における医療・ケアの決定プロセスに関するガイドライン（2018（平成30）年改訂）

　人生の最終段階（どのような状態かは、本人の状態をふまえて、医療・ケアチームの適切かつ妥当な判断による）を迎えた人を対象とし、本人・家族等（後見人等も含まれる）と医師をはじめとする医療・介護従事者が、最善の医療・ケアをつくり上げるプロセスを示したガイドライン。

d　身寄りがない人の入院及び医療に係る意思決定が困難な人への支援に関するガイドライン（2019（令和元）年）

　医療にかかる意思決定が困難な人を対象とし、本人の判断能力が不十分な場合であっても適切な医療を受けることができるよう、前述のcのガイドラインの考え方もふまえ、医療機関としての対応を示したガイドライン。医療にかかる意思決定の場面で、成年後見人等に期待される具体的な役割についても整理されている。

e　意思決定支援を踏まえた後見事務のガイドライン（2020（令和2）年）

　成年被後見人等の本人にとって重大な影響を与えるような法律行為およびそれに付随した事実行為の場面において、成年後見人等が意思決定支援をふまえた後見事務を適切に行うことができるように取りまとめられたガイドライン。中核機関や自治体の職員等の執務の参考となるよう、成年後見人等に求められている役割の具体的なイメージ（通常行うことが期待されること、行うことが望ましいこと）が示されている。

　これらのガイドラインの対象者や対象となる場面、趣旨はさまざまであるが、いず

れも本人への支援は本人の意思（自己決定）の尊重に基づいて行うことが基本であることが掲げられている。また、意思決定支援等のプロセスにおいては、①本人が意思決定の主体であること、②支援を行う前提としての環境整備、チーム支援、適切な情報提供等があること、の要素も共通している。

　いずれのガイドライン作成においても、その前提として、2005年に成立したイギリス意思決定能力法（以下、MCA）の五大原則や、障害者権利条約が参考とされている。

◆ 「後見事務ガイドライン」における意思決定支援の基本原則
　MCAの五大原則を基本として、「後見事務ガイドライン」では、7つの基本原則を提示している。

【意思決定支援の基本原則】
第1原則：全ての人は意思決定能力があることが推定される。
　→たとえ言語や表情等による表出が困難な状態であったとしても、その人に意思決定能力がないことを断定する根拠を私たちはもち得ていない。明らかなのは、本人の能力を把握するための能力や技法を、支援者側がもち得ていないということである。
第2原則：本人が自ら意思決定できるよう、実行可能なあらゆる支援を尽くさなければ、代行決定に移ってはならない。
　→「実行可能なあらゆる支援」とは、今行っている支援のほかに方法がないと一人の支援者が諦めるのではなく、より本人が求める支援方法があり、支援者がいるのではないかと、可能な限り支援者間で検討を続けることが求められている。
第3原則：一見すると不合理にみえる意思決定でも、それだけで本人に意思決定能力がないと判断してはならない。
　→一般的には選択しないことを選択したとしても、それが自身や他者の権利を侵害したり、公共の福祉に反したりするのでなければ、最大限尊重される。

【代行決定への移行場面・代行決定の基本原則】（意思決定支援ではない）
第4原則：代行決定に移行しても、明確な根拠に基づき合理的に推定される本人の意思（推定意思）に基づき行動する。
　→本人が過去にどのような選択をしてきたか、どのようなことを好んでいたかというその人特有の情報を収集し、一人の支援者の主観ではなく複数の支援者で本人の意思を推定することである。
　→このようなプロセスを踏んでも、意思を推定するのが他者である以上、意思決定支援の取り組みから、代行決定へ移行しているという自覚をもつことが支援者側には求められる。
第5原則：①本人の意思推定すら困難な場合、または②本人にとって見過ごすことのできない重大な影響を生ずる場合には、後見人等は本人の信条・価値観・選好を最大限尊重した、本人にとっての最善の利益に基づく方針を採らなければならない。
　→②は、それぞれの支援者によってその判断基準が異なることが想定される。そのため、一人の支援者で判断するのではなく、支援チームとして検討することが求められる。ガイド

ラインでは「重大な影響」といえるかどうかについて、以下の3点を示している。
　　・本人が他に採り得る選択肢と比較して、明らかに本人にとって不利益な選択肢といえるか
　　・いったん発生してしまえば、回復困難なほど重大な影響を生ずるといえるか
　　・その発生の可能性に確実性があるか
第6原則：本人にとっての最善の利益に基づく代行決定は、法的保護の観点からこれ以上意思決定を先延ばしにできず、かつ、他に採ることのできる手段がない場合に限り、必要最小限度の範囲で行われなければならない。
　→代行決定を行う場合には、以下の3点を検討する必要がある。
　　・本人の立場に立って考えられるメリット・デメリット
　　・相反する選択肢の両立可能性の模索
　　・自由の制約の最小化
第7原則：一度代行決定が行われた場合であっても、次の意思決定の場面では、第1原則に戻り、意思決定能力の推定から始めなければならない。
　→一度代行決定を行ったから、次も支援者側が代行決定をしてよいということではない。次の意思決定支援の場面では、改めて第1原則から始めるということである。

出典：意思決定支援ワーキング・グループ『意思決定支援を踏まえた後見事務のガイドライン』2020年を一部改変

　第1原則から第3原則をふまえて意思決定支援に取り組んだ結果、本人の意思の確認が困難かつ決定をこれ以上先延ばしにできないと判断された場合は、意思決定能力のアセスメントを実施することになる。「後見事務ガイドライン」では、意思決定能力には、本人の個別能力だけではなく、支援者側の支援力もアセスメントする必要があるとしている。本人の個別能力としては、

・意思決定に関する情報を、本人が理解すること
・必要な情報を、本人が記憶すること
・本人が、選択肢を比較検討すること
・意思決定の内容を、本人が他者に伝える（表現する）こと

とされているが、こういった能力が本人にあるかないかを判断するのではなく、支援者が本人の特性に応じて、これらの事柄についてはたらきかけが十分なされたかを検討する。十分ではないと判断されたときは、アプローチ方法を支援チームで検討し直すこととなる。

◆ 意思決定支援のチームメンバー
　a～eのすべてのガイドラインでは、意思決定支援の前提としての環境整備にふれているが、人的環境整備として、どのような関係者が意思決定支援のチームメンバーとなるのかについても留意する必要がある。本人にかかわるすべての関係者が参加するわけではなく、決定する事柄や本人が誰に参加してほしいと思うのかで、そのつど

図 2-3　意思決定支援のチームメンバーの考え方

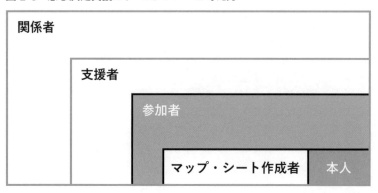

・**支援者**
　本人の意思決定を支援する人
　関係者のうち、"今回の"本人の意思決定にかかわるすべての人・団体・組織・機関等
・**参加者**
　本人参加を基本にした話し合いに参加する人
　本人はもとより、支援者のなかから、"今回の"意思決定支援の話し合いに必要な人
・**マップ・シート作成者**
　「ソーシャルサポート・ネットワーク分析マップ」と「意思決定支援プロセス見える化シート」を作成する人、"今回の"意思決定支援のプロセスの進行に責任をもつ人

出典：公益社団法人日本社会福祉士会編『意思決定支援実践ハンドブック――意思決定支援のためのツール活用と本人情報シート作成』民事法研究会、p.26、2019 年を一部改変

メンバーは変わる（図 2-3）。
　「後見事務ガイドライン」では、後見人等がかかわる場面として 3 つの場面を例示している（図 2-4）。

- ・施設への入所契約など本人の居所に関する重要な決定を行う場合
- ・自宅や高額な資産の売却等、法的に重要な決定をする場合
- ・特定の親族に対する贈与・経済的援助など、直接的には本人のためとは言い難い支出をする場合

　a や b のガイドライン（p.43）の対象となっている日常生活における場面は含まれていないようにみえるが、いきなり上記の 3 つの場面のような重大な事柄について意思決定を求められたら、自らの意思を他者に伝えることが難しいのは誰にとっても同じである。
　日常的な意思決定の場面において、どのような決定をしているのか、自らの決定が難しい場合に本人は支援者にどのようなサポートを求めているのか、そしてそのようなサポートが確実に提供されているのか、こういったことを後見人等が理解している

図 2-4　後見人等がかかわる意思決定支援・支援後のプロセス

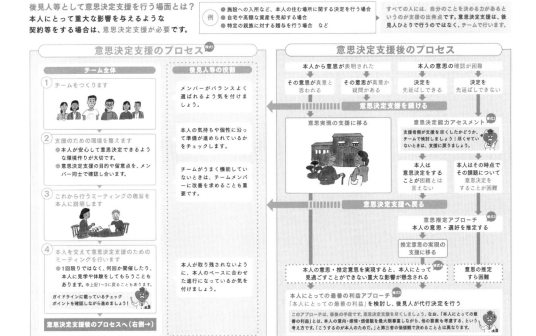

出典：意思決定支援ワーキング・グループ『意思決定支援を踏まえた後見事務のガイドライン』2020 年

場合とそうでない場合とでは、意思決定支援の内容は大きく変わってくるだろう。そのため、後見人等が日常生活場面における意思決定支援そのものに関与することはなかったとしても、どのように意思決定支援がなされているのかを知り、支援チームの一員として共有していなければならないと考える。

　また、重大な事柄について法律行為としての最終的な決定権を有している後見人等が、どのようなタイミングで意思決定支援のためのチームメンバーとして登場するかも状況によって異なる。決定する権限のある人が話し合いのなかにいることで、本人に対して不当な影響（言っても無駄、無理だと言われてしまうだろうという諦め、後見人に逆らえばお金を渡してもらえなくなるのではという不安や懸念）を与える可能性が高いことを自覚する必要がある。後見人等は「本人に代わって決めてくれる人」だという考え方をもっている支援チームに後見人等が参加した場合、どのようなことが起こるかは想像できるだろう。

◆ **意思決定支援におけるチームメンバーとしての本人**

　図 2-5 は、意思決定支援の話し合いの場で、本人が客体ではなく主体として位置づけられる必要性を示している。

　図の左側の本人が中心にいるチームは、いわゆる課題解決型アプローチで起こりがちである。本人は話し合いには参加しているものの、周囲の支援関係者が主導して話し合いが進んでいき、結局本人は何も言えなかった、何が決まったのかもわからなかったということになる。

　一方、図の右側は、本人から本人の状況や状態、課題を切り離し、本人自身もその課題に向き合うチームメンバーの一員として、主体的に自らの意思や思いを伝えていく存在であるととらえ直すことを示している。特に後見人等は、本人がそのような位置づけになっているかを注意深く観察し、支援チームにはたらきかけていくことが期待されている。

図 2-5　チームメンバーのなかでの本人のとらえ方

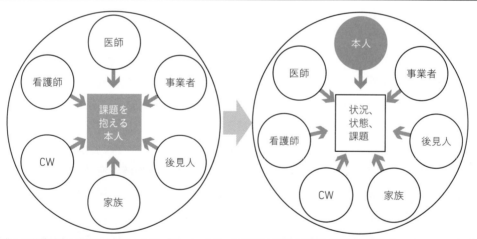

出典：公益社団法人東京社会福祉士会監、『ソーシャルワークの理論と実践の基盤』編集委員会編『ソーシャルワークの理論と実践の基盤』へるす出版、p.88、2019 年を一部改変

③法制度としての意思決定支援

障害者権利条約では、現在の成年後見制度は代行決定制度であるととらえられている。国連障害者権利委員会が提示した総括所見では、代行決定制度である民法の法定後見制度を全廃し、意思決定支援を前提とした法制度とすべきであるとの全面的なパラダイム転換を目指すよう求めている。

この命題にどのように応えていくか。日本では、成年後見制度利用促進法に基づく第二期基本計画が 2022（令和 4）年度からスタートしており、これまでの法制度の運用改善だけではなく、成年後見制度を規定する民法そのものの改正を目指すことを明記している。

法制度のあり方についての研究会も始まり、国は、民法改正に向けて舵を切った。第二期基本計画では、意思決定支援を原則としてとらえながらも、意思決定支援の環境が整わない状況にある人、声が届かない状況にある人の存在もふまえ、意思決定支援という本来求められる適切な支援につなげるための保護的介入型支援（権利侵害からの回復支援）も、権利擁護の重要な支援であるとしている。このあたりの法制度の整備は、民法改正の議論とともに、既存の社会福祉法体制の見直し、あるいは新たな法律（共管法や、新たな社会福祉法）の創設なども併せて議論されていく必要があると考える。

いずれにしても、法制度としての意思決定支援は、司法と福祉・医療等の連携を前提としたものであることが求められる。法改正によって支援の提供が滞り、結果として本人の不利益となることのないよう、現場で実践を重ねる SWr のアクションが求められる。

ミクロ・メゾ・マクロシステムにおける
意思決定支援の循環性

1　ミクロシステムにおける意思決定支援

　どのような分野・領域であっても、どれに決めるのか、何を選ぶのかの答えを求めることが必要な場面において、第１節で示した共通の理念をもち、理念をふまえた技法のもと、周囲の関係者に意思決定支援の必要性やあり方を実践とともにクライエントに対して伝えていくことが、SWr に求められる活動と考える。本人が決定できないことや、すぐに答えが出せないことも保障するという考え方は、ソーシャルワークの基本である。

　決定すべきことは本人が向き合う課題（ニーズ）とつながるものであるが、ときに、本人側は課題（ニーズ）としてとらえていないのに、支援者側の課題（ニーズ）が本人の課題（ニーズ）に置き換わっていることがある。いったい誰のための、何のための意思決定支援なのかを常に確認し合うことが求められる。もちろん、本人が気づかない課題（ニーズ）に対して情報を提供し、決定すること、または、決定しないことのメリットやデメリット、本人に生じると考えられるリスクなども説明していく責務がある。これを一人の支援者が行うのではなく、支援チームとして協働して行う必要がある。

◆ 意思決定支援のプロセスの重要性
　意思決定支援には、「意思の形成への支援」「意思の表明への支援」「意思の実現への支援」という要素がある（b や e のガイドライン（p.43））が、意思を実現することが目的化しないような対応も大事である。

　意思決定支援は結果ではなくプロセス（経過）が重視される。それは、意思決定支援のプロセスにおいて、本人の意思を実現するための目的が変化することは十分に起こり得るからである。また、プロセスを重視することで、次の意思決定支援の場面において本人の力がより引き出されるという効果があると考えられる。

　意思決定支援のプロセスを丁寧に踏んだ結果、本人が望んだ結論に到達しなかったということも起こり得るだろう。本人が希望していても、さまざまな事情や状況から

それが叶わなかったり、うまくいかなかったりしたことも含め、すべてそれらは本人のものである。本人が心から納得して意思決定できるような支援が大事である。もし、すぐに本人が受け入れることは困難であったとしても、次の意思決定支援の場面では、同じように丁寧なかかわりによる支援があることが本人にとっては大きな力となると考えられるだろう。

　また、本人によって表出された意思を実現することに、支援者がためらいや葛藤を覚えることも少なからずあると考えられる。そこで問題となっているのは、本人への意思決定支援の問題ではなく、支援者側の価値観や、支援者が所属する組織における職業倫理に基づくものである可能性が高い。例えば、「一人の対象者にそんなに時間と手間をかけるな」と上司に注意をされる、「効率が悪い」と叱責を受けるなどである。また、本人の意思を実現することが社会的に望ましくなかった場合に誰が責任をとるのかという話をされることもある。こういったことを解決していくために、ミクロシステムのなかだけでは意思決定支援は完結しないという理解が必要である。

2　メゾシステムにおける意思決定支援

　意思決定支援は個人へのアプローチのようにみえるが、実は、本人を取り巻く支援関係者や地域がどのような考えや思いをもっているのかにも大きな影響を受ける。

　20代で精神疾患を発症し、長期間、精神科病院に入院していた人が、50代で地域での生活を希望し、それを支えるというような事例を考えてみる。長く地域とかかわらずに生きてきた人が地域で日常生活を送るためには、地域社会との何らかのつながりが必要であることは想像に難くない。長期間、精神科病院に入院している人が何を考えているのか、何を希望しているのかと考えてみたことはあるだろうか。ほかの生活場面の選択肢などは全く考えられないのだろうか。

　第二期基本計画では、前述したように「地域共生社会の実現に向けた権利擁護支援の推進」を目的とすることが閣議決定されているが、本人の意思決定を支援するのは専門職だけではなく、本人を取り巻く地域社会そのものである。専門職といわれる支援者もまた、地域を構成する一人の市民である。

　意思決定支援への取り組みは、地域開発のモデルであるともいわれる。それは、チームによるアプローチを行うことで本人が変化するだけではなく、周囲の支援者も、意思決定支援のコンセプトを共有し結果を実感することによって変化するからである。これらは、意思決定支援という考え方を育てる取り組みともいえる。このような変化が地域社会にもたらされることにより、地域共生社会の実現が可能になると考える。

3　マクロシステムにおける意思決定支援

　個人を支える（ミクロシステム）ためには、地域や支援者が所属する組織（メゾシステム）の変革が求められる。しかし、それを実現するためには、意思決定支援の法的位置づけを明確にすると同時に、ソーシャルワークの非効率性を担保できる環境整備も重要である。そもそもソーシャルワークは多様性や個別性を重視した対人援助であり、既存の制度や社会資源の枠組みに当てはめるために存在しているのではない。

　SWr からは意思決定支援を行うことが時間的にも体制的にもできない、という声が多く聞かれる。もちろん、ただ単に時間がとれればよいということではなく、時間的制約があるなかでの意思決定支援も、SWr の重要な役割である。しかし、効率性を求める状況が意思決定支援を困難にさせているのであれば、この点は制度政策的な方針を明示することが必要だと考える。

　また、真摯に取り組む支援者による意思決定支援を促進していくにあたっては、適切に意思決定支援のプロセスをふまえた場合の結果責任を問われないようにするため、免責規定等を含む法制度が求められる。ただ、支援者側の免責ばかりが表に出ると、意思決定支援の本質が見失われる懸念もある。ある程度の法制度は必要としても、社会全体としての価値観や多様性の尊重が根づくような SWr の関与が重要であろう。

　このようなマクロシステムにおける意思決定支援は、法改正や制度施策の見直しとともに、ミクロシステムの実践に真に適っているかを検証するためにも行われることが必要である。

参考文献
・日本ソーシャルワーカー連盟（JFSW）「ソーシャルワーカーの倫理綱領」2020 年
・公益社団法人日本社会福祉士会編『三訂　社会福祉士の倫理　倫理綱領実践ガイドブック』中央法規出版、2022 年
・障害者福祉研究会編『国際生活機能分類（ICF）──国際障害分類改定版』中央法規出版、2002 年
・菅富美枝『イギリス成年後見制度にみる自律支援の法理──ベスト・インタレストを追求する社会へ』ミネルヴァ書房、2010 年
・名川勝・水島俊彦・菊本圭一編『事例で学ぶ　福祉専門職のための意思決定支援ガイドブック』中央法規出版、2019 年
・公益社団法人日本社会福祉士会編『意思決定支援実践ハンドブック──意思決定支援のためのツール活用と本人情報シート作成』民事法研究会、2019 年
・実践成年後見編集部編「特集　障害者権利委員会による総括所見を受けて」『実践　成年後見　No.103』民事法研究会、2023 年

社会福祉士にとっての
「意思決定支援」と「自己決定支援」

意思決定支援の法定化

　日本で意思決定支援が法的に位置づけられたのは、2011（平成23）年7月であった。障害者基本法が改正され、「意思決定の支援に配慮」することが規定されたのだ。そして、翌年には障害者の日常生活及び社会生活を総合的に支援するための法律（障害者総合支援法）にも同様の規定が盛り込まれることになった。

　意思決定支援の法定化の最も大きな要因は、障害者の権利に関する条約（障害者権利条約）を批准するための国内法整備が求められたことである。障害者権利条約は、障害者が生活のあらゆる場面においてほかの者と平等な法的能力を有し、それを保障するための意思決定支援を求めていた。そのため、2009（平成21）年から始まった障がい者制度改革では、障害者自立支援法の見直しが中心的な課題であったものの、そこに障害者権利条約批准のための国内法整備が重ね合わさることになり、「意思決定支援」の法定化につながることになった。

　このように、意思決定支援は日本では比較的新しい概念であり、従来から使われてきた自己決定支援に代わる概念であるとの誤解が生じるなど、まだ十分に浸透しているとはいえない。

自己決定について

　ソーシャルワークにおける「自己決定」は、バイステックの7原則の1つとして知られている福祉サービス提供の基本原則であり、クライエントの人格を尊重し、自分の問題については自分で決定する自由と権利があるという理念に基づいている。

　また、自己決定は障害者の自立生活運動（IL運動）とともに広がった概念でもある。アメリカで始まった自立生活運動は、身体的・経済的自立よりも、人格的・精神的自立を重視する。そのため、身体的・経済的自立は、人格的・精神的自立を達成するための手段や道具として自らが決定し、コントロールするものにすぎず、自己決定する（自律）生活こそが自立生活ととらえられる。そして、入所施設などで施設職員や専門家に管理される生活ではなく、地域のなかで自立した生活を送れるよう、自己決定は自立生活の実現として求められてきた。1990年代になると、知的障害者福祉においても、指導訓練から自己決定の重視へと支援に対する考え方の転換がみられ始めたが、比較的障害の重い知的障害者などは自己決定が困難であるととらえられ、本人の意思や意向が十分に反映されていないパターナリズムの支援も見受けられた。

自己決定と意思決定の関係について

　自己決定と意思決定は、日本語だと意味の差があまり感じられないが、これらの概念の違いを理解するには、原語での理解が役立つとされている。

　「自己決定」は "self-determination" という、個人の理解力や判断力を前提にした本人の決定に対する主体性や責任性、自律性を含んだ概念であり、決定するのは自己か他者かを明確にする。一方、「意思決定」は "decision-making" という、"decision"（結論・決定事項・決定）を "making" する（つくり上げる）ことであり、プロセスと複数の要素を含み、先の見通しを立てて決断していくことを表す概念となる。言い換えると、「自己決定」は決める主体が誰なのかを明確にした概念であり、「意思決定」は決める手続きを指す概念ということになる。

　これをソーシャルワークの視点からとらえてみよう。自らの意思を決定することに困難を抱える人に対して、意思決定が必要な場面で、本人が自ら意思決定できるような情報の提供や環境の整備などを行うことが、意思決定支援である。クライエントへの意思決定支援の核に自己決定があり、意思決定するまでのプロセスが最も重要となる。このプロセスには多様な関係者や専門家が関与することも有効であるが、あくまでも意思決定を行う主体は本人であり、「私たちのことを私たち抜きで決めないで（Nothing about us without us）」のスローガン同様に、その本人抜きで決めないという原則が大切となる。

社会福祉士としての意思決定支援の実践のために

　さて、2021（令和3）年3月に改定された日本社会福祉士会の「社会福祉士の行動規範」では、クライエントに対する倫理責任の7項目に「クライエントの意思決定への対応」として「社会福祉士は、クライエントの利益と権利を擁護するために、最善の方法を用いて意思決定を支援しなければならない」ことが明記された。具体的には、クライエントを意思決定の権利を有する存在として認識すること、その意思決定能力をアセスメントし、特性や状況に応じた最善の方法を用いて意思決定支援を行う必要があることが示されている。社会福祉士が実践の専門性を発揮するためにも、この行動規範を改めて確認しておくべきだと考える。

（丸山　晃）

参考文献
・柳原清子「家族の「意思決定支援」をめぐる概念整理と合意形成モデル――がん臨床における家族システムに焦点をあてて」『家族看護』Vol.11、（2）、日本看護協会出版会、2013年
・公益社団法人日本社会福祉士会編『三訂　社会福祉士の倫理　倫理綱領実践ガイドブック』中央法規出版、2022年

第 **3** 章

ソーシャルワークにおける
意思決定支援の実践

ソーシャルワーク実践事例の活用方法

● 本章では、ソーシャルワーク実践の基盤となる「意思決定支援」に注目した、ミクロ・メゾ・マクロレベルの総体としてのソーシャルワーク実践の理解を深めるため、実践事例を掲載している。ここでは、「高齢・障害・児童」といった従来の枠組みにとらわれず、包括的支援体制の構築を念頭に、制度の狭間にいる人や排除されている人に焦点を当てる。そのため、専門分化されたソーシャルワークの事例ではなく、複雑化・多様化する生活課題に対応する事例を取り上げている。

● 今日では支援課題が単一のことは少なく、例えば虐待経験のある女性が精神疾患、貧困、性的搾取、孤立といった二重、三重に支援課題を抱えているように、複数の課題があることが通常である。よって、各事例は包括的な課題・支援を含むものとなり、掲載する7事例のタイトルには現れていない分野についても網羅している。

● ソーシャルワーカーがミクロ・メゾ・マクロシステムの連鎖的変化を目指し、ジェネラリスト・ソーシャルワークを展開するうえで、各段階でどのように思考したのか、介入の根拠は何なのかといった思考過程を可視化して記述している。この実践知を共有することで、各々の現場で自ら思考して、ミクロ・メゾ・マクロシステムの連鎖的変化に向けたエンパワメントを基礎としたソーシャルワーク実践における意思決定支援を行えるように活用してほしい。

※ なお、すべての掲載事例は実際のソーシャルワーク実践に基づいているが、プライバシー保護のために一定の加工がなされている。

構成内容と活用の視点

1 所属組織、地域の概要、組織体制、組織内の役割

　ミクロ・メゾ・マクロレベルの総体としてのソーシャルワークを実践するうえでは、所属組織のアセスメントはもとより、地域をアセスメントしたうえで、所属組織の機能を最大限発揮しながら、地域の社会資源を活用することが必要となるため、これらについて記載している。

2 ソーシャルワーク実践の全体概要

　ソーシャルワーク実践事例の全体像を示している。ソーシャルワーカーがどのような課題を認識し、どのように実践を進めていったのか等の概要をつかんでから、次のソーシャルワーク実践のプロセスで具体的な介入等を理解してほしい。

3 ソーシャルワーク実践のプロセス

ソーシャルワーク実践の概要とともに、それぞれの介入等を行った根拠等のソーシャルワーカーの思考を言語化している。これは実践のポイントでもあり、これらに注目して実践を理解してほしい。

また、（ミクロシステム）のように、どのシステムの変化を目指した介入等であったのかを示している。本書においては、ミクロシステムを【個人や家族】、メゾシステムを【グループ、組織、近隣住民、自治会等】、マクロシステムを【地方自治体、国家、制度・政策、社会規範、国際機関、自然環境等】ととらえている。これらは明確に分類できるものではないが、ミクロ・メゾ・マクロシステムの変化がどのように影響し合っているのかなどを意識して理解してほしい。

なお、ソーシャルワーク実践事例によって、ミクロシステムの変化を目指した実践が中心となる場合や、メゾシステムあるいはマクロシステムの変化を目指した実践が中心となる場合もある。クライエントの真の意思決定を支援するために行った実践であり、ミクロ・メゾ・マクロシステムのすべての変化を起こすことが目的ではないことに留意してほしい。

4 ソーシャルワーク実践の全体図

「3 ソーシャルワーク実践のプロセス」を図式化したものである。なお、重要な動きのみに単純化しているため、すべての動きを示しているわけではない。

この図を確認しながら、ソーシャルワーク実践のプロセスを読むと、システム内やシステム間の動きがより深く理解できるだろう。

5 ミクロ・メゾ・マクロシステムの連鎖的変化

ミクロ・メゾ・マクロシステムの連鎖的変化に注目してまとめている。ニーズ充足がどのような交互作用によって阻害されているのかといった仮説を立てたうえで、そのニーズを充足するためにどのような連鎖的変化を構想し、介入することでどのように連鎖的変化を生じさせたのかについてまとめている。

6 意思決定支援に注目したまとめ

一連のソーシャルワーク実践のなかでも、意思決定支援に注目してまとめている。

用語の表記

本文中では、ソーシャルワーカーを「SWr」と表記している。

第**1**節

重症心身障害者の思いや願いを実現する地域生活支援

1 所属組織、地域の概要、組織体制、組織内の役割

▶ 所属組織

社会福祉法人（障害者支援の事業などを市から受託）

▶ 地域の概要

人口約 23 万 8000 人。障害者手帳所持者数 9081 人（身体 5105 人、知的 1388 人、精神 2588 人）。

A 市（以下、市）では、1970（昭和 45）年に当時先駆的であった障害児の療育施設を整備し、その後、1973（昭和 48）年には全国に先駆けて障害児保育を開始。親の会などとの協働による障害児者施策を展開してきた。今日でも、各障害当事者団体や作業所等連絡会と行政の協議を定期的に行っているほか、地域自立支援協議会（以下、協議会）との議論が活発に行われている。そうしたなかで、親の会や協議会との議論から新たな社会資源が生まれ、当事者市民と協働して施策展開が行われている。

▶ 組織体制

市では、障害福祉課が一般的な相談や障害福祉サービスの支給決定、指定特定相談支援事業所の指定を行っているほか、基幹型相談支援センターとして機能しており、障害者虐待防止センターなどの役割も担っている。また、障害者総合計画（障害者計画および障害福祉計画）を策定し、障害者福祉施策の立案や進行管理を行っている。

一方、社会福祉法人 B（以下、法人 B）は、1999（平成 11）年に市の監理団体として設立され、知的障害者の障害者支援施設、生活介護、就労継続支援 B 型、就労移行支援、重症心身障害者の生活介護、相談支援、就労支援など、障害者支援の事業を市から受託している。加えて、子ども家庭支援センターや学童クラブ、児童発達支援な

ども受託している法人である。

SWr である筆者は、一般職に就いていたとき、市の福祉事務所の障害担当ケースワーカー、福祉センターでの重症心身障害者のデイサービスを担当した後、障害福祉課主査、係長、課長などを歴任した。係長、課長時はケースワークも引き続き行うほか、障害者計画や障害福祉計画、協議会の立ち上げおよびその運営、デイセンターでの医療的ケアの実施等、さまざまな新規施策の立案や実施にかかわった。その後、福祉健康部長、子ども生活部長などを経て、再び福祉健康部長を務めた。部長時は、重症心身障害者のグループホーム等、新たな社会資源の開発に主導的役割を果たした。

市の福祉事務所を退職後は、法人 B で業務執行理事として業務の統括など法人経営に携わるかたわら、大学での教育も行っている。

2 ソーシャルワーク実践の全体概要

かつては、重い身体障害と知的障害の重複した重症心身障害児者は「不治永患児」などといわれていた。重症心身障害者が住み慣れた地域で主体的に生活し続けられるために、一人ひとりの思いや願い（意思）を受け止めながら、一般職であった当時行っていたその実現に向けた日中活動における実践について述べる。

そして、障害が重篤化し医療的ケアが必要になった場合でも、その人が日中活動の場に通所し続けたいという願いを受け止め、その願いを実現するための検討過程や、障害が重くても「可能な限り、どこで誰と生活するかについての選択の機会が確保され、地域社会においてほかの人々と共生する」ことのできるよう、日中活動の充実を図るための体制整備について、係長、課長時に展開していたことを述べる。そのうえで、地域で本人の望む暮らしが可能となる自治体の施策展開を図ることの必要性について論じる。

また、市の部長として行ってきた重症心身障害者に対するソーシャルワーク実践の経過を取り上げることで、市民の暮らしと「しあわせ（福祉）」を守る基礎自治体の役割を明らかにする。その役割とは、次の事例で示すように、一人ひとりの思いや願いを大切にしながら、これを普遍化することにより、目の前の本人のみならず地域の社会資源の創出を図ることにある。

なお、言語表出が困難で判断能力も十分とは言い難い重症心身障害者であっても、

一人ひとりが意思を有していると考える。この意思を読み解くためには、本人のふだんの暮らしやそのなかでみられる微細な動きや表情、関係者らの意見等を総合的にアセスメントしながら、思いや願いに基づいた本人の最善の利益となるストーリーを解き明かすというプロセスをふまえることが重要である。その点から本節では、「意思」をその人の「思いや願い」と言い換える。

3　ソーシャルワーク実践のプロセス

ソーシャルワーク実践の概要	ソーシャルワーカーの思考

● A市における重症心身障害者の支援の歴史と展開

戦後、病気が治らず永遠の患者であるとして「不治永患児」といわれた重症心身障害児（者）は、医療からも福祉からも、また教育からも制度の対象とされていなかった。その後、重症心身障害児施設は整備されていくが、1979（昭和54）年に養護学校義務化が施行され、地域では徐々に養護学校を卒業する人が多くなってきた。そこで、養護学校を卒業した人の地域での日中活動をどのように保障するかが、自治体の直面する課題となっていった。

市では、市立の福祉作業所に週2日を限度として通うことができたものの、その日数は少なく、また重症心身障害者の障害特性に応じた支援は不十分な状況であった。そこで、1983（昭和58）年、市は総合福祉センターに重症心身障害者等のクラブ活動の場として、毎週土曜日に「通所施設C」を開設した。その後、このクラブ活動の拡充を求める家族からの要望により、1992（平成4）年には同クラブを身体障害者デイサービス事業として位置づけ、作業所に通所しない場合は週4日の日中活動を確保できることとした。

SWrは、1993（平成5）年に障害福祉課から「通所施設C」に一般職として異動した。異動後、SWrはほかの職員と協議し、給食や入浴といったサービスを順次導入した。すると多くの重症心身障害者が、養護学校の卒業後の場として「通所施設C」を利用することとなり、日中活動の場として定着していった。SWrが当時「通所施設C」で力を入れたのが、重症心身障害者の家族の介護負担の軽減とともに、本人の思いや願いを大切にしながら、豊かな活動を展開することであった。

▶現在、重症心身障害児（者）は全国に約4万3000人いるといわれており、人口比約0.03％にすぎない。そのことから、重症心身障害児（者）は、長らく医療・福祉制度の対象外とされてきた。

▶こうした現状にあっても、家族や医療関係者は不断の努力で重症心身障害児（者）の命や暮らしを守る取り組みを行ってきた。地域でも、共同作業所の設置など日中活動の場を確保し、制度的な拡充を図ってきた。

▶障害担当ケースワーカーであったSWrは、「通所施設C」に異動する前にも個別の相談支援や通所施設への訪問などを通して、ある程度その生活の実情を理解することができていたが、異動によってよりその理解が深まった。

▶SWrは、「通所施設C」の担当となった。これまで、個別の課題は把握していたつもりであったが、やはり日々利

用者と過ごすなかでの生活理解とは異なることを痛感した。

● 「通所施設C」での活動

「通所施設C」では、職員とのマンツーマンによる個別の活動や小集団によるグループ活動、全体活動などを行っていた。そして、一人ひとりの障害特性や、思いや願いに合わせた活動を提供できるよう、当時から支援計画や個別の介護マニュアルを毎年作成していた。また、その振り返りなどを通して、活動内容や介護手法の見直しを図っていた。そのときにSWrやほかの職員の課題になっていたのが、本人の思いや願いに沿った活動になっているか、主体的な活動が行えているかどうかであった。

具体的には、利用者のなかには言語や身振り・手振りで意思表出ができる人もいたが、多くの利用者はそれが難しい状況であった。そこで、表情や目線をどのように読み解くか、また、それも難しい人の意思をどのようにとらえるのか、職員が日々検討しながら活動内容を組み立てていったのである（ミクロシステム）。

▶言語や身振り・手振りだけによらない意思表出を受け止め、それを職員共通の言語として理解することは難しい。しかし、少なくとも「通所施設C」の職員は、言葉にできずとも本人が思い、願っていることがあるということ、すなわちそこには意思があることを確信していた。そのため、微細な変化を見逃さず、本人が何を望んでいるかをとらえようと日々努力していた。

例えば、何色の絵の具を使うのかという場合には、両方の色を示しながら、本人が手を伸ばしたほうを選択する。水を使って感覚遊びを行う場合には、ふわふわした泡の入った洗面器を使うか、単に水の入った洗面器を使うかを選択する。その際、両方を試しながら、本人がよい表情を示したほうを選択する。このように、本人の快・不快の感情や気持ちに配慮した方法をとったのである。

そのような本人の状況や微細な変化は記録に書き留められ、おそらく本人が望むであろうと思われるデータが蓄積されていった。

● 職員体制の問題

「通所施設C」では、このように本人の思いや願いを尊重したきめ細かな支援を行おうと職員が努力していた。しかし、そこには大きな課題もあった。

それは職員体制の問題である。24人の利用者に対し約20人の職員がいたものの、正規職員はわずか5人、残りは臨時職員だった。そのため、支援の継続性が担保されないだけでなく、正規職員は現場での実践のほかに、入れ替わる臨時職員の育成や人事管理なども行っていたため、本人の思いや願いを十分に汲み取り継続的な支援を構築することは困難であった。

▶ミクロシステムでのこのような実践をより力強いものとするには、その支援が制度的にどの利用者にも可能な支援として一般化される必要がある。正規職員、臨時職員ともに尽力していたが、現状の職員体制では、正規職員は人事管理などの事務仕事に忙殺される日々であり、制度上の限界

を感じていた。

● 新たな事業展開へ──本人の思いや願いに応じた活動

利用者一人ひとりを理解し、日々の支援を積み重ね、それを継続していくためには、そこで働く人材が重要となる。「通所施設C」の臨時職員は熱心に支援に取り組んでいたものの、さまざまな事情で辞めざるを得ない人も多かった。そこで、本人を主体とした支援が可能となる枠組みを確立し、安定的な運営を図ることが必須であると考えた。

1998（平成10）年から、SWrは正規職員中心の積み上げが可能な体制づくりのための計画を、ほかの職員とともに検討した。折しも、市は市立知的障害者援護施設を設置する予定となっており、その運営を図るため、市の監理団体として法人Bを設立することが決まっていた。

そこで、法人Bに「通所施設C」の運営を委託することを想定し、大幅に正規職員を増員することで安定した運営を行う計画案を策定した（**メゾシステム**）。この計画案について、SWrは、福祉部長を含めた管理職あるいは利用者家族と幾度となく協議を重ねていった。そのうえで、市長の承認も得られたことから、2000（平成12）年には、市がこの事業を法人Bに委託することが決定した。

名称も「通所施設C」から「デイセンターC」に変更し、25人の利用者に対する日中活動施設の場としてのスタートを切ることになった。

新たな「デイセンターC」では、市職員3人が法人Bに派遣されたほか、臨時職員として勤務していた6人が正規職員として採用され、加えて新たに7人が採用された。これに非常勤職員を加えると、ほぼマンツーマンでの支援体制がとれることとなった。この新たな支援体制のなかで、これまでの活動を引き継ぎながら、一人ひとりの思いや願いに応じた活動が始まった。

▶SWrは、臨時職員中心の体制を転換し、正規職員中心の体制にすることが必要であると強く感じた。このことについては、ほかの正規職員や非常勤職員も同様の意見であった。

▶組織内の調整を図る施策として、十分な支援体制を構築できる仕組みをつくる必要があった。当時、法人Bが立ち上げられる予定であったことから、法人Bに業務を委託することにより、正規の専門職を配置できると考えた。そこでSWrは、現状と課題の分析、先行事例の研究、利用者家族との協議などを重ねながら、課題抽出とその解決方法、予算を提示した委託計画書を作成した。この計画書は正規職員の一致した見解となっている。そして、総合福祉センター所長や福祉部長と具体的な協議を図り、庁内での合意にたどりついた。

▶同僚職員は法人Bに派遣され、「デイセンターC」で働くことになった。しかし、SWrは「デイセンターC」で継続して利用者を支援しながら医療的ケアの課題等を解決したい思いを残しつつ、人事異動により、障害福祉課に配属された。

ソーシャルワーク実践の概要	ソーシャルワーカーの思考

● 医療的ケアを要する利用者への対応の課題

2000（平成12）年、SWr は障害福祉課に主査として異動した。その時点で、新たな課題に対する試みも開始されることになった。それは、医療的ケアを要する利用者への対応であった。

「通所施設 C」時代に、障害の重篤化に伴い医療的ケアを要することになった利用者がいた。当時は臨時職員の看護師が 1 人しかおらず、また、福祉職は直接的なケアが行えないことから、週に数日家族に付き添ってもらい、直接的なケアは家族に委ねつつ短時間通所してもらう方法をとっていた。本人は、「通所施設 C」が大好きで、日々通うことを望んでいたが、「通所施設 C」側のケア体制が整っていないがゆえに、本人の願いを受け止めることは叶わなかった。

このことは、法人 B に事業を委託し、正規職員を中心とした新たな体制になった「デイセンター C」においても継続的な課題となっていた。また、市としても、医療的ケアを要する人の日中活動を保障することは、本人の思いや願いを大切にする点から重要な課題であると認識していた。

▶ SWr は異動後、障害福祉課の主査でワーカーとして働くかたわら、障害者計画の策定などを担当した。

● 医療的ケアに関する検討会の設置

そこで、SWr が係長となった 2002（平成14）年に、障害福祉課に医療的ケアに関する検討会を設置し、医療的ケアを要する利用者の受け入れ方法について検討した（**メゾシステム**）。これは、そもそも医療的ケアを要する人の思いや願いを受け止める場所がない状況に対し、その基礎となる場をどのようにつくり出していくかという課題への挑戦であった。

当時、東京都をはじめ全国の養護学校では、医療的ケアを要する児童が増加し、各都道府県ではこうした児童を受け入れるための取り組みが行われていた。「デイセンター C」でも、今後、医療的ケアを要する利用者が増加することが想定された。

この検討会には、学識経験者をはじめ、家族や「デイセンター C」職員、専門医、市の職員（保健師を含む）などが参加した。東京都の養護学校や、先進的に医療的ケアを要する利用者を受け入れている施設の実践や仕組みに学びながら、受け入れていく方法を検討した。最終的には市の責任において受け入れる体制を整備すべきとの具体的な提言を行った（**メゾシステム**）。

この提言を受けて、2005（平成17）年に市は医療的ケア事業実施要綱を策定し、「デイセンター C」で医療的ケアが実施されることになった（**マクロシステム**）。

▶前職で積み残したと考えていた医療的ケアを要する利用者への対応の課題について、市として解決したいと考え、現場とも協議しながら検討会を設置した。

▶ 2000（平成12）年以降、養護学校においても医療的ケアを要する児童の受け入れが進みつつあった。しかし、日中活動の場では、教育現場とは異なり福祉職の喀痰吸引等が認められず、看護師の配置等も少ないため、医療的ケアの実施は困難な状況であった。

▶しかし、この現状を変えていくための先駆的な試みも各地で散見されるようになる。豊かな日中活動を行いたいとの重症心身障害者の願いを地域で実現することは、行政

これにより、利用者がその障害の重篤化によって医療的ケアが必要な状態になっても、一定の範囲であれば、必要なケアを受けながら本人の思いや願いに応じて通所できるようになった。これは、養護学校を卒業した医療的ケアを要する児童が、卒業後も日中活動への参加を望むのであれば、思いや願いを受け止められる場が確保されたことを意味していた。たとえ障害が重篤化したとしても、通所できなくなることで本人の思いや願いを奪うことのないような新たな仕組みをつくるという実践だったと考える（**メゾシステム**）。

この検討会に対する当事者および家族の期待は強いものがあった。しかし、同時に法的な壁も存在していた。この壁をどのように乗り越えるか、養護学校の事例や先駆的な施設の事例に学びながら、市の実践枠組みをつくる試みであった。

● **本人の希望に基づいた地域で暮らし続けることの難しさ**

利用者の多くは、言葉では訴えないものの、「デイセンターC」に来ると、手を動かしたり、笑顔になったり、日々の活動を楽しんでいる様子がみられる。一方で、リハビリテーションを行う機会の少ない家庭や短期入所などから数日ぶりに通所すると、身体が硬かったり、酸素飽和度が低下していたりする状況がみられる。「デイセンターC」で行われている毎日のリハビリテーション（PTの指導のもとで身体をほぐす活動など）が、利用者の心身の状況の維持に有効に機能しており、日々の活動の重要性が確認された例である。

しかし、「デイセンターC」でも、いわゆる親亡き後問題は重要な課題となっていた。食事や排泄、入浴等の介護を家庭で日常的に行っている家族の負担は大きい。親が高齢となり、心身の疲労、疾病あるいは死亡などの事態が生じると、直ちに家庭での生活に困難が生じる。これまでも、「デイセンターC」利用者の多くは、こうした事態に直面すると、重症心身障害児（者）施設への入居などの方法をとるしかなかった。しかし、それすら満床などの理由により入居が叶わず、短期入所を転々とした後、空きが生じてやっと遠方の施設に入るといった例も見受けられた（**マクロシステム**）。

家庭での親による介護が困難になった利用者は住み慣れた地域から離れ、見知らぬ施設で暮らさざるを得ない状況におかれていた。知的障害者や精神障害者などについては、グループホーム設置数が大幅に増加し、グループホームから通所施設に通う人も珍しくない。グループホーム制度が定着

の課題であると考えた。そこで、先駆的な通所施設での事例や教育現場の実践に学びながら、まず、市での課題抽出とその改善の素案づくりが必要だと考えた。

▶その試みは、好きな「デイセンターC」に通いたい、日中活動を継続したいという、本人の思いや願いを反映した制度の枠組みをつくることでもあったと考える。

▶親亡き後問題は、特に知的障害者や重症心身障害者の長年のテーマでもある。家族の心配を減らしていくことはもちろん、この問題を解決することは、本人が望む場所で、望む暮らしを継続していくことに他ならないとSWrは考えていた。

▶当時、現実には親の高齢化に伴い介護が困難になったり、親亡き後に住まう場の選択肢は、入所施設（旧：重症心身障害児施設）しかなかった。

しつつある状況であるといえる。

　しかし、2016（平成28）年の岩崎らの調査[1]でも、東京都内でグループホームを運営する357法人中、重症心身障害者が入居するグループホームを運営する法人は約10%（43法人）にとどまっていた。重症心身障害者が入居できるグループホームは、まだ先駆的な試みであり、十分に整備されているとはいえなかった。

　こうしたなかで、「デイセンターC」となって以降も、利用者が1人、また1人と、施設に入所せざるを得ない状況が生じていた。重症心身障害者本人が地域で暮らし続けることを願っていても、その思いや願いには応えられない状況であった（**マクロシステム**）。

そこでは手厚い支援は受けられるものの、家庭だけではなく、これまで通い慣れた日中活動の場や、利用者をよく知る職員や近隣の人々からも離れることを意味していた。

● **自立支援協議会での協議──住まう場の創出**

　2006（平成18）年の障害者自立支援法（現：障害者の日常生活及び社会生活を総合的に支援するための法律（障害者総合支援法））施行後、市では協議会を設置し、さまざまな協議を重ねてきた（**メゾシステム**）。当時、課長であったSWrは、立ち遅れが指摘されていた重症心身障害者の住まう場の問題についても協議を行う必要があると考え、議題として提示した。そして協議会での協議が行われた結果、市でも公的な責任をもち重症心身障害者の住まう場を創出することが施策として方向づけられた。

　2014（平成26）年には、市の補助事業として、法人Bが運営する重症心身障害者向けのグループホームが開設された。障害が重くても本人の思いや願いを受け止めた暮らしを可能とするための第一歩がスタートした。

[グループホームの入居者の例]

　「デイセンターC」に通所する重症心身障害のあるDさん、父親と二人暮らし

　Dさんは、父親が高齢で自宅での介護が難しい状況になり、定期的に自宅から2時間程度離れた重症心身障害児施設の短期入所を利用していた。それは、自分の好きな「デイセンターC」にその期間通所できなくなることを意味していた。しかし、父親の困難な状況をなんとなく理解しているDさんは、しぶしぶ親の言うままに短期入所を利用せざるを得なかったのである。短期入所に行く前や帰ってきたときは、言葉にはできないものの、「本当は短期入所なんかしたくない。家から通いたいんだよ」とでも言うかのような不機嫌な表情をしていた。

▶障害者総合支援法でグループホームが規定されたが、報酬面からみると手厚い支援を要する人の入居支援は全く採算が合うものではなかった。多くの人手が必要となる重症心身障害者が入居できるグループホームを、公的な補助制度なしに実現することは困難であった。

▶全国的には、公費助成を受けながら重症心身障害者が入居しているグループホームも数多く存在していることが、研究や実践報告からも明らかになっている。

▶SWrは、課長として協議会で重症心身障害者の住まう場の問題を取り上げ、障害が重くても地域で暮らし続けられるための議論を行った。議論のなかでは、障害種別に分かれた多様な団体や関係機関の意見も一致し、市として、重症心身障害者が暮らせるグループホームを整備する必要性を明らかにした。

Dさんの家庭がより困難な状況になるのと時を同じくして、「デイセンターC」を運営する法人Bが設置したグループホームが開設することとなる。父親はさっそく入居を申し込んだ。しかし、父親と離れて暮らすことを本人が承知するのか、「デイセンターC」やグループホームの職員は危惧していた。そこで職員らは、今後のDさんの生活を考えるため、父親同席のもと、Dさんと何度か話す機会をもった。

加えて、新築されたグループホームを見学した。これまで施設入所の話をされると、Dさんは口をへの字にして「嫌だ」と怒っていた。しかし、グループホームで暮らすことについて少し考えた様子はあったものの、「デイセンターC」に通えるなら悪くはないという感じで、穏やかな表情で軽くうなずいた。それは、短期入所に行くときの表情とは全く違うものであった。

その後、Dさんはグループホームに入居することになった。グループホームでの生活にあっという間に慣れ、「デイセンターC」にも以前と変わらず毎日楽しそうに通所している。この経過を振り返って、ある職員は「Dさんは、私たちが思う以上に、周りの状況を把握している」「Dさんが力を発揮した時間だった」と感じていたという（**マクロシステム**）。

障害者基本法第3条には、「全て障害者は、可能な限り、どこで誰と生活するかについての選択の機会」が確保されると謳われている。当然、重い障害があったとしても、どこで誰と暮らすのかは本人の選択に基づくべきであるが、その選択肢がなければ、それは意味をなさない。加えて、その選択の妥当性も検討されるべきである。そのことをDさん自身が示してくれたといえる。

▶協議会は当事者およびその家族、関係機関、行政の協働の取り組みでもある。この協議会の意見を市の障害者総合計画や市の実施計画に反映させるための庁内調整は、SWrをはじめ所管課職員が担った。そうして、施策として具体化することができた（**メゾシステム**）。

▶市の補助を受けながら法人Bが運営するグループホームが設置されることとなった。その利用者をどのように選定するか、本人や家族の意向にも配慮が求められることは当然である。

▶Dさんに限らず、通い慣れた日中活動の場から離れざるを得ないという環境の変化は大きいものがある。そうした条件もふまえながら自分のこれからの暮らしを決めることは、よほど大変なことだろう。その大変さを乗り越えて、Dさんは妥協でも諦めでもなく、今後の生活をおおらかに「まぁ、いいか」という感じでグループホームへの入居に決めていった。SWrも、Dさんの潜在的な力はすごいものだと感じた。

ソーシャルワーク実践の概要	ソーシャルワーカーの思考

● 意思決定支援を意識した日々の活動

「デイセンター C」では、日中活動のさまざまな生活場面において、本人の思いや願いに沿った支援が行われている。

職員が言っていることをおおむね理解し、それに対しある程度の意思表示ができる人もいれば、その意思表示が曖昧な人もいる。その場合は、わかりやすい選択肢などを提示しながら、思いや願いを汲み取っていくことになる。その選択についても、これまでの実践の積み上げから、どのようなことを選択するかなどを想定しながら提示する。また、行事のなかで役割を担ってもらう場合は、過去の記録を追いながら、本人が担当したいと思われるものを提示するなどの試みを行っている。

このような本人の思いや願いに沿った実践は、活動や役割といった範囲にとどまらない。重症心身障害者の場合は、本人が望む身体的な快適さを提供し支援することも重要である。言語はもとより表情、身振り・手振りなどで表現ができない利用者が、身体がなんとなく苦しい、つらいと感じるときなどに、その苦しさやつらさを軽減することも、本人の思いや願いを受け止めることの重要な視点である。

そのため、福祉職と看護職が協働して、日々の酸素飽和度などから身体状況を把握し、呼吸状態が悪かったり関節の拘縮が強かったりするようであれば、理学療法士の指示のもと、体幹や肩周辺をほぐすなどのリハビリテーション活動を行っている。これは、「通所施設 C」時代から長年継続されている活動の基本である。

このように、身体がなんとなく苦しいから少しでも楽になりたいという場合は、体温やサチュレーション等だけではなく、日々の微細な表情の変化や体調の変化などをきめ細かく観察しながら、察知する必要がある。こうした支援は、言語的な表示に基づく意思決定とは異なるものの、身体上のさまざまな困難を有する重症心身障害者にとって大切なものとなる（**マクロシステム**）。

● 本人の豊かな生活を保障する

快適性を保持するとともに、明示された本人の意思を推察し、より快適な生活を提示していくことも、日中活動の場における支援者の役割の 1 つだと考えられる。

今後、特別支援学校を卒業する重症心身障害者は増加するといえる。一人ひとりの微細な変化を読み解き、その人の

▶「デイセンター C」の日常の活動は、表面的には極めて穏やかに流れていく。それはある意味淡々とした感じに映るかもしれない。しかし、そこには微細な変化も見逃さない職員の「構え」のようなものがある。それがチームとして、何かあっても手順どおりに対応できる安定感となっていると考えている。

小谷[2] が述べるように、重症心身障害者の支援においては、その微細な変化をも見逃さず、1 日をリラックスして生活できるように環境を整えることが必要である。そうした指摘をふまえた実践が行われている。

▶この活動は、多職種協働により安定したものとなっている。福祉職と看護職の連携は、さまざまな職場において、その手法に課題が生じているものの、本人たちの暮らしを守り豊かにするという視点は一致している。当時部長であった SWr は、このような連携を大切にしながら、身体的な健康と日常生活の充実を重ね合わせる取り組みが必要だと感じていた。

▶当時、障害福祉部門を統括する部長だった SWr は、本人たちの豊かな生活を保障することが行政の重要な役割だと考え、法人 B との連携もそ

思いや願いに五感を傾ける実践には、それを担う職員の体制や力量が問われる。そして、本人の豊かな生活を保障する制度的な体制があって初めて実践に生かされていく。利用者が増加していくのであれば、これに伴う条件整備は地域の必須課題といえる。法人Bの役員となったSWrとしても、この課題に応え得る法人として地域に根差した実践が行われることを願っている。

　「デイセンターC」は、すでに32人が在籍し、現在の場ではゆとりがなくなっている。そこで、市では「（仮称）デイセンター第二C」の設置に着手し、2024（令和6）年の開設を目指している。重症心身障害者が思いや願いを実現するためには、家族や日中活動を支援する職員、本人を取り巻く関係者のみならず、そうした生活を実現するための施策を担う自治体職員との連携や協働が欠かせない。

の視点に立って行うようにしていた。

4 ソーシャルワーク実践の全体図

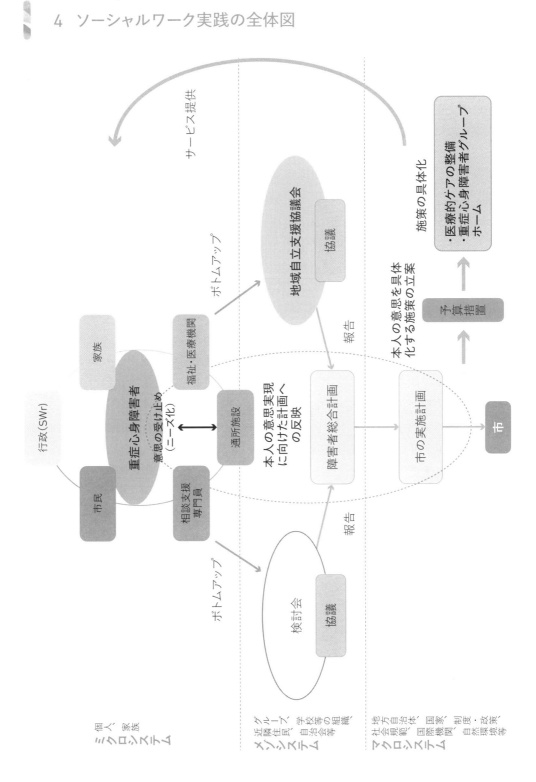

サービス提供

ボトムアップ

地域自立支援協議会

協議

施策の具体化

・医療的ケアの整備
・重症心身障害者グループ
ホーム

本人の意思を具体
化する施策の立案

予算措置

報告

本人の意思実現
に向けた計画へ
の反映

障害者総合計画

市の実施計画

市

家族

福祉・医療機関

行政（SWr）

重症心身障害者

意思の受け止め
（ニーズ化）

通所施設

市民

相談支援専門員

報告

ボトムアップ

検討会

協議

個人、家族
ミクロシステム

グループ、組織
近隣住民、自治会等
学校等の組織
社会規範、国際機関
メゾシステム

地方自治体、国家
国際機関、制度・政策、
自然、環境等
マクロシステム

5　ミクロ・メゾ・マクロシステムの連鎖的変化

①一人ひとりの思いや願いを汲み取る

　意思決定支援をソーシャルワークのなかで実践する場合、一人ひとりの日常の暮らしに寄せる思いや願いをどのようにとらえ、それを客観的なものとしてどのように位置づけるかが焦点となろう。これまでの研究動向をみると、重症心身障害者における意思決定は、医療場面を中心に家族が治療等をどのように選択し決定するかが大きな課題となっていた[3]。しかし、どんなに障害が重くても、その暮らしに寄せる思いや願いは一人ひとりがもっており、そのことに確信をもつことは、重症心身障害者福祉実践における意思決定支援の重要な視点である。

　「通所施設C」の時代から「デイセンターC」に至るまで、その実践は、前述のように利用者一人ひとりの発語や表情、目線、身体状況、そしてその背景となる生活の変化を細かく汲み取るところにある（ミクロシステム）。そして、個別支援計画に記載することや支援の留意点をミーティングで検討し、加えてケースカンファレンスなどで関係者と情報の共有を図っていた。そのように、利用者の意思をどのようにとらえるのかを職員が日々検討し、共有しながら支援することで、利用者が穏やかで快適に毎日を過ごせるように努めていた。

　障害者基本法第1条では、障害者権利条約を受けて「全ての国民が、障害の有無にかかわらず、等しく基本的人権を享有するかけがえのない個人として尊重されるものであるとの理念」を掲げながら、第3条で「社会を構成する一員として社会、経済、文化その他あらゆる分野の活動に参加する機会が確保されること」や「どこで誰と生活するかについての選択の機会が確保され、地域社会において他の人々と共生することを妨げられないこと」などを規定している。障害者総合支援法においても、指定相談支援事業者及び指定障害福祉サービス事業者等に対し、障害者等の意思決定の支援に配慮するよう努める旨が規定されている。これを具体的に示したのが、「障害福祉サービス等の提供に係る意思決定支援ガイドライン」である。

　これらをふまえ、重症心身障害者の支援者・コーディネーターにおける意思決定支援の研究[4]なども行われている。この研究では、次の5つを重症心身障害者の意思決定支援の要素としている。

①本人の年齢、障害の態様、特性、意向、心情、信念、好みや価値観、過去から現在の生活様式等に配慮する。
②意思決定支援を行うにあたっては、内容についてよく説明し、結果を含めて情報を伝え、あらゆる可能性を考慮する。
③本人の日常生活、人生及び生命に関する領域等意思決定支援の内容に配慮する。
④本人が自ら参加し主体的に関与できる環境をできる限り整える。
⑤家族、友人、支援者、法的後見人等の見解に加え、第三者の客観的な判断が可能となる仕組みを構築する。

重症心身障害者を支援する職員が、日中活動の場で一人ひとりの環境を整えながら、本人たちを社会的人格として存在価値を認め、それぞれの具体的な身体状況や表情、その背景となる生活の変化にも気を配りながら支援することが、ソーシャルワークには求められる。

SWr が、重症心身障害者がどのような日中活動にしたいと思っているかだけではなく、家庭や地域でどのように暮らしていきたいかを日々の実践のなかで考え、表情や身体的変化を汲み取りながら本人の言葉にならない思いや願いに寄り添っていくことは重要である。そのためには、「デイセンター C」での実践のように、個別支援の取り組みを通して福祉職や看護職が家族、相談支援専門員、医療関係者などと一人ひとりの思いや願いを検討すること、そして、それを取りまとめて積み上げながら普遍化していくことが SWr の重要な役割といえる。

②思いや願いを受け止める取り組みとその仕組み

移動やコミュニケーションに困難を抱え、社会交流の機会が乏しい重症心身障害者にとって、日中活動は充実した生活を保障する場であるとともに、生活のリズムを整え健康や命を守る重要な取り組みである。そうした生活の拠点となっている場が、喀痰吸引や経管栄養などの医療的ケアを要するために使えない、または制限を受けることになれば、利用者の基本的な権利を保障できないことになる。喀痰吸引や経管栄養などが必要になった場合でも、本人が通い慣れた場での生活を望むのであれば、その状況に応じた体制を整備する必要がある。

その点から、「デイセンター C」の医療的ケアを実施するための整備は、設置主体である市がどんな重い障害があっても日中活動を保障するための課題といえる。そこで SWr は、自治体 SWr として当事者・家族も含めた検討を行った。そして、その検討結果に即して、医療的ケアにかかる看護職の体制の充実や安全な手法を確立するための常設の委員会、指導医の配置などを自治体の責任として行った（メゾシステム）。

加えて、地域で生活する主体である重症心身障害者の暮らしは、日中活動の場だけではなく、余暇や住まう場などの生活構造全体からとらえなければならない。しかし、障害の重い重症心身障害者は、社会のなかでより多くの困難を抱えており、誰とどのように暮らすのかの選択もままならない現状がある。そこで、SWrのみならず、行政職員や現場で働く法人Bの職員は、「デイセンターC」の利用者が遠隔地の施設に入所せざるを得ない状況を自分たちの課題であると考えた。そして、協議会でのテーマの1つにすることとした。この協議の場では、多様な種別の障害当事者や家族、福祉関係機関だけではなく、教育、医療、商工などさまざまな団体が議論を交わした（メゾシステム）。

　これにより、市としても、重症心身障害者が暮らすことのできるグループホームの設置に至った（マクロシステム）。「障害分野におけるソーシャルワークは障害者一人ひとりの生活支援を指向しながら、地域をも変え得る機能を有するもの」[5]である。多様な人が協議するなかで、「デイセンターC」での実践を通して知り得た一人ひとりの思いや願いを、地域課題としてとらえていった過程であった。

6　意思決定支援に注目したまとめ

①思いや願いを実現する自治体施策の形成

　「デイセンターC」の実践を起点にした、医療的ケアやグループホーム、「デイセンター第二C」などの取り組みは、当初から行政の課題としてあったわけではない。

　しかし、本人が通所を望んだとしても、医療的ケアの体制が整っていないがゆえに本人の願いを受け止められないことや、家庭での親による介護が困難になると、本人は住み慣れた地域から離れ、見知らぬ施設で暮らさざるを得ないという状況があった。その状況に対し、本人の思いや願いは何であったのか、どうすればよかったのかをSWrをはじめとした職員が深く議論を重ね、実践事例で示した取り組みへとつながっていった。日々の活動から把握できる本人の思いや願い、すなわちその意思を受け止め寄り添いながら、現実を変えていく取り組みであったといえる。

　福祉は人の幸せを実現することであるといわれる。それを制度として具体化したものが、社会福祉制度である。そして、その制度やインフォーマルな機関・資源を介し、その人と環境にはたらきかけていくのがソーシャルワークである。さらに、制度や社会資源が不足する場合には、それを開発していくこともSWrの重要な役割である。

　表出された思いや願いはそれだけで単純に具体化できるものではなく、一人ひとり

の思いや願いをニーズとして集約し、普遍化する仕組みがあって初めて実現できる。そのためには、本人の思いや願いを施策につなげる仕組みも必要となる。それが、医療的ケアに関する検討会や地域自立支援協議会であった。ニーズを集約し、当事者市民との協働の仕組みを行政の枠組みのなかで定着させ、当事者および家族のニーズを解決する施策が具体化されていくことが、住民自治の柱であり、自治体にとって重要だと感じている。ニーズ解決の必要性やその具体的な方向性を協議によって明らかにし、行政側に報告することによって、障害者総合計画などに反映できるのである。

　そして、障害者総合計画に位置づけられた施策を、市の基本計画に基づく実施計画などに入れ込むために、検討会でもデータや予算規模、費用対効果の分析など根拠を明示しながら、職員とともにその具体化を目指した。こうして計画に位置づけるだけではなく、施策として展開していくことが思いや願いの実現のために重要である。

②障害のある人の自立を支援するという視点

　これまで、重症心身障害者に対してはその障害の重さに注目しがちであり、自立を支援する視点が欠けていた。重症心身障害者にとっての自立とは、経済的にも社会的にも他者からの支援を受けず一人で生きていけるという、狭義の自立ではないことは当然である。「こうした現象的なカテゴリーの基底にある、社会に生きる人・存在としての自立性（自己の身体・生活・人生の主人公になりゆくこと）としてとらえるべきである。すなわち、この社会に生きて、時間をかけながら自らの生命や自身の健康を守り人間関係や社会関係を築いていくとりくみである。そのうえで生活の質の向上を図り、社会において支援を受けつつ互いの連帯の絆を結びながら、人生における主人公になるとりくみが彼らの自立である」[6]。

　これは、障害福祉行政を進めるうえでの重要な視点だと考える。重症心身障害者の意思を読み解き、その意思を生かすために展開される施策は、意思を読み解くだけでは完結しない。この思いや願い（意思）を具体化する生活の質を高める受け皿を構築すること抜きには支援は成り立たないのである。

　このことは重症心身障害者だけの課題ではなく、どのような障害であっても同様である。意思決定支援という言葉には、地域のなかで誰も取りこぼさず、その人らしい自立した生活を実現するということが包含されており、自治体は、この実現を図ることを福祉行政の基本的な考え方に位置づける必要がある。

引用文献

1）岩崎裕治ほか「東京都における重症心身障害者のグループホーム調査」『日本重症心身障害学会誌』41（3）、日本重症心身障害学会、pp.347-356、2016年

2）小谷裕実「思春期・青年期における重症児の発達と医療」障害者問題研究委員会編『障害者問題研究』31（1）、全国障害者問題研究会、pp.30-38、2003年

3）狗巻見和・井上みゆき「文献レビュー：重症心身障害児の成長に伴う身体変化による治療をめぐる親の意思決定支援」『日本小児看護学会誌』（30）、日本小児看護学会、pp.81-88、2021年

4）末光茂「重症心身障害児者等支援者育成研修テキスト　重症心身障害児者の支援者・コーディネーター育成研修プログラムと普及に関する研究　平成27年度厚生労働科学研究費補助金障害者対策総合研究事業（身体・知的等障害分野）」2016年

5）財団法人日本障害者リハビリテーション協会『自立支援協議会の運営マニュアル』pp.9-23、2008年

6）山本雅章『地域で暮らす重症者の生活保障 —— 自治体職員の役割と行政職員たちの挑戦』クリエイツかもがわ、2015年

参考文献

・全国重症心身障害児（者）を守る会ホームページ

・日本小児神経学会社会活動委員会・松石豊次郎・北住映二・杉本健郎編『医療的ケア研修テキスト —— 重症児者の教育・福祉、社会生活の援助のために』クリエイツかもがわ、p.8、2006年

・厚生労働省社会・援護局障害保健福祉部障害福祉課「障害者の居住支援について（共同生活援助について）」p.26、2021年

第 **2** 節

身寄りのない高齢者に対する医療にかかる横断的・包括的な意思決定支援

 1 所属組織、地域の概要、組織体制、組織内の役割

▶ 所属組織

急性期病院

▶ 地域の概要

　所属組織のある地域は約 18km² の広さであり、世帯数約 22 万世帯、人口約 35 万人（うち外国人約 4 万人）が居住している。高齢者のみの世帯の割合が約 58%、そのうち単身世帯が約 25% と、高齢者の割合が多い地域である。11 か所の地区割りがなされており、地域包括支援センターと同じ区割りである。保健所は 5 圏域を含んでいる。生活保護の保護率は 28.2% であり、経済的な支援を必要としている世帯が多い。

▶ 組織体制

　所属している急性期病院は、経済的、政治的、社会的、宗教的、文化的、民族的、ジェンダーを理由として治療拒否をしないことを方針としている。地域に根差した病院を目指しており、役所や地域包括支援センター、地域の医師から緊急一時入院や社会的入院を積極的に受け入れている。そのため、複雑化・重層化する問題を整理したうえでの療養環境調整を必要とし、院長直轄の患者支援部門に SWr が所属している。

▶ 組織内の役割

　筆者は、所属している急性期病院の医療 SWr として、病名告知を受けてからの意思決定支援や、地域で発見された多問題を抱える人の生活基盤・地域でのネットワーク構築支援を行っている。また、がんサバイバーの団体では顧問として、がん患者や

その家族に対し、治療に伴い発生する社会的、心理的、経済的支援を実践している。

　以前筆者は、宿所提供施設において路上生活単身者・家族の支援、イギリスでファミリー SWr として低所得世帯の支援を行っていた。そのなかで、さまざまな事情を抱えた人々の希望する生活のあり方をともに模索し、その生活に向けての地域でのネットワーク構築を実践していた。

　これらの経験を経て、現在は急性期病院の患者支援部門に所属し、個別の相談支援、外来・入院から組織内の多職種連携、地域の関係機関との関係構築、個に対する地域包括ケアシステムの構築支援を行っている。

2　ソーシャルワーク実践の全体概要

①医療が抱える新たな課題

　医師が治療方針を決定する医療現場では、情報の非対称性の問題が生じやすい。歴史を振り返ると、医療は医療従事者が中心となり治療方針を誘導するような意思決定支援になりがちであるという反省を常に抱え、患者と医療従事者との双方の理解のうえでの患者との協働プロセスの構築を課題として認識してきた。

　現在、医療は超高齢化社会のなかで、患者以外の意思決定の委任者を選定するという新たな課題に直面している。治療方針を決める際の意思決定を行う意思能力とは、選択の表明、情報の理解、状況の認識、倫理的思考に基づいて判断されるものだが、意思決定を患者およびキーパーソンとなる親族、もしくはキーパーソンとなる親族に委ねてきた医療業界では、判断能力に乏しく身寄りがない単身者の存在を想定してこなかったのである。高齢化の進展、単身者の増加という社会背景のなかで、本人の意思能力の判断における倫理的論点が表面化し、本人以外に本人の意思を確認する相手を誰と定めるべきなのか方針を定めることが急務となった。

②意思決定支援に関するガイドラインの作成

　厚生労働省より「人生の最終段階における医療・ケアの決定プロセスに関するガイドライン」（2018（平成 30）年改訂）や、「身寄りがない人の入院及び医療に係る意思決定が困難な人への支援に関するガイドライン」（2019（令和元）年）が作成され、パーソン・センタード・ケアの視点の提示がなされた。また、これらガイドラインにおいて、代理人は患者の真意を理解している適切な人物であること、意思決定は患者と代

理人との関係性のなかでの自己決定でないこと、代理人は代理決定者でなく意思決定支援者であることが明記されている。

さらに、医療・ケアチームとして意思の推定をする患者との協働プロセスの構築や支援体制の必要性が明確化された。かつ、最終段階における治療については結論の提示に至る経過が重要視された。事前指示として患者の意思を確認していた時代から、最終段階に向けて理想の自分の生き方を患者、代理人、友人、医療従事者がともに考えるプロセスを重要視することにより、意思決定が困難な状態であっても患者の希望を推測し実行する時代へと変化することとなった。これは、人がある時点における意思表示から、未来において変化する可能性を常に所持する存在でありそれを社会が容認したととらえることができる。このことは、人は社会的要素・社会的過程・社会的変化に影響されて生活する多元的存在であるという解釈から発生した人間理解であり、まさに身体的・心理的・社会的な側面を観察・分析し、生活ニーズからアセスメントプロセスを実行するSWrの専門領域であるといえよう。

本事例では、急性期病院でのSWrが紡ぐ意思決定支援の実践を検討したい。医療機関では、経済的保証と意思決定支援を含む身元保証人を必要とする。それゆえにSWrは医療機関の方針を理解して、経済的な問題と意思決定に対し介入する視点が必要である。これらは密接に関連しており、経済的不安が意思決定に強く影響している場合もある。

そこで、経済的な状況に加え、病状の変化により「ゆらぐ」本人に対してSWrによって繰り返されるアセスメントプロセスと、そのうえで複合的な支援を必要とする本人の意思決定支援のための多職種・多機関との連携、協働のプロセスを述べる。

3　ソーシャルワーク実践のプロセス

ソーシャルワーク実践の概要	ソーシャルワーカーの思考
● 受診で顕在化した要保護者の存在 　80代男性が、腹痛のため自宅から救急車を要請し入院。検査をしたところ、腸閉塞（イレウス）を発症しており、緊急的に手術が必要な状態であった。同時に、検査で末期の肝臓がんが発見された。 　医師よりSWrへの介入依頼あり。代理意思決定や意思決定支援を含む身元保証人がおらず、医療機関として今後の方針決定が困難となる可能性があると医師の判断あり。 　救急車で来院時、同行者はおらず、貴重品含め身元を証	▶他職種から本人の情報を収集・整理し、そのうえで本人を観察、面談し、見立てを行う。ただし、ラベリングすることによりSWrが上位に立つことのないよう留意する。 ▶清潔感はあるが着衣に汚れがあるという矛盾から、体動

明するものは何も所持していなかった。清潔感はあるが、着衣には上下ともに食べこぼしの跡が5、6個ついていた。手術の同意書には本人が意思確認したうえでの署名がされていた。

手術後、本人に保険証等の貴重品について確認。「家に帰りたい」と話される。理由を確認すると、「貴重品を持ってきてほしいと頼める人がいないので、家に取りに帰りたい」との返答あり。

本人より、身寄りがなく独居であることを確認。地域包括支援センターの存在について本人へ確認すると知らない様子。地域包括支援センター、場合によっては区の介入を提案し、本人から了承を得る。

[介入時点での問題の整理]

❶ 身寄りや友人がいない
→医療機関は意思決定支援を含む身元保証人となる人物を選定する必要がある一方で、SWrは意思決定支援のネットワークをつくる必要がある。

❷ 貴重品が手元にない
→本人の代わりに自宅から貴重品を持ってくる人物を選定する必要がある。

❸ 経済的に困窮している
→経済状況の正確な把握と、場合によっては生活保護の申請を検討する必要がある。

❹ 病状の進行に伴い退院先を検討する必要がある
→本人の意向を確認し、そのうえで経済的に選択可能な退院先を検討する必要がある。

困難な状態が長期化し、その間他者に支援を求められなかった可能性があったと判断できる。

▶医療分野では、今後の治療を決めていくにあたり、本人と本人以外に意思決定を行う人物の選定が必要である。そのためSWrは、代理意思決定者もしくは意思決定支援者となり得る身元保証人がいるかどうかの確認と、同時に保証人がいない場合のほかの方法を考える必要がある。

▶面談において、家族、友人との関係性、生育歴などの社会生活の状況を把握する。人とのかかわりがない場合は、公的な身元保証人の選定の必要性を予測し、公的機関への介入依頼を検討する。公的機関による介入には時間を要する場合が多いため、早めに計画を組む必要がある。

▶SWrに対し拒否的な態度はないが、今まで公的機関との接触に積極的ではなかった様子があるため、本人の意向を確認しながら介入方法を公的機関と検討していく必要がある。

▶清潔感はあり、署名ができていることから、判断能力や認知機能、知的能力に問題はなさそうである。身分を証明するものを持ってくるために一時帰宅を希望していることから、まじめな性格と考えられる、と初回アセスメントを行う。

ソーシャルワーク実践の概要	ソーシャルワーカーの思考

● 地域の関係機関の介入

地域包括支援センターに確認したところ、独居高齢者として把握し、何度か自宅を訪問していたが接触ができず、介入方法を検討している世帯であることが判明した。

意思決定支援が必要になる可能性があるため、地域包括支援センターと自治体の高齢福祉課に介入を検討してもらうよう依頼した。まずは保険証を自宅に取りに行くことを理由として、同時に地域包括支援センターと高齢福祉課が本人と面談ができるよう調整することとした（**メゾシステム**）。

▶地域包括支援センターだけでなく、高齢福祉課も支援のネットワークの1つとして検討する。多機関の協働により、それぞれの機関が専門性を発揮しながらスムーズな連携が可能になる。

▶以前は地域の介入を拒否していた事実あり。しかし、入院を契機に気持ちに変化が起き、介入受け入れを決めた可能性があると考え、アセスメントを再度行う。アセスメントでは、気持ちの変化の理由が何かを考える。本人に質問し真意を確認することもできる。

▶対話のなかで本人が自身の真意に気づけるよう支援する。また、多職種がかかわる病院では、他職種の視点からの情報共有がアセスメントを行う際に有効となる。日常の言動から、本人にとっての生きがいや価値観を読み取り、理解する必要がある。経済的な価値観は人それぞれであり、SWrの価値観で判断しないように注意する。

● 社会的・経済的に重複した問題を抱えていることを発見

医師より肝臓がんであることの告知が本人になされ、治療についての説明がある。

告知後、本人へ希望を確認。「仕方ないね、治療は受けたいかな」との発言がある。

治療の継続のため経済状況について確認。貯金はほぼなく、8万円ほどの年金で生計を立てている。家賃は3万円ほど。本人の心配は次の家賃支払いについてであった。そのためSWrより大家へ連絡し、支払い猶予の相談を行った。

生育歴を確認する。8人兄妹の長男であり、中学校卒業

▶他職種それぞれの視点は、専門性の違いゆえにSWrとは異なることが多い。それぞれの職種の見立てによる多面的理解が新たな気づきを生み出す。

▶疾病を抱えなければ、経済的に余裕はなくとも生活ができていたよう。本人の自尊心

後に実家を出て、70歳半ばまで日雇い労働で働いていた。仕事がなかった頃、妹夫婦の自宅に居候していたことがあった。ここ1年は食欲があまりなく、1日1食程度で生活していた。次男に生家を委ねたため、長男である自分が生家に帰るわけにはいかないと思い、生家とは長い間連絡を取っていない。一方で、現在の弟や妹、妹の夫の仕事内容や生活状況については話してくれる。親族との関係性が良好であると仮定して本人に親族との現在の関係を確認するが、本人が話題を変え明確な発言はない。

病棟看護師より、病室は片づいており常に整理整頓されていること、テレビ視聴を好まず、可能な限り金銭を使わないようにしているとの情報がある。また、今までの親族とのかかわりについて確認すると親族との関係性について話してくれるが、これからの親族とのかかわりについて確認すると口を閉ざしてしまうとの情報もある。

理学療法士、作業療法士より、コミュニケーションは問題なく人当たりがよい印象で生活状況について話してくれるが、同様に親族の話になると口数が少なくなるとの情報がある。

以上のように、病棟看護師、理学療法士、作業療法士より、本人から今後の生活について漠然とした不安を抱えているような発言があったとの情報を得た。具体的な不安や心配というよりは、何から考えていけばよいのかよくわからないために不安を抱えている様子（**メゾシステム**）。

や価値観を面談で観察、傾聴し、各関係機関と情報共有を図りながら介入のタイミングを見定める必要がある。

▶病状の進行に伴い、これからの生活に漠然と不安を感じている様子。何が不安なのかわからない状況だと考える。医療従事者とのコミュニケーションは良好。日々の会話から認知機能の低下はみられない。

▶自らのことや親族との今までのかかわりについての話はするが、親族とのこれからのかかわりについて詳細に尋ねるとはぐらかす。現在は親族と疎遠だが、親族との関係性を再構築する希望があるのかもしれない。本人にとっての心理的支援は親族との関係の再構築ではないかと仮定した。そこで、親族以外ではなく、親族を巻きこむ新たな意思決定支援ネットワークの構築の検討へアセスメントを変更した。

▶本人自身が何に対して不安を抱いているのかわからないといった状況はよく起こる。SWrが傾聴、共感、質問、支持を繰り返すことにより、わからないことの整理を行う。本人が抱える問題に気づき発見できるストレングスを信用する。

| ソーシャルワーク実践の概要 | ソーシャルワーカーの思考 |

● 介護保険申請の拒否と生活保護申請の希望を確認

地域包括支援センターと高齢福祉課が来院し、本人と面談（**メゾシステム**）。本人より、保険証や財布の病院への持参、現金の確認について希望がある。今後のことをふまえ介護保険の申請について提案すると、「必要だとは思わない」とやんわりと辞退される。

治療方針は決定していなかったが、「ただ生活するのは問題ないんだけどね」と、今後の経済的な面の漠然とした不安について話していた。そのため、生活保護制度について説明したところ、申請の希望があり、SWrより生活福祉課へ相談することで合意した。

後日、SWrから生活福祉課へ生活相談を実施（**メゾシステム**）。同時に、地域包括支援センターと高齢福祉課が自宅を訪問し、本人の貴重品の確認を含む経済状況を確認することとした。

▶関係機関との連携およびネットワークづくりを検討する。SWrはジェネラルな視野をもち、分野を横断的につなぐ判断が求められる。

面談を繰り返し、本人の価値観や思考パターンを共感的に理解しようとする姿勢が求められる。

▶介護保険申請は希望しなかったが、生活保護申請は希望。この時点での一番の不安は経済的なことと考えられる、とアセスメントを加える。

● 高齢福祉課の介入決定

地域包括支援センターと高齢福祉課が自宅を訪問。2畳ほどの部屋で、トイレ・浴室は共同。居室内は片づけられており、本人の説明どおりの場所に現金が置かれていた。通帳を確認したところ資産があったため、要保護世帯ではなく低所得世帯となることが判明した。

そのため、高齢福祉課が資産が少なくなった段階で生活保護申請における支援を再度行うことを本人へ説明し、高齢福祉課による通帳の管理を提案。本人からの希望もあり、自宅訪問後に高齢福祉課での検討の結果、今後は高齢福祉課が通帳を管理することが正式に決定した。

また、高齢福祉課より訪問時に親族らしき連絡先のメモが机の上にきちんと置かれていたとの事前の情報共有があった。高齢福祉課で確認した本人の戸籍住所と連絡先の住所が同じであったため、親族ではないかとの予測があった。上記の状況から親族関係に何らかの事情があると想定し、再度、経済的な支援という意味ではなく頼れる親族について本人に確認すると「いない」との返答があった。

▶複合的な課題がある場合、まず本人にとっての一番の問題に介入する。そのなかでほかの問題が浮かび上がってくることもある。

▶すべての公的機関が同じように介入できるわけではない。SWrはその地域の公的機関の方針を熟知する必要がある。公的機関が対応できる限界を確認し、SWrのアセスメントに基づく提案をしたうえで、最大限の介入を検討するようはたらきかける。

▶医療分野では親族は意思決定支援者であるとの考えが根深いが、関係性と信頼性は分けて考える必要がある。個々に事情があることをふまえ、本人にとって親族が頼れる存在なのか、頼りたい存在なのか、SWrがしっかりとアセスメントをする必要がある。

観察と見守り、沈黙のバラ

ソーシャルワーク実践の概要	ソーシャルワーカーの思考

ンスは本人のタイミングに合わせる。

▶本人と親族は疎遠でなかったように思われる。本人が親族との関係性を隠しているのには理由があるとし、本人の気持ちを見守るというアセスメントに見直す。

● 治療方針について倫理委員会の開催

　肝臓がんの治療方針は、積極的な治療ではなく、疼痛緩和を目的とした緩和ケアが中心となった。

　治療方針を決定するにあたり SWr へ再度本人の親族・友人の存在確認がなされ、身寄りなしとの判断を病院内で共有した。身寄りがない場合や意思決定が困難な場合には、2 人以上の医師が治療方針を決め、書面に保存することで治療方針を定める方法がすでにあった。

　今回のケースでは「意思決定が可能な判断能力がある患者かどうか」が論点となっていた。そこで、客観的な判断を行うために複数の医療関係者により倫理委員会の開催を提案した。キーパーソンとなる人がいないため、副院長・医師・看護部長・看護師長・事務長・医事課長および SWr で倫理委員会が開催された。

　入院中のコミュニケーションから本人の認知機能は低下していないと判断され、本人のみに治療方針の説明をし、本人の意思に基づいて、今後も治療を継続することを決定した。本人の意思表示が困難になったときには、2 人以上の医師の判断をもとに、看護師、SWr を含めた倫理委員会で方針を決定することとなった（**メゾシステム**）。

　医事課からは経済的保証について確認があった。身元保証人が不在であり、経済的負担および支払い者の選定が必要であるという指摘があった。公的機関がすでに介入しており、支払い管理は公的機関が行っていることや、資産が少なくなった際には生活保護の申請を検討している状況から、経済的保証は問題ないと判断された。

　倫理委員会では、本人の意思が確認できても、経済的な保証人がいないことから退院先の医療機関や公的施設の選定に時間を要する可能性があることも話し合った。

▶倫理委員会は SWr も開催できる委員会である。今後の方針を決める告知の段階においての意思決定能力の判断であったため、社会的支援を行っている SWr が中心となって倫理委員会を開催した。多職種で客観的に判断し結論を出す必要があるため、意思決定能力の判断材料として、カルテや各職種の検査内容、やり取りやアセスメントから情報を抽出し、資料を作成した。

▶医療機関は経済的保証人と代理意思決定者を同じに考える傾向があるが、同じ人物が本人へ介入しているとは限らない。SWr は複合的に本人の状況を整理し他職種へ正確に伝え、医療機関が何を問題としているのかを判断する必要がある。

　また、医療機関は治療や病状の変化に伴って本人の意思を確認する必要がある。そのつど、社会的・経済的・生物的・心理的・精神的な複雑かつ分野横断的なニーズへの介入が必要となる。

ソーシャルワーク実践の概要	ソーシャルワーカーの思考

● **告知**

倫理委員会では、身寄りのない高齢者ではあるが、公的機関の介入により経済的に医療提供が問題ないこと、本人に意思決定が可能な判断能力があること、意思決定できない場合の医療機関による代理意思決定機能を確認した。

今後の親族との関係調整は、SWrに任されることとなった。

倫理委員会終了後、医師より本人へ、今後は緩和目的での治療になるとの告知がされた。本人からは延命治療を望まないとの発言があった。

退院先について希望を確認すると、経済的な面を含めて退院先を考えられないとの返答があった。

[告知後の問題の整理]
❶　身寄りや友人がいない
　→意思決定が可能な判断能力があると確認済み。
❷　貴重品が手元にない
　→公的機関が介入済み。
❸　経済的に困窮している
　→低所得世帯であったため、困窮した際には生活保護を申請するように公的機関に相談済み。
❹　病状の進行に伴い退院先を検討する必要がある
　→医療機関から本人に意思決定能力があるとの判断を確認。今後の親族との関係により、親族の意向も確認する可能性がある。

▶医療機関では病状告知が定期的になされる。告知後は、死の受容過程（キューブラー・ロス）に沿って傾聴する必要がある。受容過程には個別性があることに注意する。

治療方針は医師が提示するが、決定は本人がすることである。本人が選択・決定しやすいように、告知の後は、傾聴、受容を中心とした心理的介入が必要である。

▶面談のなかで本人の気持ちを無意識のうちに導いてしまうこともあるので、意思決定支援は支援者中心のものであってはならないことに注意する。そのため、本人の気づきを促すようなかかわりや、質問や声かけのタイミングを見計らう必要がある。

▶告知を受けた際、本人の表情に変化はなく、動揺している様子もなかったため、受け止めきれなかった可能性がある。自分の居場所の選定が不安の中心のよう。

経済面・社会面など複合的な課題に対する包括的支援の構築が必要とアセスメントを行った。

● **療養場所の選定**

介護保険の申請を再び本人へ提案したところ了承が得られたため、高齢福祉課へ介護保険申請の支援を依頼した。

本人からは、今後の療養場所として、自宅は考えられないとの意思表示があった。

療養場所について確認すると、「田舎がいい」との発言があった。生家が同じ自治体のなかでも緑が多い地域であることを事前に把握していたため、あえて生家近くの緑の多い

▶ SWrは今後本人が余裕をもって療養場所を選択できる環境づくりを提案し、調整する役割を担っている。

本人が望む医療を阻害するような環境要因は、本人を支えるネットワークをつくり上げ

場所を提案すると、「いいね」と笑顔がみられた。

　生家近くに戻りたいのではないかと想定し、本人に生家近くなのか確認すると、「そうなんだよ、いいところなんだよ、帰りたいね。みんないるし」とぽそっと話した。そのため、親族への連絡について再度確認すると、「知らない」との返答があった。これ以上親族への連絡の提案をすることは本人にとって精神的負担になると考え、身元保証人なしで経済的な不安がなく長期的に入院できる医療機関を探すことを本人へ提案した。

　要保護となる可能性のある低所得世帯であり、身元保証人がいない単身者として、生家近くの長期療養型病院へ転院調整を行うこととなった（**マクロシステム**）。

● 高齢福祉課の継続的関与

　公的機関の介入が困難な場合には、民間の身元保証会社の利用を検討する必要がある。身元保証会社の利用については、契約に伴う経済的負担や契約の煩雑さなど検討事項が多いため、今後のことを含め高齢福祉課へ相談した。高齢福祉課は、意思決定支援は困難だが、転院した後においても通帳管理の対応のみ継続は可能との返答があった。SWr より、転院先の自治体の生活福祉課へ生活保護の事前相談を行うことを確認し、看取りを含めて情報を提供した（**マクロシステム**）。

　転院先候補の長期療養型病院には、身元保証人として高齢福祉課が今後もかかわり続けること、管轄地域の生活福祉課へ情報提供済みであること、治療方針の決定は当院の倫理委員会の決定事項として本人の意思を確認し、延命治療は今後も行わないと確認済みであることを説明した。そして、本人の社会的・経済的支援体制が整っていることから、転院受け入れ可能との判断を受けた（**マクロシステム**）。

　本人に、転院の受け入れが可能となったこと、経済的な

ることによって解消できる。また、そのネットワークを次の居場所にも引き継げるよう調整することが求められる。

　SWr は 1 つの場所で行われた支援体制を、ほかの場所でも同様に構築できるよう、本人が次に居住する地域と調整していく必要がある。

▶生家への思いを語っていたとしても、必ずしも親族との関係を再構築したいと望んでいるとは限らない。親族との接触をあえて行わないようにしている可能性もある。今までの親族との関係性ゆえか、経済的負担を不安に思うがゆえなのかは不明。まず、本人が抱える不安の中心であろう経済的不安について支援し、ほかの不安の表出を待つというアセスメントを行った。

▶本人が不安なく療養生活を送れるよう公的・民間の機関につなぎ、経済的・社会的・精神的に本人を取り巻くネットワークを調整する。

　本人が抱える不安について面談にて評価、分析、解釈し、本人と対話する。病状の変化に伴い、本人を取り巻く環境も変化するため、支持的態度をもってインテーク、アセスメント、評価を繰り返す。

▶「対象者の真意は何か」を常に頭に置いて面談する。本人のゆらぎに対して SWr もともにゆらぐ。ゆらげばゆらぐほど、ゆらぎのふり幅は狭く

点については今後も高齢福祉課がかかわり続けることを説明すると、「あぁ、よかった。生まれたところの近くなんだよね。弟たちが今もいるんだよ」と笑顔で話す。

なりゆらぎの原因が可視化されていく。

▶ SWrは自身の価値観をよく理解しておく必要がある。支援のなかでこうあるべきという考えにとらわれるのは危険である。適切なタイミングで適切な質問を行えるよう、本人とのラポール形成を行う。

▶経済的な点と今後の療養場所が調整された後、本人から生家について語られた。親族の話をする際の表情は明るいため、親族との関係性について何かしらの思いがあるとアセスメントを行う。本人にとって親族は、最も心の支えとなる存在なのではないかと仮定した。

● 親族の介入の受け入れ

住んでいた家をどうにかしたいとの希望があったため、高齢福祉課へ相談し、地域包括支援センターと一緒に自宅の荷物の片づけと所有物の持参、家の引き払いの調整を依頼した。

その際に親族の連絡先をあえて持参してもらうことを依頼し、高齢福祉課、地域包括支援センター、SWrで本人に親族の連絡先を確認することとした。

医療機関にて本人の荷物を整理しているなかで、親族の連絡先か本人に確認。親族へ連絡することをどう思うか尋ねたところ、「連絡してもいいよ」と小さな声で返答があった。

▶退院の目途が立った後、初めて親族への連絡を希望したため、親族との関係調整を希望しているとアセスメントを行った。

● 親族との連絡調整

SWrが妹へ電話したところ「最近連絡が取れず心配していた」と話し、本人との面会、医師による病状説明を希望した（**ミクロシステム**）。

妹との面会時、本人、妹ともに涙を流した。妹から「帰っておいで」との発言があり、候補に上がっていた生家近くの病院へ転院調整することで合意した。

妹より、経済的な支援は難しいとの発言があったため、高齢福祉課が行っていた金銭管理と心理的サポートを妹に

▶公的なネットワークから私的なネットワークへ移行する際、SWrにとってはよくある申請や連絡でも、家族にとっては初めてのことである。本人と家族の関係性を観察し、支援を組み立てる。

SWrは本人の核となる思

依頼した。また、経済的に困窮した際には転院先の病院の
SWr を通じて管轄地の生活福祉課へ生活相談を行うことを
確認した。

　妹より、兄妹関係は良好で連絡を密に取り合っていたとの
話があった。本人は弟妹たちに頼りたかったようだが、生家
を出たにもかかわらず面倒をかけたら申し訳ないとの気持ち
が強かったよう。

　本人に生家近くに転院先が決まったことを伝えると、「あり
がとうね」と涙を流し笑顔がみられた。

　長期療養型病院へ転院し、数か月後、弟妹たちに看取ら
れながら逝去。

いを表出できるようはたらき
かけ、真意を受容、共感し、
本人が自ら選択肢を導き出す
意思決定の支援が必要であ
る。

▶本事例の対象者はがんを抱
えている「生活者」である。
がん患者とラベリングするこ
とでアセスメントに偏りが生じ
やすいことを意識する。その
人個々の生活に意味づけを行
い、本人が自分で決めたと思
える意思決定を支援する視点
が必要である。

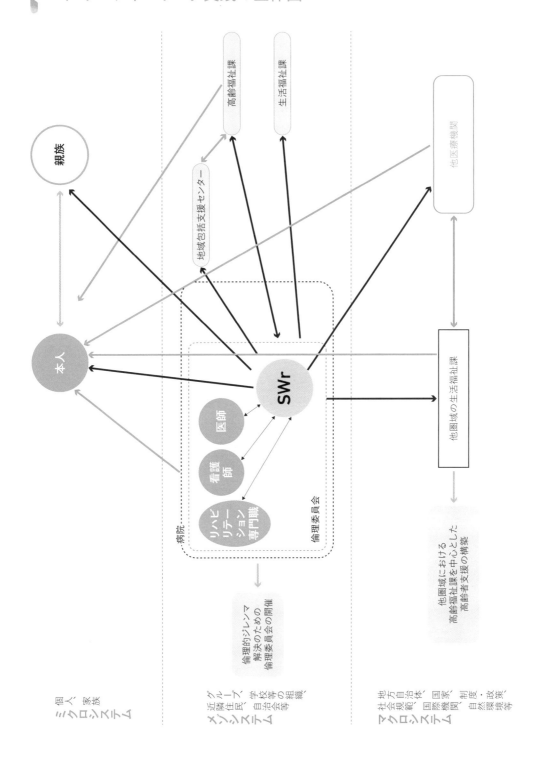

5 ミクロ・メゾ・マクロシステムの連鎖的変化

①連鎖的変化

　本事例は、経済的余裕がなくとも健康は保たれており、生活の維持が可能であった高齢者が、入院をきっかけに地域での生活が困難となったケースであった。

　近年、地域包括支援センターでは、65歳以上の単身高齢者もしくは高齢者世帯を要支援世帯として把握し、訪問活動を行っている。そのなかでは、介入拒否や支援拒否を原因に介入に至らず、警察からの連絡や入院を機に支援体制を構築するケースが散見されている。支援を拒否する人に対しては、円滑に支援を提供するのに困難が生じる場合があるが、各関係機関が横断的につながることによって、個を支えるネットワークを構築することができる。

　また、病院としては、個の支援実践を普遍化する重要性を再認識できた事例でもあった。臨床現場で行われる実践では、個の特有の事情に合わせて支援が組み立てられる（ミクロシステム）。SWrは、個と向き合うことがソーシャルワークの原点であると同時に、その支援を一般化、社会化し、社会変容を促す役割が求められていることを忘れてはならない。

　特に本事例では、倫理委員会が開催されたことが大きな意味をもっていた（メゾシステム）。当初、「身寄りがない人の入院及び医療に係る意思決定が困難な人への支援に関するガイドライン」に沿って治療方針を決定しようとしたなかで、医師ら自身も本人に意思決定能力があると判断する根拠が乏しく、倫理的に困惑していた事実が見受けられた。そのため、倫理委員会の開催を提案し、医師個人の決定ではなく医療機関における倫理委員会の客観的判断を含む組織の決定へと変化させた。

　結果的に、ガイドラインに沿った治療方針ではなく倫理委員会においてなされた決定は、組織として患者と向き合い同意を得た事実という保証を地域へ与えた（マクロシステム）。以前より倫理委員会は存在していたものの、虐待ケースなどへの対応の検討が主であり、本事例のような場合に開催することは想定されていなかった。この件を機に、身寄りがない人に対する支援を検討する際には、年齢や経済的・精神的状態で区別することなく倫理委員会を開催するよう取り組むこととなった。SWrが主体的に組織内外と調整し、アドボカシーを行った結果であったと考える。

②見えた課題

　課題としては、まず管轄地域の行政機関ごとの介入根拠の違いがあげられる。行政機関によって介入根拠の判断や介入の制限が異なるため、該当区の行政機関の方針に合わせて支援の幅を検討する必要がある。本事例では、当初の地域で構築できていた支援のネットワークを、移動後の管轄地域でも同じように構築することができた。実際、1つの地域におけるメゾレベルのネットワークを、ほかの地域でのメゾレベルのネットワークにそのまま移管した実践であった。この点において、都市部、郊外の間での経済圏や人口規模、社会資源の違いがあっても地域包括ケアシステムの構築が可能になることを証明したといえる（マクロシステム）。

　もう1つは、潜在している要保護者が発見されたことである。地域に潜在している要保護者の発見には、外来・入院問わず医療機関につながった際のSWrの早期介入が重要であると考える。本人との面談を通し、言語的・非言語的コミュニケーションからアセスメントを行い、問題を整理しそれらを可視化することや、地域の支援ネットワークが構築されるよう、地域の関係機関へ適切に情報提供していくことが求められる（メゾシステム）。

　医療機関の受診により初めて要保護者が発見されることは多く、他者との関係性を求めない価値観も少なからず存在する。ここで重要なのは自ら選択しているか否かであり、積極的に社会関係をもたない場合と、情報にアクセスできず社会から孤立する場合とでは大きく意味が異なる。前者の場合は援助希求能力が低いこと、後者の場合は社会関係が閉鎖的であることの特徴をふまえて、アプローチのタイミングを検討していかなければならない。

　また、医療機関には複雑な事情や関係性を抱えた人々がさまざまな場所から訪れる。言い換えれば、医療機関は、本人との面談を通じて問題を発見し、必要な機関につなげることができる場でもある。SWrには、幅広い視野をもち横断的な支援を構築していくためのジェネラルな視点が求められている。個別性、部分性、限定性、特殊性があるミクロシステムでの個の支援を、今後の支援に有効活用できるように一般化、社会化していくことをSWrの今後の課題としたい。

6　意思決定支援に注目したまとめ

　本事例では、意思決定能力の有無の判断に重きが置かれていた。意思決定能力の有無の判断は退院先を決定する際に重要であったが、本人は社会的、経済的、心理的に

重複する問題を抱えており、判断が困難な面があった。親族の連絡先が保管されてあるにもかかわらず、親族とのかかわりを希望していなかった。そのため、病気の治療から発生する問題と、本人が抱える問題とを整理することが求められていた。面談のなかで表出された沈黙、迷い、不安、憤りすべてに意味があり、それを総合的にアセスメントする必要があった。そこで、本人の気持ちの変化を見極め、その思いに寄り添うことによって、最終的には生家の近くで療養するという本人が望む環境へつなぐことができた。

　目の前に存在する患者は孤であっても過去において社会関係がなかったということではない。希望に沿ったネットワーク構築を行いつつ、本人が自分の人生を選択しやすい環境をつくり上げる必要があると考える。ヴァルネラビリティ（脆弱性）概念の比較においては、医療や看護と福祉では異なるニーズがあるととらえる必要がある。すなわち、医療や看護は身体的アセスメントに基づく医療ニーズであり、福祉は身体的、心理的、社会的アセスメントに基づく生活ニーズである。例えば、「がん患者」とひとくくりにとらえると、医学的に判別することは容易になるが、個の存在が置き去りになり、「がん患者」というラベリングにより非人間的理解となりやすい点に注意する必要がある。また、医療分野で多用されるジョンセンの臨床倫理の4分割法における患者の言動の評価は、医学的適応、患者の意向、周囲の状況、QOL（人生の質）で構成される。この4分割は各項目間で行ったり来たりしながらつなぎ、その人を評価することが重要であり、全人的な支援のためにはこれらの項目すべてが個の要素であるという視点を忘れてはならない。

　医療機関におけるSWrの役割は、本人と多職種、ほかの関係機関とをつなぎ、全人的理解の視点を伝えることである。SWrにとっては、個の価値観を理解し、個のストレングスを信用し、個をエンパワメントし、個の決定を支援することが意思決定支援であり、ときに個とともにゆらぎ、ときに個の側に立ち、平等な立場で向き合う必要がある。

　本事例のように、終末期にある人が社会性を維持しながら自分らしいライフスタイルを獲得できるように支援することがSWrには求められる。

参考文献

・アマルティア・セン、池本幸生・野上裕生・佐藤仁訳『不平等の再検討――潜在能力と自由』岩波書店、1999年
・尾崎新編『「ゆらぐ」ことのできる力――ゆらぎと社会福祉実践』誠信書房、1999年
・仲村優一・一番ヶ瀬康子・右田紀久恵監、岡本民夫・田端光美・濱野一郎・古川孝順・宮田和明編『エンサイクロペディア社会福祉学』中央法規出版、2007年
・杉岡良彦『哲学としての医学概論――方法論・人間論・スピリチュアリティ』春秋社、2014年
・Georgina Koubel and Hilary Bungay, Rights, Risks and Responsibilities: *Interprofessional Working in Health and Social Care*, Bloomsbury Publishing, 2017
・Albert R. Jonsen, Mark Siegler and William J. Winslade, *Clinical Ethics*: A Practical Approach to Ethical Decisions in Clinical Medicine Ninth Edition, McGraw Hill, 2021

本人らしい生き方、生活の実現を成年後見制度活用とともに支える体制整備

1 所属組織、地域の概要、組織体制、組織内の役割

▶ 所属組織

独立型社会福祉士事務所。職能団体である社会福祉士会権利擁護センターぱあとなあ名簿登録、日本社会福祉士会理事

▶ 地域の概要

個人の対象者への実践事例および中核機関における地域連携ネットワーク構築のかかわりは、複数の自治体の事例を組み合わせている。

▶ 組織体制

筆者は独立型社会福祉士事務所の代表として活動するほか、職能団体である社会福祉士会において複数の役割を担いながら活動を進めている。社会福祉士会は、社会福祉士の有資格者が任意で加入する職能団体である。47都道府県すべてに法人格をもつ社会福祉士会が存在する。そして、そのすべての社会福祉士会には権利擁護（成年後見）センターぱあとなあが設置されている。

◆ 成年後見制度利用促進と社会福祉士会の取り組み

成年後見制度を包含する権利擁護支援の体制整備は、2016（平成28）年に成立した成年後見制度の利用の促進に関する法律（以下、成年後見制度利用促進法）に基づき、翌2017（平成29）年3月に閣議決定された「第一期成年後見制度利用促進基本計画（2017（平成29）年度～2021（令和3）年度）」において、国や地方自治体、専門職団体等関係機関が取り組むべき方向性が示された。日本社会福祉士会は、この基本計画の実現に向けて、中核機関を設置する自治体や、自治体とともに協働する専門職、関係

機関職員が活用できるよう、「地域における成年後見制度利用促進に向けた体制整備のための手引き」「地域における成年後見制度利用促進に向けた実務のための手引き」という2つの手引きを作成する事務局を担った。

この2つの手引きは、成年後見制度の利用について、①制度につなげることを目的とするのではなく、権利擁護のとらえ方や支援方針の検討のあり方、そして社会資源の開発や活用するなかでの1つの仕組みとして成年後見制度があることを理解すること、②地域連携ネットワークを活用し、権利擁護の課題を個別的な課題ではなく、地域レベルの課題としてとらえ直すこと、③さらにそこから現状の法制度やサービス体制を見直していくソーシャルアクションにつなげていくことの3点が整理されている。

その後、2019（令和元）年度に「中核機関の先駆的取組調査研究事業」を受託し、全国47都道府県の実践を調査する事業にかかわった。この事業では、各委員が全都道府県の先駆的取り組みを行う基礎自治体や広域対応を行う自治体を直接訪問し、ヒアリングを行い、会議を傍聴した。これらの取り組みにかかわることで、改めて地域の実態や現状を理解し、それぞれの地域の特性に合った仕組みを、専門職だけではなく地域住民とともにつくり上げていくことの重要性を痛感した。

▶ 組織内の役割

筆者が所属する社会福祉士会の権利擁護センターぱあとなあでは、研修担当者として研修の全体像の構築や企画運営に携わるとともに、個人として成年後見人等を受任している。また、都道府県社会福祉士会の連合体組織である日本社会福祉士会の立場では、国（厚生労働省）の成年後見制度利用促進専門家会議に委員として参加。

2020（令和2）年10月に公表された「意思決定支援を踏まえた後見事務のガイドライン」を作成する際のワーキングメンバー、その他、基本計画に基づいて国が日本社会福祉士会ほかの団体に委託した調査研究事業や、中核機関職員や専門職に向けた各種研修に、企画・講師として携わる。

第二期成年後見制度利用促進基本計画において明記された、成年後見制度の在り方に関する研究会（法務省が公益社団法人商事法務研究会に事業委託）にも、社会福祉士の立場で委員としてかかわっている。

2 ソーシャルワーク実践の全体概要

①「本人情報シート」の活用

　成年後見制度利用促進法の成立に伴って、国や都道府県、市町村や専門職団体、家庭裁判所が取り組むべき基本計画が示された。SWrにとっての大きな出来事は、後見制度を申し立てる際に医師が記述する診断書の改訂とともに、「本人情報シート」が誕生したことである。

　「本人情報シート」の誕生と運用を啓発していくために、あらゆる機会を活用してこのシートの目的を伝えてきた。シートの目的を理解し、本人にかかわってきたSWrが記載することによって、本人ができないことだけを取り上げて安心安全のために後見人を選任するといった過剰な支援方針から、本人が真に求めている適切な支援の提供へとつなげることができる。つまり、本人自らが決定し、実行できることを増やしていくというエンパワメントの視点からの類型の見立て、後見事務の方針決定、後見人の選任へと向かう流れをつくるために重要なシートであること、またその根底には、本人に対する意思決定支援がどのように提供されたのかも重要であることを繰り返し伝えてきた。

　後見人等が選任された後の実際の支援のあり方についても、現状では課題が多い。本人が意思を表出しているにもかかわらず、後見人も含めた支援者側が方針を決めて、本人に対して説得してしまっている実態は珍しくないし、そのような役割を後見人に求める日常生活における支援関係者の存在も残念ながら否定できない。また、専門職後見人（弁護士や司法書士、社会福祉士等）のなかには、後見人の実務は財産管理や重大な法律行為であると限定的にとらえており、本人の意思決定を支援するという視点よりも、保護的に安心・安全な方法でパターナリスティックな支援を行うことに疑問をもたない人も少なくない。そのような現状から、「意思決定支援を踏まえた後見事務のガイドライン」が2020（令和2）年10月に公表された。このガイドライン作成にワーキングメンバーの一員としてかかわり、その後に国（厚生労働省）が実施した「後見人等を対象とした意思決定支援研修」のプログラム策定や講師としてかかわった。

②法改正の議論へ

　第二期成年後見制度利用促進基本計画においては、現状の運用を継続しながらも、成年後見制度を規定している民法そのものの改正の議論に踏み込むことが明記された。民法改正のためには、法制審議会にかけ審議する必要があるが、その前に法務省は研究会を立ち上げることが一般的であり、本件についても「成年後見制度の在り方に関する研究会」が設定された。こういった法改正の議論に社会福祉士が参加することは大変珍しいことであるが、この研究会にも参加している。そこでは、福祉関係者の立場として、またともに参加している当事者（に近い）団体と法学者との橋渡しの役割を求められていると感じている。研究会の座長から、「当事者団体の委員の後見人のようだ」と言われたことで、改めてその役割を強く意識したところである。

　これらの取り組みを概観すると、ソーシャルワークが実践をふまえた科学であることを改めて感じる。実践のないなかでの理想論ではなく、理論として理解されたことを現場の実践で活用していくという営みを繰り返すことが、個人への支援から多様な主体へ活用できる仕組みとなること。そのような仕組みは、支援者という個人レベルの考え方ではなく、地域のなかの仕組み（システム）として機能する必要があること。その仕組み（システム）を保証し、発展させていくために、法制化や予算付け、人員配置等が求められるという流れをつくること。これらを相当、SWr は意識していくことが求められる。

3 ソーシャルワーク実践のプロセス

図 3-1 中核機関の役割と支援の流れ、各主体に期待される役割（フロー図）

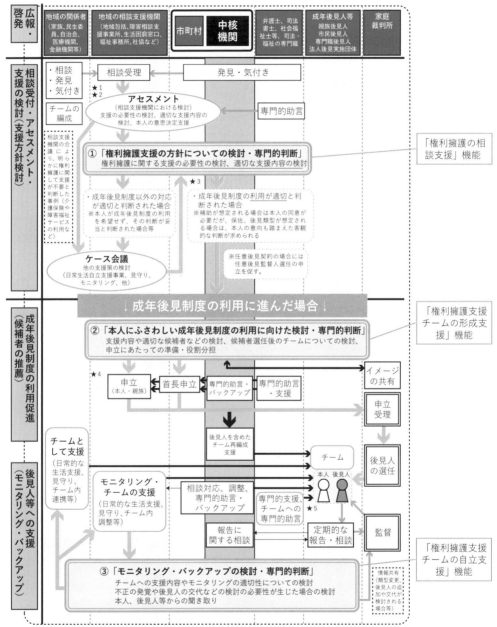

※ ★1～5は、何らかの要因で機能不全が起きやすい、または機能が未整備の自治体が多いと想定される過程です。

出典：成年後見制度利用促進支援機能検討委員会「平成30年度厚生労働省社会福祉推進事業「成年後見制度利用促進のための地域連携ネットワークにおける中核機関の支援機能のあり方に関する調査研究事業」」『地域における成年後見制度利用促進に向けた実務のための手引き』p.6、2019年を一部改変

| ソーシャルワーク実践の概要 | ソーシャルワーカーの思考 |

【事例①】

● 成年後見制度の必要性を本人目線でとらえる

権利擁護支援相談機能の場面・権利擁護支援チーム形成支援の場面

・市の社会福祉協議会権利擁護センターからの相談
・知的障害（愛の手帳 4 度、就労継続支援 B 型事業所通所）

　50 代男性 E さん。父亡き後、80 代母と二人暮らしである。妹は結婚して独立。月に一度ほど自宅を訪ねる関係。E さんは、DVD を見たり映画館に映画を見に行ったりと趣味も多く、日中も就労支援事業所へ通所するなど活動的に過ごす。ときどき利用者とのトラブルがありながらも、母の支援を受けて暮らしてきた。しかし妹は、慢性疾患のある高齢の母の負担を案じており、行政手続きなどが滞りがちなことを心配し、市の社会福祉協議会（以下、社協）に相談。成年後見制度の説明を受け、利用を検討したいと考え出した。

　E さんは感情のコントロールが難しい場面があり、定期的に精神科クリニックに通院していた。相談を受けた社協の社会福祉士より、成年後見制度の利用手続きの説明を受け、まずは診断書でこの制度の対象なのかを検討する必要があると助言された。精神科クリニックの主治医に成年後見制度申立てのための診断書の記載を依頼したところ、後見相当という最も重い状態であるとの見立てがなされた。そこで、社協の社会福祉士は、本人の障害特性やこれから想定される生活課題（親亡き後の課題）などから、社会福祉士会に後見人候補者の推薦依頼を出した。

● 本人の意向の確認

　推薦依頼を受けたところから、当該社協の運営委員会の委員であった SWr に打診があり、本人と母との面談を行うこととなった（**ミクロシステム**）。当初は、「本人も家族も、後見制度の利用を希望しており、すでに診断書も出ているので、候補者が決まれば申立て手続きに進める」と思われたが、面談した SWr による本人の印象は、「この人は後見相当なのか?」というものであった。

　初対面である SWr に対しても、生活のことや、何が好きで何が楽しくて、何にお金を使いたいか、自らの言葉で伝えることができ、また、周囲の関係者の説明を聞きながら、「自分が苦手で頼みたいことは、今は母にやってもらっている。その母が大変だというなら、それは他人に手伝ってもらうこ

▶「成年後見制度利用促進法」が制定され、権利擁護のとらえ方や本人の意思を尊重した制度活用へ向けて、第一期成年後見制度利用促進基本計画の策定のもと、さまざまな取り組みが国、都道府県、市町村で展開されてきた。社会福祉士会が社会福祉の専門職団体として、これまで成年後見人等の養成や受任者を家庭裁判所へ推薦するための名簿登録の仕組みづくりに取り組んできたことを基盤とし、新たな権利擁護支援の入り口への支援が求められている時代である。

▶本事例も、後見制度の利用ありきでスタートしたため、最も保護が重い状態となる後見類型と診断された。

▶申立ての相談を受ける社協も医師の診断書が出た以上、後見類型と考えていたようである。

▶本人と母との面談に、これまでかかわってきた社協の担当者と、本人の計画相談支援担当者も同席した。そこでは当たり前のように後見類型で申立てを進めていくことで話がスタートしたが、強烈な違和感を覚えた。その違和感は、診断書の類型は変えられないという考えや、本人も家族もそのことに疑問をもっていないことであり、そもそも、

とになるのだろう」ということも理解ができていた。

　申立人となる予定の妹は、「後見制度が利用できることは悪いことだとは思わないが、後見類型の場合、本人名義の財産すべてを後見人が管理することになるようだが、そこまでの支援が必要だろうか」という思いを感じていた。

　医師による診断書は後見相当であったが、本人には明確に制度を利用したいという意向があり、候補者と面談した結果、「これは自分でやりたい」「これは支援をお願いしたい」と発言できるため、申立人となる妹とともに「代理権目録」を作成した。過去の体験から限定的な取消権の付与を求めたいとの意向があり、本人も同意したため、一部の契約行為についての取消権の付与も求めることとなった。社協の支援を受けて申立書を準備した妹が、管轄の家庭裁判所（以下、家裁）に申立てをしたところ、家裁は、医師の診断書と申立書に類型のずれがあることを理由に、申立ての類型の趣旨変更を求めてきた。

● 「本人情報シート」の活用

　妹から相談を受けた SWr は、まずは家裁の調査官に本人と会うことを求めた。本人との面談を終えた調査官が裁判官に報告をした結果、裁判官はこのまま類型を変えずに申立てを維持すれば、鑑定を実施せざるを得ないという、あくまでも医師の診断書を尊重する医学モデルの意向であることがわかった。その際の鑑定書を記載する医師については、診断書を作成した医師ではない別の医師を申立人側で調整するように、との指示があり、この制度を利用したいと願う本人にとって制度の利用は程遠くなるばかりで、誰のための、何のための制度利用なのか、大きな疑問が生じた。

　SWr は、これまでの経験上から家裁の画一的な対応に疑問を感じ、以下の提案をした（**メゾシステム**）。

> 「診断書を書いた医師に、本人の日常生活の状況を、新たに社協が記載した本人情報シートに基づいて説明することで、診断書についての見解が変わるか確認したい」

　家裁はこの提案を受け入れたため、本人が医療機関を受診するときに、申立人の妹と SWr とで医師に説明を行った。その結果、医師は、「診療につながったときの症状が重かった状態の印象が強く、また、本人にとって支援は手厚いほう

疑問に思える人もいないということだった。そこで、候補者である SWr が、補助類型について説明をしたところ、妹の発言が導き出された。

▶後見制度の利用を検討する際に、本人の思いが置き去りにされたまま、周囲の関係者や支援者が必要と思う権限を後見人等に付与することを検討しがちである。しかし、本事例では本人の意向に沿って、また、本人が必要と思うことを丁寧に確認しながら申立書が作成されていった。そのような流れをつくるために、面談を複数回繰り返した。

▶診断書は、民法において申立て時に必須の資料ではなく、本来は鑑定を行うことが必要だが、現状ではその原則がほとんど適用されず、診断書で代替されている。そこで、診断書だけではなく、本人と調査官が会うことを実現させるべくはたらきかけた。

▶筆者は、2019（令和元）年より運用が始まった「本人情報シート」の開発にも携わった。このシートは、本人のできないことを記載するのではなく、支援者からどのような支援を受けながら本人の日常生活が行われているのか、本人の視点からみた意思決定支援の必要性はどこにあるのか、そのために後見人等がどのよう

がよいのではないかという思いから、重い状態を記載していた。新たに「本人情報シート」を見たり、日常生活の状況を親族や支援関係者から確認したりしたことをもとに、当初の診断書を取り消し、新たな診断書を提出する」として、補助相当という診断を得ることができた。

成年後見制度について、利用者のことをめぐって医師と意見交換する際に、それぞれの異なる専門性から見立てが食い違うことは日々実感する。介護保険の申請に伴う認定調査も、障害支援区分調査も、できないところを拾っていかない限り、必要なサービスを受給できる状況と判断されないため、医師は福祉関係者や親族・本人から「できないこと」を聞き取る作業をふだんからしていると考える。

しかし、本人の意思決定に沿った成年後見制度の利用の場面においては、「本人ができること」「支援があれば本人自らできること」を拾っていくことで、本人が主体的に制度を利用することにもつながる。「本人情報シート」の本来の目的について、シートを記載する福祉関係者や医師などの医療関係者へ丁寧に説明することが求められる（**メゾシステム**）。

● 補助人選任後の対応
権利擁護支援チームの形成支援・自立支援の場面

補助開始の審判が確定した後、すぐに直面した課題は、グループホームの利用についてである。利用に関する契約行為については代理権が設定されているため、補助人としても本人の意思を尊重し、対応が求められるところである（**ミクロシステム**）。計画相談支援担当者は、自宅から歩いて行ける好立地のグループホームが近々開設するとのことで試し利用を勧めたところ、本人も望んだため、2回ほど体験利用を行った。

住み慣れた地域に新しくできたグループホームであり、また、入居者もEさんが第1号ということもあって、本契約をすることとなった。しかし、毎日通所先での作業が終わった後、自宅に立ち寄ってからグループホームに戻る、朝、通所先に行く前にも自宅に立ち寄る、土日は自宅で過ごすといった状況が生じており、グループホーム側から、「このような利用の仕方でよいのか」と問題提起がなされた。

そこで、計画相談支援担当者、グループホームの職員、本人、母との間で繰り返し話し合いを行い、補助人であるSWrも参加した（**ミクロシステム**）。

な対応をすることが求められるのかを書き表すために作成するものである。当初の「本人情報シート」は、計画相談支援担当者が記載していた。

▶地域の社会資源や本人が利用するための要件、受けられる助成金などについては、地域の支援者から情報提供を受けることができた。一方で、利用するかどうかの結論を出すための意思決定支援が、本人ではなくグループホーム側のペースで進められていたと感じた。

▶入居後も、本人が求める生活とグループホーム側がルールに沿って進めようとするところで小さな衝突が繰り返されることがあったが、そのつど話合いの場をもつことを提案した。そこでは、本人がどうしたいと思うか、本人が実現したいことに対して制限を設ける必要があるとしたらなぜなのかを、グループホームの

● 本人とグループホーム側との話し合い

Eさんは日常生活のなかで、自分で少額のお金を管理して好きなものを購入したり、自宅に立ち寄って1人の時間や母と話をする時間をもつことを制限されていた。その理由を補助人が尋ねると、グループホーム側からは、「集団生活に慣れてほしいから」「ほかの利用者とあまりにも違う生活パターンだと、逆に本人がグループホームに居づらくなるのではないか」といった意見が出された。

▶誰がこのグループホームで生活することを望んでいるのか、誰のためのルールや支援なのかを考えさせられた。本人はグループホームでの生活を継続したいと希望したため、妥協点を見出すこととなった。

話し合いの結果、平日は自宅に立ち寄らず、週末は自宅で過ごすこと、少額のお小遣いをグループホームで管理してもらい、本人の意向に沿った金銭管理の支援を受けることを決めた。

その後も、グループホームに相談なく本人が購入した自転車が届いたため、補助人に連絡が入った。自転車を使用したいという本人の希望について、「障害のある人が自転車に乗ることは危ない」「日常的に使用するのではなく、休みの日に限られた場所で使用する」というグループホームや計画相談支援担当者からの意見や提案があった。本人はその話を受け、「わかった」と言った。

▶自転車の使用について、関係者は補助人が本人に使用を止めるよう説得してほしいという気持ちがあったようだが、補助人はその立場ではないこと、使用に危険を感じるのであれば、直接本人と丁寧に話し合うことが必要だと助言し、話し合いの場を設定した。

自転車保険契約においては補助人には代理権が設定されていないため、妹に連絡をした。すると妹から、「本人や母と話をしたら、自転車は以前から乗っていたし、本人は毎日の通所のときに使用したくて購入したのに、なぜ制限されるのか」という意見が補助人に寄せられた。

▶話し合いで本人が納得したと受け止めてしまったことを大いに反省させられた。

本人の真意はどこにあるのかを突き止めるためではなく、「自由に自転車に乗りたい」という気持ちや、「グループホームでの生活を続けたい」という気持ちを受け止め、本人にとってどのような選択肢があるかを本人やグループホームの職員、計画相談支援担当者などと探っていく必要があった（**ミクロシステム**）。

▶本人の意思決定を支援するにあたって、関係者からの提案に反対意見を言えず、納得せざるを得なかった、という家族の意見があった。しかし、家族が本人の思いを代弁していたとしても、それが本人の真意であるかどうかも判断が難しい。

| ソーシャルワーク実践の概要 | ソーシャルワーカーの思考 |

【事例②】

● 地域連携ネットワーク協議会の立ち上げ

SWr として権利擁護の地域連携ネットワークの形成にかかわった事例

　国（厚生労働省）の第一期成年後見制度利用促進基本計画に基づき、中核機関を設置するにあたり、東京都内の多くの自治体では、すでに区（市）社協が推進機関として役割を担っていたが、利用促進の考え方からは、十分な役割・機能とはいえなかった。特に、権利擁護支援の地域連携ネットワークをどのように整え、機能させるかについては、どの自治体も共通の課題をもっていた。

　このようなネットワークを再構築していく必要性は、地域課題として顕在化しているいわゆる「8050世帯」や、支援やかかわりを拒否する事例、障害特性が地域住民に理解されないことから簡単に排除の流れが生まれてしまう事例などに対し、特定の機関だけが、また担当者だけが対応していくことに限界があることからも明らかである。

　そこでは、「ほかの地域住民にも権利がある」とでも言うように、声を上げられない弱い立場の市民が、安易に行動を制限されたり、選択肢を提示されないことが起こり得る。そういった状況で行われる意思決定支援は、本人の決定であるという自己責任に帰する危険性が高い。さまざまな立場の専門職や地域住民が、個人の課題を地域課題としてとらえ直すネットワークが必要である（**ミクロシステムからメゾシステムへ**）。

　多くの自治体には、すでに虐待対応のためのネットワークや、地域包括ケアのネットワーク、自立支援協議会等、さまざまなネットワークが存在していた。しかし、かかわる他団体の専門職の顔ぶれがいつも同じであることや、形骸化しつつある既存のネットワークに加えて、さらに新たなネットワークが必要なのかという疑問の声が寄せられることもあった。

● 個人の支援課題を地域の事例として置き換える

　権利擁護支援の課題としては、個別性が高く守秘義務の観点から、多くの参加者が参加する会議では事例検討が行いにくいことがあげられる。しかし、個別の支援課題を地域の事例として置き換えて検討できるようにアレンジすることで、さまざまな立場から多様な意見が出されるようになった（**メゾシステム**）。

▶日本社会福祉士会が事務局として取りまとめた「地域における成年後見制度利用促進に向けた体制整備のための手引き」と「地域における成年後見制度利用促進に向けた実務のための手引き」を活用。それぞれの地域特性を把握し（ニーズ調査）、これまで行われてきたことを活用しながら体制整備にかかわった。

▶権利擁護支援の地域連携ネットワークは、既存のものを活用しながらも、司法との連携を意識する必要がある。また、本人を中心とした支援の実現のためには、意思決定支援の考え方をふまえ、専門職団体だけではなく、地域の民生委員や金融機関、当事者団体、福祉活動をしている団体などの参加も重要である。

▶漠然とした地域課題ではなく、個人の支援課題を検討した、活きた事例にかかわった担当者が報告することの意義は大きい。そこでは、本人への意思決定支援がどのように

さらに、「地域のなかにある社会資源として、こういった立場の人からも意見が聞きたい」という参加者からのニーズもあった。権利擁護関係では、成年後見制度の受任者推薦団体だけが会議に参加する形が多かったが、精神科医、精神保健福祉士、介護支援専門員連絡会、町会、民生委員等も参加することで、より地域に密着した協議が可能となっていった（**メゾシステム**）。

このように、個別の課題を他人事としてとらえるのではなく、自分のこととして受け止めるためには、ミクロシステムのなかでの課題の整理や支援方針の検討がしっかりとなされていることが必要である。基本計画で示された、入口支援（権利擁護支援の早期発見）の重要性に改めて立ち返るという相互作用も生まれた。

地域住民や福祉以外の関係者に対しても、権利擁護支援が保護的な強い介入による権利回復支援だけではなく、日常的な意思決定支援が基本なのだということの共通理解につながった。

なされたかという視点を外さないよう留意した。

▶このような業務すべての前提にあるのが、意思決定支援の考え方である。後見人等という立場は、ほかの支援者以上に、本人の意に沿わずに代理・代行ができてしまうという実態をふまえ、常にパターナリズムに陥る危険性を自覚してかかわる必要がある。

【事例③】
● 国の基本計画策定や民法の改正の議論に参画

国の成年後見制度利用促進専門家会議に2021（令和3）年3月より委員として参加し、第二期成年後見制度利用促進基本計画策定へ向けて議論を重ねた。第二期成年後見制度利用促進基本計画が2022（令和4）年3月に閣議決定された後には、その実現に向けたさまざまな取り組み（国が実施する研修、都道府県や都道府県社協・都道府県の職能団体で実施する研修、市区町村や中核機関で実施する研修等の講師、東京都における行政・社協・家裁・専門職団体との協議会への参画、基礎自治体における中核機関のアドバイザー、後見人等受任者としての実務）を行っている。

2022（令和4）年6月に立ち上がった法務省管轄の「成年後見制度の在り方に関する研究会」では、これまで経験したことのないメンバー構成（成年後見制度に限らないさまざまな分野の民法学者が中心となる）のなかで、専門知識の不足を痛感しながらも、生活の現場にいる専門職である社会福祉士として、法改正に向けての議論に参加している（**マクロシステム**）。

議論においては、障害者の権利に関する条約（障害者権利条約）について、日本が国連障害者権利委員会から指摘されている総括所見の中身をどのように理解し、日本の法律として整備していくのかという視点も必要であり、はっきりと指摘されている現在の後見制度の問題点を具体的に改正していくための取り組みは避けられない。

▶この研究会に参加し、発言するなかで、社会福祉士は法改正が誰のために行われようとしているかを常に意識しなければならないと痛感した。
▶法改正の議論においては、民法上の問題点だけを話すのではなく、現在議論されている方向性で民法が改正される近い将来を想定して、社会福祉法体制がどうあるべきかを、一人ひとりの実践者であ

そしてそれは、法改正だけの話ではなく、国が求めている地域共生社会の実現に向けて、とりわけ福祉関係者が携わる必要な取り組みであると認識している。民法改正において、本人にとってより制限の少ない形での権利擁護の仕組みとして成年後見制度が規定されることを目指している。

目指す仕組みの例

・3つの類型（後見、保佐、補助）を撤廃して、必要最低限の権限を付与する仕組みをつくることや、期間を設定した有期的な利用にすること。
・利用する本人のニーズが変化することをふまえて、モニタリングを定期的に行い、後見人をそのときのニーズに沿った、よりふさわしい人に柔軟に交代することを可能にすること。

● **地域共生社会の実現に向けて**

このような社会の実現を目指すとしたら、SWrはこれまで以上に、既存の制度、既存のサービスといった枠組みのなかだけで支援を考えるのではなく、新たな仕組みをつくり上げていく創造力が求められる（**ミクロシステム**）。そしてそれは、全国統一というよりも、共通のベースは維持しながら地域の特性を活かした取り組みが保証される必要がある（**メゾシステム**）。

一方で、セーフティネットとしての全国統一の仕組みは絶対的に必要である（**マクロシステム**）。例えば、申立費用や報酬を助成するための成年後見制度利用支援事業については、その運用の地域差が激しく、どこに住んでいるかでその人の権利擁護の内容が異なるという問題が指摘されている。このような課題についても、具体的な対応策を提言していくことが求められている（**マクロシステム**）。

る社会福祉士が考えていく必要がある。社会福祉法体制の創設や改正も、民法改正とともに行われることが必要である。

▶報酬については、専門職としての専門性の評価という視点と、支援を利用する利用者側の負担という2つの課題を、両方の立場からよりよい方向性を模索する必要がある。そもそも、成年後見制度の申立費用や報酬について、本人の資産から負担させるという考え方でよいのかという議論が尽くせていないのではないかと考える。

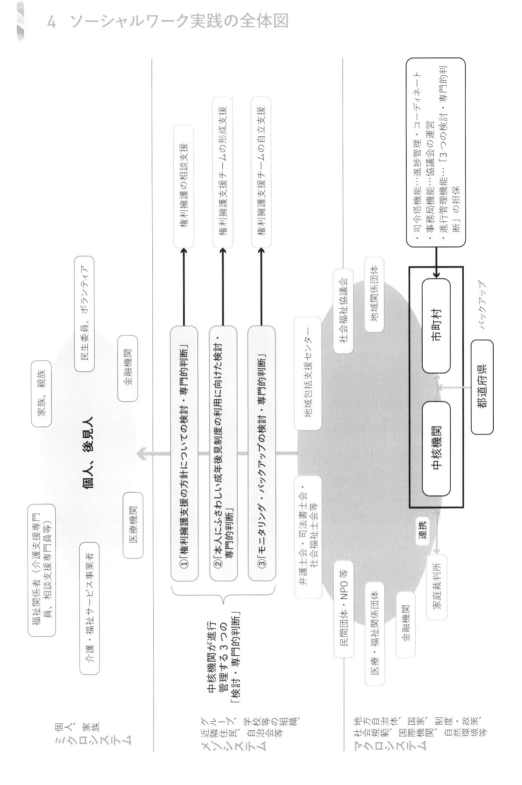

5 ミクロ・メゾ・マクロシステムの連鎖的変化

①連鎖的変化を意識したはたらきかけ

　すでにいくつかの既存のネットワークが構築されている（あるいは形骸化している）地域においては、新たなネットワークを構築することの必要性への疑念や、余裕のなさなどが指摘されたが、成年後見制度の利用を検討するような事案に遭遇したときに、やはり体制整備の必要性を強く感じる。例えば、成年後見制度利用の必要性の判断が担当者の経験則や主観に一任されており、必要があるのに制度利用につながらない事例や、反対に、成年後見制度では解決できないような課題であるのに、制度利用し選任された後見人に課題を丸投げしているような実態もある。

　申立てを行う前に十分なアセスメントや専門職を交えた検討の場が用意されておらず、もっぱら本人の判断能力を判定するための医師による診断書だけを根拠として申立てが行われている。そのため、医学モデルに偏りがちになり、本人が日常生活の場面で支援者の適切な支援の提供を受けながら自ら行える行為があるにもかかわらず、「できない人」としてとらえられ、必要以上に重い類型で判断されたり、必要以上の権限が成年後見人等に付与されたりしてしまう状況が多々ある。最高裁判所が毎年公表している「成年後見関係事件の概況」からも、類型が最も重い後見類型に偏っていることを読み取ることができる（令和4年1月～12月においては、後見類型の利用者の割合は全体の約70%である）。

◆ 本人の意思に沿うための「本人情報シート」の活用

　第一期成年後見制度利用促進基本計画では、このような利用の仕方が本人のメリットになっていないことが指摘されており、医師が記載する診断書の補助資料として「本人情報シート」を活用することが提起され、2019（令和元）年度から運用が開始された。この「本人情報シート」の開発にあたっては、筆者も最高裁判所との非公式協議の場に関与しており、当時の最高裁判所担当裁判官が「私たちにとっては未知の世界に足を踏み入れた」と発言されたことを昨日のことのようによく覚えている。

　この「本人情報シート」は裁判所が想像していた以上に大いに利用されており、現在、申立て全体の9割近くに申立書とともにシートが提出されている（成年後見制度利用促進専門家会議公表資料より）。ただ、記載内容や記載者については精査が必要である。また、医師が診断書を記載するときにシートを参照している割合は6割程度であることや、家庭裁判所での参考資料としての扱い方に地域差があるといった課題は残る。

成年後見制度を包含する権利擁護支援の場面においては、ミクロシステムへのはたらきかけを、個人レベルにとどまらず、地域で同じような課題をもつクライエントに活用できるよう考え方や支援方針を普及啓発していくことや（メゾシステム）、現在の制度の硬直性を社会の動き（障害者権利条約の批准、成年後見制度の法改正への動き）もとらえて、制度の改正、新しい事業の創設へとつなげていく動き（マクロシステム）が重要である。

　また、このような流れのなかで、新しい制度・政策ができ上がっていくときに、真に個人の支援体制（ミクロシステム）に役立つものとなるのか、個人への支援体制をバックアップする地域の中核機関（メゾシステム）の実践につながるのかを検証する必要がある。あるいは制度・政策の改正にかかわる立場では、常にそれを意識したはたらきかけが求められる。

②民法改正後の社会生活

　今回の民法改正の議論を行う場面であるマクロシステムにかかわる際には、先述したミクロ、メゾシステムでの実践をふまえた発言が求められている。さらに、民法を改正するだけではなく、改正された後の社会を想像し、民法で規定することが難しい社会生活にかかわる規定を、新たな社会福祉関連法として整備していくことの検討も必要である。

　例えば、民法で規定することが難しい社会生活上の課題として、行政手続きがある。行政手続きは契約行為ではないため、本人の能力の程度によって、代行することができるとも、できないとも規定することが難しいと考えられる。しかし、行政手続きはSWrがかかわる大事な手続きであり、この部分が法的根拠をもって、支援者がかかわることができるような仕組みが求められるのではないだろうか。

　さらに、民法が改正され、新たな社会福祉関連法が成立したとしても、地域の人々の視点の変化にはたらきかけていかなければ、マクロシステムでの実践は、ミクロシステム、メゾシステムでの実践につながらないと考えられる。

6　意思決定支援に注目したまとめ

　意思決定支援への取り組みは、分野を超えてあらゆる対人援助の場面で支援者に求められるものである。しかし、国の意思決定支援に関する複数のガイドラインは、対象者別、支援領域別に分かれて示されており、その内容やベースとなる考え方が必ず

しも統一されているわけではない。そういったなかでは、現時点で最も新しい「意思決定支援を踏まえた後見事務のガイドライン」（以下、後見事務ガイドライン）が、既存のガイドラインを参考にしつつ、また、意思決定支援と後見人の職務や責務として考えられる代行決定（付与された代理権、同意権・取消権を行使すること）との違いを明確にしている点で、わかりやすいガイドラインになっていると考える。

このガイドラインを国（最高裁判所、厚生労働省）や法律専門職（弁護士会、司法書士会）とともに議論し策定していくなかで、社会福祉士としてこだわったのは、以下の4点である。

> ① 意思決定支援のミーティングの前には、本人へ趣旨を説明すること。
> ② 本人の能力をアセスメントする際には、必ず支援者の支援力も評価の対象とすること（むしろ、本人の能力判定ではなく、支援者の支援力をアセスメントすること）。
> ③ 「本人にとって重大な影響を与えるような意思決定」とは、法律上の解釈では財産管理にかかわる事項が多いと思われる。しかし、民法第858条において、「成年被後見人の意思の尊重及び身上の配慮」が謳われているように、「日常行為と思われる事項の中にもその決定について、本人にとって重大な影響が生ずる決定がある」とすること（ガイドラインでは、携帯電話やスマートフォンの契約を例示としてあげている）。
> ④ 意思決定支援を行うチームとは、固定化したチームではなく、そのつどチームメンバーは変わり得ること。後見人等がチームメンバーになることが望ましくない場合もあること。

国は、第二期成年後見制度利用促進基本計画において、「本人の特性に応じた意思決定支援とその浸透」を掲げ、そのために「後見事務ガイドライン」のほか、各種意思決定支援ガイドライン（p.43）について、普及・啓発を行っていくとしている。

ガイドラインの共通項は以下のとおりである。それぞれのガイドラインを理解し、ある程度共通化されたガイドラインとして整理することが求められている。

> ① 本人への支援の基本的な考え方は、本人の意思（自己決定）の尊重に基づいて行うこと。
> ② 本人が意思決定の主体であり、支援を行う前提としての環境整備、チーム支援、適切な情報提供等の要素があること。

「後見事務ガイドライン」は、後見人等が法的な立場で付与された権限（代理権、同意権・取消権）を行使することができる立場であるからこそ、その権限を行使する際には、十分に意思決定支援のプロセスをふまえて謙抑的に対応することを求めている。一方で、本人の意思決定支援を尽くすことが難しい場面も想定し、そのような判断が

支援チームとしてなされた際には、本人の生命や財産等を守るために強い権限で介入することも必要である。

　しかし、問題は、その後に再び意思決定支援の場面に戻すことを怠っていないかということである。この流れを選任された後見人等だけに任せてしまわないためにも、法改正が行われる必要があり、後見人等が柔軟に交代していく仕組みや、後見制度だけではない権利擁護支援の新たな仕組みをつくっていくことが重要となる。そこにSWrが積極的にかかわることが強く求められている。

地域社会で孤立するひきこもり母子世帯の緊急対応と本人・家族の意思決定支援

 1 所属組織、地域の概要、組織体制、組織内の役割

▶ 所属組織

NPO 法人運営のひきこもり家族会（当事者団体）

▶ 本事例における地域の概要とひきこもり支援体制

人口約 39 万人（高齢化率約 24%）の F 市。市の公的機関におけるひきこもり相談の専用窓口はない。ひきこもりに関しては、県のひきこもり地域支援センターに連絡する旨が自治体ホームページに記載されている。

自治体でのひきこもりの実態調査は未実施であり、ひきこもり本人・家族に特化した自治体の施策はない。内閣府の実施調査から換算すると、市内にはおおむね 2300 人の 40 代以上のひきこもり本人がいると推計される。本事例では、厚生労働省社会援護局の通知（令和元年 6 月 14 日社護地発 0614 第 1 号「ひきこもりの状態にある方やその家族から相談があった際の自立相談支援機関における対応について」）を根拠に、市が委託する公設民営の自立相談支援窓口にはたらきかけ、連携して支援活動を実践した。

▶ 組織体制

ひきこもりを抱えた本人・家族が社会的に孤立しないよう、全国のひきこもり家族会と連携して誰もが希望をもてる社会の実現を目指す、NPO 法人運営のひきこもり家族会（当事者団体）。

家族会のピアサポート活動を通じて地域社会からの孤立を防ぎ、行政や支援機関、家族、一般の人に向けて、年 1 回の研究大会および講演会や学習会、セミナー広報誌の発行など、ひきこもりにかかわる諸課題について広く理解を促す活動を行い、身近な地域資源との官民連携を促進している。

また学識経験者・有識者と一体となって、毎年ひきこもりに関する実態調査を行い、調査結果に基づき、国や自治体に向けてよりよい支援のあり方を提言している。

▶ 組織内の役割

ひきこもり本人を抱える家族からの相談に応じて、ソーシャルワークを実践し、本人や家族の生活上の困りごとに対応する。また、課題解決だけでなく、本人や家族とつながり続ける支援を実践している。

2 ソーシャルワーク実践の全体概要

本事例は、リストラおよびパワハラを受けて失職し、20年間ひきこもり続ける40代後半の息子（以下、本人）と、地域社会とのかかわりが希薄な70代後半の母親（以下、母）に対する支援実践である。

突然のくも膜下出血で母が倒れ入院することになったが、母の入院中にひきこもる本人へ社会的に即時に対応できる支援体制がなかった。遠方に住む本人の姉が本人の生活負担を一人で抱え込みそうになったことで、姉から筆者所属の家族会にSOSがあり、本人への支援を開始した。危機的状況であってもSOSを訴えることができず、ひきこもり続けざるを得ない本人の意思を尊重し、どのように生活を担保していったか、その経過を記述する。

さらに、ひきこもり支援体制が地域社会（マクロシステム）で構築されていないなかで、関係機関とケースを共有し、役割分担を行う支援体制の整備の必要性についても言及する。また、本人の心理的支援をどのように行っていくのか、心理的支援の経過（ミクロシステム）に応じて意思決定に変化が生じ、その意思を確認していくことの必要性についても述べる。

3 ソーシャルワーク実践のプロセス

ソーシャルワーク実践の概要	ソーシャルワーカーの思考

● **ケース開始時**
本事例は、筆者（以下、家族会SWr）が所属する団体（以下、家族会）に、姉から問い合わせのメールがあったところから

始まる。

「実家の母親が突然倒れて、今は病院に入院している。家には、20年間ひきこもっている弟（本人）がいる。実家が遠方であり、仕事もあって高校生の子どももいるなかで弟をそばで支えられない。まして弟とはずっと交流がない。今後どうすればよいのか」という訴えがあった。

姉の居住地が遠方のため、家族会 SWr が電話で姉にメールの詳細について聞き取りをした。

聞き取りによると、母が強い頭痛を訴え倒れて、本人が救急車を呼んだ。本人は救急車には同乗しなかった。市内の二次機能病院が受け入れ先となり、くも膜下出血と診断され緊急手術を行うことになった。母は強い痛みのなかで、姉の連絡先を病院側に伝えたことで、姉にも連絡が入った。

手術後、後遺症として左上下肢麻痺が生じることを医師から伝えられる。容体が落ちついたらリハビリを行い、その経過をみながら介護サービスを考えるように言われた。

姉は病院からの帰りに実家に立ち寄り、弟に声をかけるが、部屋にこもって何の反応もない。とりあえず1週間分の食料を買って、手術は成功したとのメモを残し、100km離れた自宅に帰った。

母の入院は病院に任せられるが、その間の本人の生活をどうすればよいかわからない。姉は頻繁に実家に通えるわけではなく、本人とも交流がないと訴える。

▶最初の聞き取りのなかで、姉から救急車に同乗しなかった本人を責める強い言葉がみられた。多忙ななか、病院に駆けつけて諸手続きをした姉を労い、それゆえに母と同居している本人を責める気持ちも否定しないように努めた。本人が救急車を呼んだことを評価して、姉にフィードバックした。

▶本事例では、姉に連絡がついたので、手術の同意書や入院の諸手続きは姉が行った。しかし、姉に連絡がつかなかった場合、本人が姉のように同意書などの諸手続きができたのかは疑問が残る。

▶ひきこもりの状態にある人は意思の伝達や言語化が苦手なことも多い。特に緊急時には本人の特性にまで配慮できず、結果的に「親が倒れても何もしない子ども」という先入観を周囲に与えかねない。支援者がこの先入観にとらわれると、本人との関係性の構築に影響を及ぼすことがある。

● 姉へのアセスメント

※家族構成（図3-2）とファミリーヒストリー（図3-3）を姉から確認。

権威的な父に育てられ、家庭内に絶えず緊張関係があったこと。熱心な教師という父の評判に苦しめられたこと。姉は父に反発できたが、本人は父の言いなりだったこと。リストラとパワハラでひきこもってしまい、父からは責められ続けていたこと。ひきこもりのまま20年経ってしまったこと。本人に対しては「父はもういないのだから、父におびえないで

▶アセスメントでは、必ず家族構成とファミリーヒストリー、家族それぞれが現在所属している組織や公的サービスを確認する。これは、家庭内の関係性のバランスから、緊張関係や干渉の度合いを量るためでもある。

働けるはずだ」と思っていること。これらを家族会SWrに訴える。

　ファミリーヒストリーを通じて本人の成育歴やリストラなどの社会的背景を慮るところもみられ、姉が本人のことを何もかも拒絶してはいないことがうかがえる（**ミクロシステム**）。

　家には父の関係者や教え子がよく出入りしており、それが母には負担だったこと。それゆえに父の死亡後は、母は近隣との付き合いを必要最低限にしていたとのこと。母とは週に1回は電話で話しており、父から暴力を受ける本人をかばえなかった罪悪感をよく聞いていたという。

　これらの聞き取りから、本人が就職氷河期世代であり、リストラやパワハラがきっかけで対人関係に傷つき、疲弊して20年間ひきこもっていること、母も近隣や他者との付き合いは必要最低限にしていて、地域社会からは孤立状態にあることがうかがえた。そして、父からの抑圧による影響もあって、本人と母が家にとどまりながら、相互に支え合ってきたのかもしれないと、姉にフィードバックした。

　多忙ななかでの諸手続き等、一人で初期対応をした姉を労い、それゆえに母と同居している本人を責める気持ちを家族会SWrが否定しないように努めた。姉が気持ちの吐き出しを終えたところで、20年間ひきこもっている本人が救急車を呼んだという事実から、「本人なりにできることを精一杯やっている」面を姉に伝えた。

▶緊張関係や抑圧下にある場合は、安心して家族に関する気持ちを吐露できるよう傾聴することが必須である。気持ちの吐き出しのなかで表出された本人や家族への本音、背反する気持ちや葛藤を受け止めていく。

▶ファミリーヒストリーを確認する際は、社会状況やそのときどきの時代背景が本人のひきこもりに影響を及ぼすことも少なくないということに留意する。

　本事例において、本人はリストラされて実家に戻り、また、パワハラがきっかけでアルバイトも辞めている就職氷河期世代である。高度経済成長期の親世代との価値観の違いから、家庭内に緊張関係が生じることも多い。

● **本事例における本人・家族のアセスメント概要**（姉の聞き取りから）

本人：49歳男性

　幼少期からおとなしく、友達付き合いもそれほど多くなかった。教師だった父の意向で高校の進学先を決めたが、本人はその進路に不満だった。しかし、父が怖くて誰にもそのことを言えなかった。

　高校1年生の頃、夏休み後に1か月ほど不登校の時期があったが、父から暴力を受け無理やり登校させられた。成績はほとんど最下位で、本人は大学進学を希望しなかった。

　1990（平成2）年に高校を卒業後、大手電機メーカーに就職。この就職は父のあっせんによるもので、地方の工場に配属され寮住まいをすることになった。仕事熱心でまじめであったことから、上司や同僚からの評判はよく、寮生活でのイベントなどにも積極的に参加していたという。

1999（平成11）年にメーカーの業績不振から解雇の対象となり実家に戻る。実家では、解雇になったことを父に責め立てられた。その後、実家に住みながら就職活動を行うが、正規職員としての採用には至らぬままファミレスでアルバイトをしていた。

　父の存命中は正規職員でない境遇について毎日責め立てられ、父とは全く口を利かなくなった。アルバイト先でも異動してきた店長からいじめに近い形で理不尽な扱いを受け、2002（平成14）年に退職に至った。父の叱責はますますひどくなり、父を避けるように部屋にひきこもり続けた。そのままひきこもりの状態で20年が経過する。10年前に父が死亡したときも、葬儀には出ずに部屋にとどまっていた。

　母が倒れる前の生活状況だが、基本的には自室で過ごしており、深夜1時過ぎに寝て、朝は9時頃に起床する。朝食は母が用意したものを一人で食べる。母とはほとんど話をしないが、夕食は一緒に食べたり、一緒にテレビを見て笑い合ったりしていた。

　風呂掃除や食器の片づけなど、簡単な家事を手伝っている。部屋では読書などをしているらしいが、詳しいことはわからない。深夜にコンビニに行くこともある。姉が母にスマートフォンを勧め、家族割で本人もスマートフォンに買い替えてからは、ゲームをしたり音楽を聴いたりして過ごしているらしい。

母：77歳

　10年前に夫（父）を亡くし、ひきこもる息子（本人）と二人暮らし。亡くなった夫は中学校教員だったため、現在は遺族年金（公立学校共済組合）と夫の遺した貯金で生計を立てている。65歳のときにパートを退職してからは、日用品の買い物以外、外に出かける機会はほとんどない。

　市の健康診断で血圧の高さを指摘されていたが、特に通院歴はなく、介護予防サービスの利用もない。むしろ夫が市の外郭団体の役員だったことから、公的サービスの利用には夫の関係者に迷惑がかかるという思いがあり、通院や介護予防サービスの利用を避けてきた。

　夫の地域活動や付き合いに疲弊してきたこともあり、他者とのかかわりを避ける傾向が強く、娘以外に話ができるような友人や知人はいない。近所付き合いはあるが、あいさつ程度のかかわりで密な交流はなく、日中はほとんど家の中でテレビを見て過ごしている。

　夫が存命中は、夫の権威的なふるまいに逆らえず、言いなりにならざるを得なかった。娘と息子が暴力を受けてもかばうことができず、後で娘と息子にいつも泣いて謝っていたという。本人との会話はほとんどないが、働いていないことを責め立てることはない。むしろ夫から守れなかったことに罪悪感をもち、本人に遠慮しているところ

がある。

姉：53歳　※最初の相談者

　実家から約100km離れた地方都市に在住。配偶者との間には高校生の息子が2人いる。ひきこもる弟(本人)とは以前からほとんど交流がない。年齢が4つ離れており、異性ということもあってか、幼い頃から一緒に遊ぶことは少なかった。

　父に反発して地方の大学に進学し、現在は夫婦で学習塾を経営。姉の結婚式は現在の居住地で行ったが、本人はひきこもりの状態にあり、参列はなかった。

　結婚後も実家に帰省するのは数年に一度だが、昔から母との関係は良好であり、よく母とは電話をしている。本人の日常の様子は母から聞いて把握していたが、これまで特に本人にはたらきかけることはなかった。夫も本人には一度会ったきりで、息子たちは本人に会ったことがない。

父：2012 (平成24) 年に死去 (享年68歳)

　居住市内の公立中学校で教員を務め、定年後は市の外郭団体の役員を担った。在職中から家に来客が頻繁にあり、そのたびに家族はがまんを強いられていた。

　自らの教育理念に基づき、子どもたちの風紀の乱れや礼儀作法には特に口やかましく、暴力も日常茶飯事で、しつけというよりも教師としての体面が何より大切だった

図3-2　家族構成（ジェノグラム）

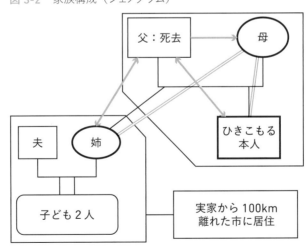

・緑字二重線は関係性が良好であることを表す
・緑字矢印は抑圧の関係性であることを表す
　（両矢印は対立・反発の関係性）

とのこと。家庭内では権威的な支配構造を強いていた。娘（姉）とは折り合いが悪く、息子（本人）は父に反抗できずにいた。

　本人が解雇されひきこもりの状態に陥ってからは、毎日本人を責め立てていたとのこと。叱責してもひきこもるばかりだったため次第に諦念していき、同じ家の中にいながら全く交流がない状態だった。

　10年前に死去。ひきこもりを回復させるという「引き出し業者」への入所を検討していたらしく、入所費用のために相当な額を貯金していたことが死亡後に判明した。

図3-3　ファミリーヒストリー

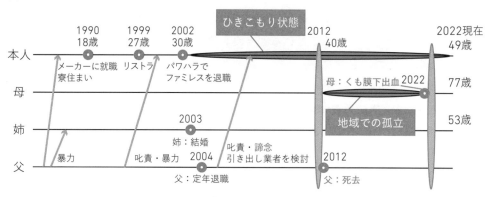

　ひきこもり支援において、家族の関係性や家族一人ひとりの歩みは、本人の状態像に大きく影響する。そのため、複数回に分けて家族全体をアセスメントすることが必要不可欠である。本事例では、姉からのアセスメントにより、以下のことが判明した。

・父の強硬なパターナリズムにより、家庭内に絶えず緊張関係があったこと。
・父亡き後、家族仲は安定していたが、本人は人間関係に強い恐怖心と緊張を抱き、母は父から子どもたちをかばえなかったことに罪悪感を抱いていること。
・姉は母や本人のことを気にかけながらも、自分の生活や家族、仕事があり、頼れる人がほかに誰もおらず、強い葛藤が生じていること。その葛藤ゆえに本人を責めてしまう気持ちがあること。
・母は父の生前の地域活動や人間関係に疲弊しており、父の関係性に巻き込まれまいとする動機があって、地域社会とのかかわりが希薄になっていること。

　以上から、本人のひきこもらざるを得ない心情に寄り添い、母の入院中でもひきこもり続ける本人への支援の実践を開始した。そして、本人と支援者を含む第三者との接触の機会を設けることを当面の支援目標においた。

| ソーシャルワーク実践の概要 | ソーシャルワーカーの思考 |

● 家族会につながる前の姉の葛藤と他機関との連携

　母の入院中、本人の生活について姉が市役所に相談をしたところ、「ひきこもりの相談は、県のひきこもり地域支援センターにしてほしい」と言われる。県のひきこもり地域支援センターに連絡すると、具体的な支援は基礎自治体が主体となるため、市の保健所に連絡するよう言われる。保健所では、コロナ禍もあり対応ができないとのことで、家族として姉が頑張るよう言われてしまった。

　途方に暮れてインターネットで検索したところ、家族会を見つけてメールで問い合わせをしたという経緯だった。保健所の協力が得られないとのことで、姉の承諾を得て、市の自立相談支援窓口に家族会SWrから連絡を行った。

▶姉のたらい回しにされた怒りを受け止め、姉の希望に寄り添いながら、姉の生活になるべく支障が出ないような本人への支援を家族会SWrが中心となって考えていく。姉が、今後の見通しに対する安心感をもてるように努めた。

● 自立相談支援窓口へのはたらきかけ

　家族会SWrから市の自立相談支援窓口に電話してケース概要を説明。本人が孤立したままの状況であることや、姉が本人を支えていくことに限界を感じている旨を伝えた。姉からも自立相談支援窓口に相談の申込みをする旨を伝える。緊急度の高さから、その翌日には自立相談支援窓口の所長、自立相談支援員、家族会SWr、姉で対面によるカンファレンスを行った（**メゾシステム**）。

　カンファレンスでは、当面の食料や日用品を姉が自立相談支援窓口に郵送し、自立相談支援員が家に日用品を届けることでアウトリーチの機会を設けて本人の安否確認をすることになった。そして、①本人と無理に会おうとしないこと、②伝達事項は手紙で行うことが望ましいこと、③本人の負担を考えて、質問は「はい」か「いいえ」の二択で本人に回答してもらい意思を確認すること、これらをアウトリーチで配慮する旨を確認した。

　また、母子密着の強さを鑑みて、アウトリーチの際に母の様子を毎回手紙で伝えてはどうかという提案がなされた。当面は姉が母を見舞った際の様子を自立相談支援員と家族会SWrに伝え、アウトリーチ時の手紙に簡単に記載することになった。さらに、父のパターナリズムによる抑圧の心理的外傷も考慮し、先々のかかわりを見据えて、担当は女性スタッフが望ましいという意見を採用した。

　カンファレンス後、さっそく姉と自立相談支援員、家族会SWrが本人へのアウトリーチを行い、玄関先に当面の食料と日用品、そして、自立相談支援窓口と家族会SWrの連絡先を置いた。姉は隣近所にあいさつをして、何かあったとき

▶カンファレンスでは、「食料品は姉から宅配便で送ってもらえばよいのでは?」という意見があった。しかし、宅配便には本人が応答しない可能性が高いことや、自立相談支援員がアウトリーチをすることで先々の信頼関係の構築につながることを意見交換し、自立相談支援窓口で対応することが決定した。

▶支援計画においては、姉の意向を受けて、食料品の受け取りを通じて本人と接触するという緩やかな支援目標が設定された。支援期間は母の入院期間を想定しおおむね90日で設定。

▶姉にも本人へ手紙を書いて送付してもらうと同時に、その内容は自立相談支援窓口と家族会SWrがメールで共有することにした。

▶必要に応じて、姉からのメールを受けて本人への手紙の文面を家族会SWrが執筆し、食料品と一緒に届けることで

には自立相談支援窓口に連絡をするように伝えた（**メゾシステム：インフォーマルなつながりの形成**）。当面の役割分担として、自立相談支援員はアウトリーチによる本人の安否確認、家族会 SWr は姉の生活支援や相談対応をすることになった。

合意がなされた。

ケース開始から 3 週間

● **病院の MSW へのはたらきかけ**（**メゾシステムの拡大**）

　姉も頻繁には母を見舞えないので、母の様子を把握するためにも、家族会 SWr から病院の MSW（医療ソーシャルワーカー）を活用することを提案した。二次機能病院のため急性期が過ぎると転院が必要となることに加えて、将来的には母自身が在宅介護を希望することも想定した。同居家族がひきこもり状態にあることで何らかの影響が生じることから、早い段階で MSW に面談を申し入れた。

　初回面談は、姉と MSW の 2 人だけで行った。面談では、MSW が看護師を通じて母の様子を把握し、姉に伝えるようにする旨が確認された。

　姉が母の様子を本人への手紙に記して、自立相談支援員が食料品と一緒に届けるというつながりが形成された。そして、決まった日時に食料品を届けて安否確認などを行った。

▶病態や経過によるが、母子密着の強さから、母が本人のそばにいたいと希望することも想定して、将来の在宅介護への移行の準備をしておくことが望ましい。
▶家族会に相談してすぐに本人の見守り体制が形成されたことで、姉が家族会 SWr を信用するようになり、メールや電話でよく連絡がくるようになった。
▶本人には会えなくても、ゴミ出しがされており、悪臭もないことから、本人なりに生活していることがうかがえた。

● **姉に対するケアとしての「兄弟姉妹の会」への参加**

　家族会では、ひきこもりのきょうだいがいる人々が集う「兄弟姉妹の会」を毎月開催している。姉に参加を促したところ、ほかのきょうだいと吐き出した気持ちを分かち合うことでエンパワメントされたようだった（**メゾシステム**）。

　姉は家族以外に本人のひきこもりのことを話せなかったので、「兄弟姉妹の会」で同じ立場の人と忌憚なく話すことで落ち着きを得たようだった。特に、父への反発心から実家を蔑（ないがし）ろにしてきたことへの罪悪感を、参加したほかのきょうだいと分かち合えたことで気持ちがとても楽になったと感想を伝えてくれた。また、本人も同じような苦しみを抱えており、表出の仕方が違っているだけなのかもしれないという気づきから、本人に対する葛藤も軽減されたとの言葉もあった。

　「きょうだいは自分の人生を第一にして、余力のところで本人や家族とかかわればよい」「そのために社会福祉の諸制度や社会資源を活用していくことが大切」という言葉に安心したとのこと。今は支援機関に任せられるところは任せよ

▶姉の本人に対する葛藤や現在の生活に対する愚痴の吐き出しも多くみられ、母と話す機会が減少したことへの混乱がうかがえた。
▶「兄弟姉妹の会」に参加後のメールでは、「弟（本人）がひきこもらざるを得なかった境遇にも、より理解を示せるようになった」と、自らの心情の変化を伝えてくれた。

ソーシャルワーク実践の概要	ソーシャルワーカーの思考

うと思えるようになった、という相互の分かち合いによるケアの効果がうかがえた。

ケース開始から6週間

● 本人の緩やかな行動の変化（本人からの連絡）

自立相談支援員がアウトリーチをするようになってから1か月半が経過したときに、本人から姉にメールで連絡があった。短い文ではあるが、食料を届けてくれることへのお礼があったとのこと。

家族会SWrが、姉に「母の回復のために一緒に考えていこう」という本人への返信を提案したところ、姉と本人との間に少しずつメールでのやり取りが増えていった。本人から姉へのメールは母の様子を尋ねる内容が中心だったが、次第に将来の不安などの訴えも記されるようになった。

そこで、姉から「ひきこもりの当事者団体だから安心して相談できる」と家族会SWrへのメール相談が提案され、本人から家族会SWrに直接メールで連絡が入った。

最初は短文だったが、次第に長文のメールになり、そこには母が亡くなった後の不安や、過去の苦しかったことが記されていた。家族会SWrからは、就職氷河期世代の犠牲者であり、リストラは本人の努力不足というわけではないことを説明し、苦しいなかでよく耐えて生きてきたことへの労いを文面にして本人に伝えた。

「ひきこもり続けることで生きるエネルギーをひきこもることに費やしてしまう」「人間はエネルギーがないと動けないのだから、今はエネルギーの充電期間であると受け止めてほしい。人間には、ひきこもる権利があってもよい。このままひきこもりたいということは、まだまだエネルギーを蓄えたいということかもしれない」という言葉を伝えたところ、メールでお礼が返ってきた。

「このままでよいとは思っていないが、どうしても外に出るのが怖い。特に年上の男性を前にすると、恐怖心で何もできなくなってしまう。できればずっとひきこもっていたいが、いつまでもこのままでいられるとは思っていない」との心情が記されていた。

● 自立相談支援員とのカンファレンス（本人と姉の変化の共有）

本人と家族会SWrとの間でメールのやり取りが始まって

▶姉へのピアサポートのはたらきかけが、姉と本人の関係性を良好なものにし、きょうだいの間に信頼関係が徐々に構築されていったと考える。この信頼関係があって、姉から本人に「家族会SWrにメールで相談できる」という提案がなされたのだろう。

▶母が倒れたとき、救急車を本人が呼んだことをストレングスとして本人に伝えた。

▶対面ではなくメールでのやり取りは、本人にとって気持ちを伝えやすい手段であった。家族会SWrは本人よりも年上であるが、非対面ゆえに、緊張しなくてよいと感じさせる効果もあったと思う。

▶本人が自立相談支援員の立場や役割について確認を求めたので、本人の生活を支える存在であることを説明。すると今度は自立相談支援員とも話してみたいとの内容もあった。

自責感や罪悪感を刺激せず、ひきこもりながらもできていることに着目することで（**ストレングスモデル**）、情報提供や説明にも耳を傾けるなど、前向きな姿勢がみられるようになった。

▶カンファレンスでは、自立

|

から2週間が経った。本人の了解を得て、このタイミングで自立相談支援員と家族会SWrで、今後の本人への対応についてカンファレンスを行った。

メールから本人の自己肯定感の低さや対人不安がうかがえることを共有し、玄関先での会話も本人から話しかけられるまでは、自立相談支援員からは何もせず、従来どおり食料品と姉からの手紙を届けるだけにとどめることにした。

カンファレンスから2週間後に、初めて本人が姿をみせてくれた。「すみません」とだけ言って、すぐにドアを閉めたが、髪も整っており、身なりも清潔だったとの報告があった。

本人が自立相談支援員とあいさつを交わすようになっていることは、家族会SWrから姉に伝えた。入院中の母には姉から本人の様子が伝わり、それが母の回復への意欲を高めているとの報告があった。

ケース開始から9週間
● **病院とのカンファレンス**（母の転院と、本人と母の意思確認）

母の入院先の病院では、この3か月の間にMSWが居住地担当の地域包括支援センターに連絡し、要介護認定の手続きを行った。上下肢麻痺による「要介護2」となり、MSWから姉に、今後の治療や生活について母と本人の意向を確認したいと要望があった。主治医からは、系列のリハビリテーション病院に転院して、もう少し機能回復訓練を行ってはどうかとの意見があったという。

姉からは、本人の様子がわからないため、家族会SWrに本人の意向を確認してほしいという連絡があった。そこで、病院で姉と母と家族会SWrが面会し、現在の本人の生活状況とメールからうかがえる様子を伝えるとともに、MSWとも今後のことを話し合うためのカンファレンスを行うことにした。自立相談支援員もカンファレンスに同席することになった。

カンファレンスで、母は、1日でも早く退院したいが今のままでは息子（本人）に負担をかけるだろうから、入院を継続したいとの要望があった。家族会SWrと自立相談支援員から、母に本人とのやり取りの内容を伝えると、家族以外の第三者とのかかわりがあることに驚き、感謝の言葉を伝えられた。また、本人と姉がよく連絡を取り合うようになったことも喜んでいた。MSWからは介護保険サービスの活用による負担軽減を説明し、母も安心したようだった。

相談支援員から「母親が倒れたのに見舞いにも行かないのはどういうことなのだろう?」と疑問の声が上がったが、見舞いに行かないのではなく、"行けない"というほどに対人関係に恐怖心が強く、また外に出かけられるだけのエネルギーがないことを説明した。

本人は母を心配しながら何もできない罪悪感を抱いているので、周囲が罪悪感を増幅させないかかわり方を検討した。

▶この時点での本人からのメールには、男性の強い口調が苦手で救急隊員が怖かったこと、自立相談支援員は優しい人だとは思うが不用意に自分が傷つけていないか心配になることが記されていた。
▶その一方で、家族会SWrに「『ひきこもる時間が必要なこともある』という言葉で安心できたこと」へのお礼と、「もし病院に行く際は家族会SWrに同行をお願いしたい」との要望があった。

本人なりの細やかな配慮が伝わるメールであった。本人への継続的なアプローチを通して、このように本人との間に緩やかな信頼関係が構築されてきたと思う。

ソーシャルワーク実践の概要	ソーシャルワーカーの思考

下肢の麻痺は軽度のため、当面は杖での歩行を目標として転院することになった。また、「母の見舞いに行くことを本人の目標にしたい」と姉から提案があり、家族会 SWr と姉が本人に伝えることを確認した。本人の母の見舞いには姉が同行するが、姉の都合がつかないときには家族会 SWr が同行することも確認した。

母の入院継続の意向を本人がどのように受け止めるかは、本人が母を見舞うようになってから少しずつ確認することになった。

▶もし本人が母を見舞いたいときは、姉か家族会 SWr が同行することをメールに記した。本人が母を見舞うタイミングは本人の意向に沿うことを伝えた。本人の意思を尊重することを示して安心感を促した。

ケース開始から 12 週間
● **本人の母への見舞いと今後のケースの継続**

病院とのカンファレンスから 1 か月。家族会 SWr と本人は 3 日ごとに雑談ベースのメールのやり取りをしていたが、姉からの食料品も同じものが続いているので、自分で買い物に行きたいとの要望があった。そこで、現金書留を送ってもらうのはどうかと提案すると、「自立相談支援員の訪問で初対面の人に接することにも慣れてきた。自分で買い物に行ってみたいから、姉に現金書留をお願いする」と返信があった。

後日、「夜中だったが久しぶりにコンビニに行くことができた」との報告があった。母が退院したら、買い物くらいは自分がやりたいとの希望もあった。そして、自立相談支援員に来てもらうのも気が引けるので、ネットスーパーの利用を試してみたとのことだった。

ここで自立相談支援員のアウトリーチはいったん休止することにして、困りごとが生じたら遠慮なく連絡してほしいと伝えた。その後、本人自ら一人で病院に行き、母への見舞いをしたと連絡があった。

自立相談支援員からは、今回のひきこもりケースを通じて、特に本人とのかかわり方や、緩やかで長期的な支援目標の設定が大変参考になったとのフィードバックがあった。また、今後のこともふまえ、自治体内で円滑にケース連携が進められるよう、ひきこもり支援体制の構築について市や保健所にはたらきかけていく意向が示された（**マクロシステム**）。家族会 SWr もオブザーバーの立場から協力をしたりしている。

▶メールには、姉からの食料品への不満や、自立相談支援員のアウトリーチへの引け目などが記されるようになった。このような記述内容の変化から、本人の生きる意欲が高まってきたことがうかがえた。

▶アウトリーチをいったん休止して、本人の自発性を促すことを家族会 SWr と自立相談支援員の間で確認した。しかし、何かのきっかけでまた意欲が低下してしまうこともあるので、いつでもアウトリーチが再開できるように引き続き準備しておくことも確認した。

▶今後は、在宅介護に向けたカンファレンスが予定されている。その際、必要に応じて本人の希望を伝える代弁者として病院と地域包括支援センターにかかわることも想定している。

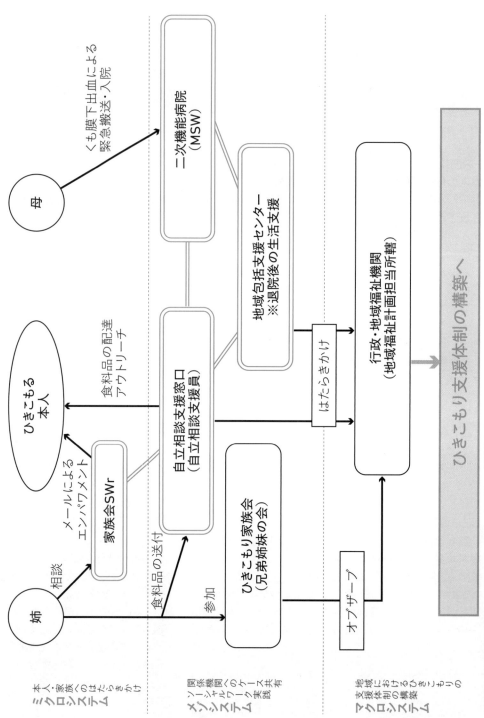

※線字の二重線は本事例におけるソーシャルワーク実践での連携を表す

母
くも膜下出血による
緊急搬送・入院

二次機能病院
（MSW）

地域包括支援センター
※退院後の生活支援

行政・地域福祉機関
（地域福祉計画担当所轄）

はたらきかけ

ひきこもり支援体制の構築へ

ひきこもる
本人

食料品の配達
アウトリーチ

メールによる
エンパワメント

自立相談支援窓口
（自立相談支援員）

家族会SWr

食料品の送付

ひきこもり家族会
（兄弟姉妹の会）

オブザーブ

姉
相談
参加

本人・家族への
はたらきかけ
ミクロシステム

関係機関での
ソーシャルワーク
メゾシステム
実践のケース共有

地域における
ひきこもり
支援体制の構築の
マクロシステム

5 ミクロ・メゾ・マクロシステムの連鎖的変化

①ひきこもり支援における諸課題

　ひきこもりは、従来からの「本人の甘え」「家族の甘やかし」という自己責任論による偏見がいまだ根深い。また、ひきこもりはあくまでも状態像であるため、社会福祉関連法の定める範囲を外れがちであり、そもそもひきこもりの根拠法もないために、制度と制度の狭間に陥りやすい社会的な構造がある。加えて、制度利用には本人の申請主義が原則であり、ひきこもりは緊急度が高くないと判断されやすい傾向にある。

　また、家族がやっとの思いで支援機関に相談に出向いても、「しばらく見守りましょう」「本人を連れてこないと何もできない」と支援者側から突き放されたという声も少なくない。こうして家族は支援機関に不信感を抱き、どこにも相談できず課題を抱え込んだまま、長期高年齢化していくのである。「8050世帯」の背景には、このような社会的支援の脆弱さという側面が否定できない。

　自戒の念を込めて記すが、ひきこもりに関して、SWrは長く「制度の門番」と化して支援を後回しにしたり、課題を見なかったことにしたりして課題の埋め戻しをしてこなかったか、ソーシャルワーク実践を省みる必要があると考える。

　厚生労働省は、2013（平成25）年からひきこもりを国の重点施策としているが、基礎自治体レベルでの支援体制はまだ不十分なところが多く、ようやく自治体によってワンストップの相談窓口が設置され始めたばかりである。国の施策動向を鑑みれば、今後はひきこもりに対応したワンストップの相談窓口の設置がより進んでいくはずだが、ケースを共有しながら柔軟に対応できる地域ぐるみのひきこもり支援体制の整備（マクロシステムの構築）は、まだまだ過渡期にあるといえよう。こういった社会的背景のなかで、今回の支援は緊急性を伴って顕在化されたということになる。

②ひきこもり支援におけるミクロ・メゾシステムの連鎖的変化

　本事例で象徴的なのが、クライエントである姉の初期段階におけるSOSに対し、相談窓口をたらい回しにされたことである。結局、姉はインターネットを駆使してNPO法人のひきこもり家族会につながり、家族会SWrを通じて支援が始まることになった。当該地域の支援体制の脆弱さが表れているといえよう。

　家族会SWrはアセスメントを何度も繰り返し実施するが、本人や家族の状況把握は多機関・多職種連携において必要不可欠になる。今回の支援でも、自立相談支援窓

口との初回のカンファレンスにおいて、自立相談支援窓口がかかわる必要性の疑問が呈された。確かに、食料品の配送などは宅配業者に頼めば済むことであり、多忙ななかで人手を割いてひきこもる本人にかかわるための理由が明らかでないと、連携への理解は得られにくい。ミクロシステムでの丁寧なアセスメントやケースの掘り下げは、本人や家族に対する支援者側の理解を促進させていくと同時に、関係機関との連携を進めるためのメゾシステムにも大きく影響する。

また、社会経験のある40代という先入観は、支援の必要性の根幹が問われやすい。それゆえに、カンファレンスを通じて本人の意思や特性を支援者間で共有し、本人を置き去りにしないことを支援計画に反映していく必要がある。

本事例では結果的に、ひきこもり家族会から当該地域の自立相談支援窓口と連携し、母が入院中のひきこもり本人の生活支援として、「姉の食料品を仲介してアウトリーチする」という支援実践ができた。このことは、その後の本人の意欲の向上を鑑みても大きな意味があったといえる。

③マクロシステムとしてのひきこもり支援体制の構築

支援者は、支援計画や目標の到達点として、アセスメントで表出した課題解決を目指すことが多い。しかし、ひきこもりに関しては、本人と接することも難しいからこそ「つながり続ける支援」の観点が重要である（図3-4）。マクロシステムでは、地域社会でどのように本人や家族とつながり続けるのか、そういった支援体制の構築に向けた議論が必要になってくる。自治体によっては、家族会が養成するピアサポーターを派遣したり、住民参加としてのひきこもりサポーターの養成・派遣を実施したりしている。

本事例でも、家族会SWrと姉や本人とのメールのやり取りで、いわゆる「つながり続ける支援」が継続されている。母も入院先でリハビリに励んでおり、母子密着の強さも含め、支援が本人や母の生きる意欲の向上に結びついたケースとして受け止めている。

「つながり続ける支援」においてアセスメントを積み重ね、新たな課題が生じた際の対応や役割分担については、支援体制（マクロシステム）のなかで共有しておく必要がある。幸い遺族年金や父の遺産があることで、現時点では経済的な支援まで勘案することはなかったが、将来、生活困窮になる可能性も想定される。本人や家族の生活や心情の変化に応じて対応できる柔軟性が求められる。

また、マクロシステムにおいては、ふだんから支援機関が顔を合わせて個人情報の取り扱いや予算配分などを協議し、クライエントからのSOSなどのケースが発見さ

図 3-4　課題解決のための支援とつながり続ける支援

支援の"両輪"と考えられるアプローチ

具体的な課題解決を目指すアプローチ	**つながり続けることを目指すアプローチ**
➢ 本人が有する特定の課題を解決することを目指す	➢ 本人と支援者が継続的につながることを目指す
➢ それぞれの属性や課題に対応するための支援（現金・現物給付）を重視することが多い	➢ 暮らし全体と人生の時間軸をとらえ、本人と支援者が継続的につながり関わるための相談支援（手続的給付）を重視
➢ 本人の抱える課題や必要な対応が明らかな場合には、特に有効	➢ 生きづらさの背景が明らかでない場合や、8050問題など課題が複合化した場合、ライフステージの変化に応じた柔軟な支援が必要な場合に、特に有効

共通の基盤　本人を中心として、"伴走"する意識

個人が自律的な生を継続できるよう、本人の意向や取り巻く状況に合わせ、2つのアプローチを組み合わせていくことが必要。

出典：厚生労働省『「地域共生社会に向けた包括的支援と多様な参加・協働の推進に関する検討会」（地域共生社会推進検討会）最終とりまとめ（概要）』p.6、2019 年

れた際の連携体制を備えておくことが求められる。さまざまな観点からアセスメントを持ち寄り、掘り下げていくことで、支援者間の本人や家族への理解を共有し、本人の意向を反映した支援計画につなげていくことが望ましい。

今回、仮に姉が家族会に相談しなかった場合、姉は本人を支え続けることができただろうか。そして、支援機関や地域社会は、姉が支え続けることに疑問を抱いたり課題を見出したりしただろうか。また、もしきょうだいがいなかった場合、母の入院や手術の同意を、ひきこもる本人からどのように確認するのか。

このように、本事例からもさまざまな仮定が想定される。ひきこもり支援体制の整備は、地域社会から取りこぼさないためのマクロシステムの構築でもある。決して少なくないひきこもりの状態にある人々をどのように把握し、支援体制を整備していくかは、地域福祉的なマクロシステムの観点が必要不可欠であると考える。

6 意思決定支援に注目したまとめ

①本人や家族をありのままに受容する姿勢

　本事例では、本人を受け入れられず、思うようにかかわれない姉と、母が入院しても ひきこもり続けたい本人の意思確認をふまえて、どのように本人と母、姉とかかわっ ていくかが問われることになった。もし、ケース開始時に支援者側が「きょうだいが 本人を支えるのが当たり前」という価値観を用いると、本人や家族の意思確認も、ま して苦しみや葛藤に寄り添うこともできなくなる。いわゆるバイステックの7原則 の「非審判的態度の原則」と「自己決定の原則」がひきこもり支援では絶えず試され る。そもそも支援者側が「ひきこもりは好ましくない状態像」ととらえていると、ど うしても審判的な態度が表出しやすくなる。すると支援者側の適応が優先され、働か せる、外に出させるといった「～させる」支援になり、本人との関係性の途絶に至る ことがある。ひきこもりの状態にある人は、人生の歩みのなかで他者からの理不尽な 強制力に傷ついていることが多い。意思決定支援の前に、支援者側が、本人や家族を ありのままに受容する姿勢が大切である。

　また、たらい回しの対応のなかで、「姉なのだからあなたが弟を支えないと……」 という言葉に姉が傷つけられたことを記述している。不用意な言葉が本人や家族を追 い詰めることを支援者は絶えず意識して、支援過程においてセルフチェックすること が求められる。

②当事者会や家族会への参加による意思表出

　本人とかかわれない段階では、「他者とかかわりたくない」という意思をもってい ると考えられるため、家族を通じてアセスメントを行うが、家族も葛藤や自責感など で追い詰められていることが少なくない。実際に支援者にSOSを発信するときは、 家族もまた疲弊していることがほとんどであり、家族をケアする家族支援からケース を開始することが有効になり得る。

　ミクロシステムにおいては、家族が安心して気持ちや葛藤を吐き出せる機会を設け、 複雑に絡み合う諸課題を整理して家族を楽にしていく、家族をケアする技術が支援者 側に求められる。また、自己肯定感の低下による本人の取り残され感、自分の育て方 を悔いる家族の自責感には、同じ立場のピアサポートが有効である。メゾ・マクロシ ステムとしてのひきこもり支援体制のなかに、当事者会や当事者が集まる居場所活動、

家族会といったピアサポート活動があると、本人や家族の意思表出や本人の意思確認の機会を得やすかったりする。こうした当事者会や家族会の参加状況が支援計画にも反映されることがある。

本事例でも、姉の「兄弟姉妹の会」への参加は、同じひきこもりがいるきょうだいの分かち合いを通じて姉の苦しみや本人への葛藤を振り返る機会となり得た。やがて、姉から聞き取る家族のアセスメントにも変化がみられ、より家族関係を掘り下げる機会となった。

このように、家族支援により家族に安心感を促すことで心身ともに安定し、本人との緊張関係が軽減することもある。姉へのケアやピアサポートを通じて、姉が本人を肯定的にとらえ、関係が途絶していた姉と本人との間に交流が生まれた。

③信頼関係の構築

本人の意思を尊重して、「ひきこもり続けざるを得ない」という状況や背景に寄り添い、「ひきこもり続ける支援」としてソーシャルワーク実践を行ったが、食料品の配達を通じて生活上の困りごとが一部改善されたことで、本人との関係が生じることとなった。

ひきこもり支援では、一支援者が本人とかかわれずラポール形成に悩むことがあるが、本人を取り巻く目の前の困りごとに熱心に対応していくことで信頼関係が構築されることがある。本事例にも相通じるところがある。

本人のひきこもりたい気持ち、家族のひきこもりを隠したい気持ちは尊重されるべきである。しかし、ひきこもりで介入しなくても、例えば粗大ごみの回収や庭木の剪定といった生活上の小さな困りごとからひきこもり世帯に入っていくことは可能である。そこで信頼関係が構築され、ひきこもりの悩みが表出されてから支援が開始されることもある。本人も家族も安心感を感じて初めて意思表出ができたりするので、そこで必要な支援を検討し実践していくことが大切であると考える。

そして、本人や家族の意思決定の尊重には、支援者側の受容と寄り添いに加えて、ひきこもりながらも生き続けていること、簡単な家事などひきこもりながらできていることを、本人の強みとして客観視し、本人や家族にフィードバックするストレングスの眼差しが必要不可欠になる。支援者側がケースを抱え込み余裕がなくなれば、ストレングスの眼差しは失われていってしまう。ひきこもり支援では、支援者側がケースを抱え込む立場に追いやられやすい。本人の「ひきこもりたい」という心情の理解に努めるためにも、支援者側もまた一人で抱え込まないよう、多職種との連携が必須になる。

図 3-5　家族支援におけるひきこもりの回復の過程

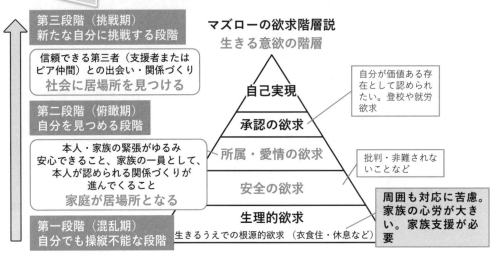

※第一段階の混乱期にある本人が、家族支援を通じて、本人の「所属・愛情の欲求」が満たされることで、第二段階の俯瞰期に移行する。そうして家族以外の第三者との関係づくりを通じて、第三者から「承認の欲求」が満たされていくなかで、第三段階の挑戦期、すなわち「自己実現」のなかで自分の人生を生きようとする。
出典：特定非営利活動法人 KHJ 全国ひきこもり家族会連合会『ひきこもりピアサポーター養成研修テキスト』p.141、2015年を一部改変

　参考までに、ミクロシステムの実践として、家族支援におけるひきこもりの回復の過程をマズローの欲求階層説をふまえて表した図を掲載する（図 3-5）。ひきこもり支援では、ミクロシステムでの本人や家族の意思決定の尊重は、支援体制の充実と支援者を支えるマクロシステムとしてのひきこもり支援体制の構築があってこそなされると考える。

参考文献
・内閣府「生活状況に関する調査 報告書」2019 年
・内閣府「令和元年版 子供・若者白書」2019 年
・厚生労働省『「地域共生社会に向けた包括的支援と多様な参加・協働の推進に関する検討会」（地域共生社会推進検討会）最終とりまとめ（概要）』2019 年
・特定非営利活動法人 KHJ 全国ひきこもり家族会連合会『ひきこもりに関する全国実態アンケート調査報告〜本人調査・家族調査・連携調査』2019 年
・特定非営利活動法人 KHJ 全国ひきこもり家族会連合会『当事者が求めるひきこもり支援者養成に関する調査報告書』2022 年
・特定非営利活動法人 KHJ 全国ひきこもり家族会連合会『ひきこもりピアサポーター養成研修テキスト』2015 年
・境泉洋編著『地域におけるひきこもり支援ガイドブック──長期高年齢化による生活困窮を防ぐ』金剛出版、2017

年
・竹中哲夫『ひきこもり支援者として生きて ―― 長期・高年齢ひきこもり「支援方法論」の探索』かもがわ出版、2022 年
・斎藤環『改訂版 社会的ひきこもり』PHP 新書、2020 年
・貴戸理恵『「生きづらさ」を聴く ―― 不登校・ひきこもりと当事者研究のエスノグラフィ』日本評論社、2022 年
・野中猛『図説リカバリー ―― 医療保健福祉のキーワード』中央法規出版、2011 年
・武田建・津田耕一『ソーシャルワークとは何か ―― バイステックの 7 原則と社会福祉援助技術』誠信書房、2016 年
・吉川かおり『発達障害のある子どものきょうだいたち ―― 大人へのステップと支援』生活書院、2008 年
・藤木和子『「障害」ある人の「きょうだい」としての私』岩波書店、2022 年

第5節

ピアサポート団体における
ケアラー・ヤングケアラーの支援

 1 所属組織、地域の概要、組織体制、組織内の役割

▶ 所属組織

若年性認知症の本人、家族の相談支援を実施している任意団体、一般社団法人

▶ 地域の概要

任意団体のある G 区は、人口約 74 万人、若年性認知症者数 推計 220 人（18 歳〜64 歳の人口約 45.4 万人）、高齢者人口比率（65 歳以上）22.7％、外国人人口約 2 万人、認知症有病率（65 歳以上）15.7％（2015（平成 27）年）。都心にもアクセスしやすい立地でありながら、農地面積が多く農業も盛んである。

地域の医療・福祉の社会資源の状況については、認知症疾患医療センター（地域連携型）1 か所、医師会が示す「物忘れ相談医」91 か所、地域包括支援センター 25 か所、そして、介護老人福祉施設 31 か所、介護老人保健施設 14 か所、グループホーム 31 か所、小規模多機能型居宅介護 18 か所となっている。また、介護家族の会 13 か所、認知症カフェ 15 か所である。介護保険制度の施行から 20 年が経過し、フォーマル、インフォーマルともに、認知症の人やケアをする人を支えるための社会資源が拡充されている。そして、市民が地域活動をする土台が培われているようにも感じている。

当事者家族団体、地域密着型通所介護事業所、就労継続支援 B 型事業所、地域活動支援センターにおける若年性認知症の人の通いの場をつくる実践事例も多い。

▶ 組織体制

当団体は、若年性認知症を含む病気や障害をもった人が差別なく生活し、相互に人格と個性を尊重して安心して暮らすことのできる地域社会の実現を目指して、2009（平成 21）年に設立された。若年性認知症の本人と家族が集い、悩みや困りごとを共

有しながらよりよい生活が営めるように、工夫やアイデアを分かち合うかかわりを重視し、ピアサポートを展開している。

　主な活動としては、①相談活動：電話やメールで相談を受け、状況により面談や訪問の実施、②交流活動：本人同士、家族同士、子ども世代同士の交流、情報共有の機会を創出、③啓発活動：勉強会や地域のイベントの出展等を通じて、若年性認知症について理解を深めるための普及啓発である。2020（令和2）年度は、新型コロナウイルス感染症の影響により、オンラインでの交流に切り替えるなどの工夫をしたが、参加者は減り、現在も活動に制限が生じている。

　家族の参加は、ほとんどが配偶者であるが、子ども世代の参加もときどきある。ケアをしている人同士の交流のなかで、子ども世代が抱える課題の特有性を感じるようになった。

▶ 組織内の役割

　筆者は社会福祉士であり、ソーシャルサポートネットワークづくりや地域福祉の実践研究を行っている。また、当団体の統括者として、若年性認知症の本人、家族の相談支援を実施し、ピアサポートによる交流会の企画運営、市民ボランティアのコーディネートも行っている。

2　ソーシャルワーク実践の全体概要

①認知症の本人支援とケアラー支援に関する着眼点

　当団体は、若年性認知症の親と向き合う子ども世代（以下、子ども世代）への支援の必要性を感じ、2012（平成24）年から20代、30代の子ども世代で集い、交流を行っている。若年性認知症を発症することはあまり多くなく、同じ悩みをもつ人に出会う機会を得ることは難しい状況にある。ケアが必要な本人を支えることも重要であるが、家族全体への影響が大きいために、ケアをする人（以下、ケアラー）を支えることも重要である。

　認知症の本人とその家族が集い、気軽に話せる場をつくること、また、経験や思いを共有することで不安を少しずつ減らしていく活動を地域のなかで実施してきた。

　そして、ケアラーの抱える生活上の不安や課題についても、ピアサポートのかかわりのなかでストレスを緩和していけるよう取り組んできた。

近年、ケアラー・ヤングケアラーは社会的な問題として注目され、政策課題として認識が高まっている。少子高齢化に伴いケアを要する人が増えるなか、介護保険サービスが人手不足などから適切に提供されていない課題もあり、ケアラーに過重な負担がかかっている。また、仕事と介護の負担から過労による体調不良、介護離職による生活困窮、介護殺人など、ケアをめぐって大変深刻な問題が生じている状況である。

　そのような背景から、厚生労働省においても、家族介護者による支援をケアラー個人の問題ではなく社会の課題として、ケアラーに目を向け、「ケアラーの人生支援」「ケアラーのQOLの向上」を図っていく必要があるとしている。特に、埼玉県では、2020（令和2）年3月31日に国内初の「埼玉県ケアラー支援条例」が施行されており、さらに、北海道栗山町、三重県名張市、岡山県総社市と続き、全国14か所（2023（令和5）年2月時点）で、条例の制定をはじめとしたケアラー・ヤングケアラーへの支援政策が動き始めている。

②見ようとすると見えてくるヤングケアラーの状況

　ヤングケアラーは、2021（令和3）年5月に取りまとめられた厚生労働省の「ヤングケアラーの支援に向けた福祉・介護・医療・教育の連携プロジェクトチーム」の報告において、「本来大人が担うと想定されている家事や家族の世話などを日常的に行っている子ども」とされている。さらに、早期発見・把握、相談支援など支援策の推進、社会的認知度の向上等に取り組むことが明記されたことで、昔から存在していた家族ケアをしている子どもへの認識が高まり、病気や障害がある家族や幼いきょうだいの世話をしている子どもの理解の促進や支援体制の検討がなされるようになった。

　2014（平成26）年よりヤングケアラーに関する調査研究、啓発を行っている一般社団法人日本ケアラー連盟においては、より具体的に「ヤングケアラーは、家族にケアを要する人がいる場合に、大人が担うようなケア責任を引き受け、家事や家族の世話、介護、感情面のサポートなどを行っている18歳未満の子ども」という概念を示している。大人の代わりにケアを担う子どもたちが、基本的な人権を守られること、そして、平等なライフチャンスが得られ、健やかに育つことができるように、家族全体を視野に入れながら暮らしを支えていくことが重要であると考えられている。また、18歳以降も切れ目なく、さまざまなサポートを受けられることが求められている。

　筆者が向き合ってきた20代〜30代の子ども世代の声を聴くと、「介護は家族でなんとかしなければならない」という認識があり、家庭内の困りごとを他者に話すことにためらいを感じていた。そして、多くの子どもや若者にとって、家族のケアをすることは当たり前のこととして受け入れられており、ケアをしていることの自覚がない

場合が多い。家庭訪問などを行う介護支援専門員（ケアマネジャー）や訪問介護員（ホームヘルパー）も、ケアをしている子どもや若者たちを「しっかり者のいい子」「家族のために頑張っているえらい子」という評価、あるいは、要介護者のキーパーソンとして頼りにしている場合があり、負担や困りごとを抱えているのかどうかを詳細に確かめることはしない。見ようとする意識がないと見過ごしてしまうからこそ、どのような思いがあるのか、しっかり話を聴く必要があると考える。

③若年性認知症に関する実態と生活課題

　若年性認知症に関する実態を概観する。2020（令和2）年の調査によると、若年性認知症の有病率は、18歳から64歳人口10万人当たり50.9人、総数は3.57万人であると推測されている[1]。また、発症する推定平均年齢は51.3 ± 9.8歳といわれている[2]。

　原因疾患は多様であり、アルツハイマー型認知症（52.6%）が最も多く、血管性認知症（17.0%）、前頭側頭型認知症（9.4%）、外傷による認知症（4.2%）、レビー小体型認知症／パーキンソン病による認知症（4.1%）、アルコール関連障害による認知症（2.8%）と続いている。

　また、最初に気づいた症状は「もの忘れ」（66.6%）や「職場や家事などでのミス」（38.8%）が多く、約6割は発症時点で就労していた。しかし、そのうち約7割が調査時点で退職しており、約6割が世帯収入の減少を感じている。主たる収入源は約4割が障害年金、約1割が生活保護であり、約3割は介護保険の申請をしていないことが明らかになった[3]。

　若年性認知症は、働き盛りの時期に発症するため、高齢期に発症する認知症の人の課題とは異なり、仕事、家事、子どもの養育、親の介護、社会とのつながりなどのさまざまな生活課題に直面し、課題も複合的になっている。

　しかし、認知症高齢者と比べると圧倒的に少数である若年性認知症の人は、現行の社会保障制度ではニーズを充足することが難しく、支援制度・サービスの網の目からこぼれてしまいがちな状況にある。さらに、若年性認知症の人のみならず、配偶者、子ども世代が抱えている生活のしづらさの全体像を把握していないと、ストレスや負担感が大きくなり、それが心身や生活へ影響を及ぼしていることを見過ごしてしまう。

　こうした課題があることをふまえて、それぞれが抱えている生活課題を整理し、抱える悩みに向き合い、多様な関係機関や人々とつながりながら支援活動を行ってきた。その実践について、具体的な事例や場面を通してどのようにソーシャルワークを展開

してきたのか、本人や家族・子どもの思いに寄り添った支援、ピアサポートによる支え合いの活動、さらに政策的な視点から述べる。

 ## 3 ソーシャルワーク実践のプロセス

ソーシャルワーク実践の概要	ソーシャルワーカーの思考

● **若年性認知症の発症に伴う生活への不安など**

当団体につながるタイミングや背景は多様である。大きく2つに分けると、以下のようになる。

①診断後数か月〜半年くらい経ち、同じ病気の人やその家族とつながり、情報交換がしたいと家族より相談を受ける場合。

②介護保険サービスの関係機関（地域包括支援センター、ケアマネジャー）から相談を受けて、本人と家族を紹介してもらう場合。

個別の相談支援においては、医療機関への受診前後、あるいは診断後のタイミングから始まっていく。本人も家族も、「どこの医療機関にかかったらよいのだろうか」「認知症を疑ってよいのだろうか」といった不安や困惑を抱えている（**ミクロシステム**）。

若年性認知症の発症によって、仕事や社会活動、人間関係、家計の状況に影響を受け、困惑や絶望、喪失感、孤立感を抱いている場合が多くある。これからどのように生活していけばよいのか、気持ちの整理がつかないと悔しさをにじませ涙ながらに思いを話してくれる人もいる（**ミクロシステム**）。

すでに若年性認知症支援コーディネーター、あるいは地域包括支援センター、ケアマネジャーとつながっている場合は、本人や家族の同意のもと情報共有を行っていく。障害福祉サービスや介護保険サービスの利用にあたって、調整が必要な場合は、当事者と支援者の間に入って調整を行う（**メゾシステム**）。

▶どのように当団体につながったのか、あるいは、つながりたいと思ったのかを丁寧に聴き取り、把握することで、その人のおかれている状況や心情がみえてくる。

▶多様な思いや状況を理解し、個々に合わせた情報提供や心理的支援を行っていく。また、「一緒に考えていきたい」というメッセージを伝えながら、孤立感や孤独感が少しでも軽減できるようにはたらきかける。

信頼関係の構築を大前提として、リラックスして対話ができる環境づくりに努めている。

● **心理的な支援**

本人に、再就職や社会的な活動を継続したい、あるいは自分のペースでのんびり暮らしたいという思いがある場合、その意思を尊重しながら、体調や病状を本人自身が認識し、家庭や社会においての役割や人とのつながりをもてるよう、ともに検討していく。

配偶者は、自身の仕事や健康面に大きな影響が生じてい

▶大切にしていることは、診断を受けてから「これからどうしたいのか」、本人や家族の意思や意向、希望について、対話をしながら検討を重ねていくことである。両者の

る場合もある。心理的な支援を行いながら、具体的な社会資源の利活用についての情報を提供し、家庭の状況に応じた選択ができるよう、ともに検討していく。

　子ども世代は、直接的にケアを担っているのか、また、学生か社会人かにもよるが、親が病気になるということに対してさまざまな思いを抱えていると考えられる。学業や友人関係、自身の将来にも影響が生じることを考慮して、どのように親と向き合っていくのか、まずは自分の気持ちを表出できる機会の提供に努める。

思いが異なる場合も想定されるため、それぞれに話をする時間を設ける。「ほかの若年性認知症の人やその家族はどうしているのか」という関心が示されたタイミングで、ピアの存在やピアサポート団体の紹介を行っていく。

● ピアサポートの意義

　当団体につながることで、同じ病気をもつ人やその家族が相互に思いや経験を共有し、個々の生活課題の解決や状況の理解を深めることができる利点がある（**メゾシステム**）。

　特に、初めて相談をする人の多くは、有益な情報が得られることや、他者との交流ができる居場所であることを期待している。一方で、孤独感や喪失感、不安感を吐露することで、その不安や苦しみを軽減することができる。理解し、受け止めてくれると感じることで、本人も少しずつ安心感を得られるため、安心して話ができる環境の整備を行っている。

　また、本人が家族と離れて活動ができる機会もつくっている。認知症の発症によって、これまでの社会的なつながりが弱まり、夫婦や家族の人間関係が中心となっている場合がある。当団体の集まりに参加することで、同じ病気をもつ人や、状況が似ている人と交流をすることができ、新しい社会的なつながりが生まれる。

▶ピアの存在によって、本人は大きな安心感を得ることができるだろう。仲間がそばにいるということが、心理的な支えになると感じている。

● ピアサポートでの様子

　最初は、新しい環境のなかで緊張や戸惑いを感じることもあるが、回を重ねるごとに打ち解けていく様子がみられる。聴き手も自分が通ってきた道を意識しながら、親身になって話を聴いている。

　若年性認知症の2人の男性は、再会するたびに握手を交わし、互いの近況を報告し合い喜びを共有している。心情を語り合うなかで、仲間という存在に意義を見出している。

　家族の場合は、認知症を受け入れるプロセスやその心情、ケアの経験などを語り合いながら、さまざまな感情を共有している。聴き手も自らの経験を振り返りながら、相手が安心できるように共感的な声かけをしている。また、初期から中等度といった症状の変化や、自宅から施設、さらには看取りと、状況ごとで感じている課題が異なってくる。そのため、

▶日常とは異なる場の提供を意識している。現在ケアをしている人と看取りを終えた人が接するときなどは、それぞれに配慮することが求められる。

▶ピアサポートの場では、ありのままを受け入れ、望まない助言や評価はしないということを意識している。

▶医療・福祉の専門職によるサポートと、ピアによるサポートのそれぞれの強みや特徴を

状況が似ている人同士の情報や気持ちの共有も大切になる。

　子どもがケアをしている場合、配偶者の立場とは異なる思いをもって生活している様子があった。また、インターネットの普及により、多くの情報を得ることができるが、かえってその情報の多さに困惑し、何が自分に必要な情報なのか混乱してしまうこともある。ピアの立場の人と対話できる環境を整えることで、自分の考えを整理したり、自身の状況を客観的にとらえたりすることができる。

● 地域を基盤としたピアサポート活動で欠かせないもの

　10年以上任意団体（ボランティア）として行っている地域活動は、思いがあるからこそ継続できるものの、思いだけでは成り立たないこともある。それは、人材、場所、資金である。

　当団体は自治体からの支援を受けていないため、会場を自分たちで探し、予約をして運営している。一時期、30名ほどの参加者が集う会場の確保に苦労した。

　また、人材については、役員会、事務局と設置をしているが少人数であり、中高年世代が中心となっている。集まりやイベントをするときには、運営をサポートする人、若年性認知症の本人やその家族をサポートする人が必要になる。そのときに、市民ボランティアが大きな役割を担っている状況である。

　彼らには、自分の将来の備えとして学びを得たいという思いや、これまでの人生経験で培われたスキルを活かして地域活動に貢献したいという思いがある。認知症について「自分事」「お互いさま」としてとらえ、当団体に集う仲間とともに悲しいことも楽しいことも共有したいと、ボランティア活動を行っている。

　資金については、年会費やサロンの参加費、寄付を財源として運営をしている。年間の収支差額が赤字になるようなことはないが、事務局体制の基盤が脆弱であることは否めない。持続可能な運営をしていくのであれば、人件費の工面や拠点となる事務所の確保をしていく必要がある。

● 任意団体から一般社団法人へ

　若年性認知症の親をもつ子ども世代からの「同世代の人と話がしたい」という声を契機に、2012（平成24）年12月から全国初となる若年性認知症の親と向き合う子どもが集まる活動を開始した。6名から始まったグループは全国に広がっ

ふまえながら、個別支援、そして地域支援を展開していくことが大切である。
▶親のケアを担うことが子ども自身の人生の可能性を狭めないように、さまざまな情報交換や対話が可能な場となるよう心がけている。

▶自治体が当団体に対してどのような認識をもっているのか確認する必要がある。当団体には活動拠点がある自治体以外からの参加もあるため、活動は地域住民に限定していない。
▶市民に向けて、若年性認知症を知ってもらう機会や、当団体の活動を紹介する機会を設け、関心をもってもらう。こうして自分にできることは何か考えてもらうきっかけをつくることが大切となる。

▶任意団体・ボランティア団体の資金調達や経理事務のノウハウについて、フォローアップする仕組みが必要であ

てきており、2022（令和4）年2月には一般社団法人の法人格を取得して運営をしている。

　活動内容としては、年に4回の交流事業と普及啓発事業（講演会、シンポジウム、講師派遣等）を実施している。

　交流事業では、子ども世代同士が安心して話ができる環境となるよう、交通の利便性が高い都心の個室の会場を設定し、飲食をしながらリラックスできる場を提供している。コロナ禍においては対面の活動を自粛し、オンラインでの交流を継続した。

　参加者は毎回10名程度で、年齢は20代から40代までと幅広く、個々のライフステージによって学業や仕事、結婚や妊娠、育児などについて、多様な話題が共有されている。そして、親の介護に関する話題も尽きない。認知症の初期から終末期の段階の人まで、おかれている状況はさまざまであり、看取りを終えた人も参加している。

　法人格を取得することで、自治体の補助事業や財団法人などから助成事業を申請する機会が増えた。また、資金の支援を受けながら事業を展開することができるようになり、法人としての成長や可能性を実感している。

● 安心して話せる場の必要性

　ヤングケアラーや若者ケアラー（18歳以降もケアをしている若者を指す）の相談支援の場・窓口の整備については、国の政策課題としてようやく議論されるようになってきている。しかし、要介護者への公的な支援サービスは、いわゆる縦割りに提供されるため、各部署での対応はできても、その範囲を超えると対応が難しいという課題がある。

　そこで、複合的な生活ニーズやケアラーを含めた家族全体の支援を展開できる地域の仕組みづくりが求められる。併せて、教育の現場、医療や介護サービスの現場においても、ヤングケアラーや若者ケアラーの目線に立ち、悩みを理解し、受け止め、対応できる人材育成が必要になる。

　また、ピアサポートの有用性が認識されていても、拠点が少ない点や、大都市圏に集中しているため地域にバラつきがありアクセスしにくい点も課題としてあげられる。さらに、若年性認知症の親をもつ子ども世代に特化した活動をしている拠点は全国に数か所しかなく、子ども世代の集いに参加してみたいと思っても、身近なところにないため躊躇してしまい、つながりがもちにくくなっている。

　ヤングケアラーや若者ケアラーにとって安心して話ができ

▶子どもの層に特化した取り組みの必要性を感じ、前例のない取り組みを開始した。当事者の声を聴きながらどのようなチームをつくるか試行錯誤した。

▶オンラインによって、場所を選ばずに参加できるようになった。関東だけでなく、関西や九州、北海道、そして海外からもアクセスがあり、ネットワークが広がる可能性を感じた。

▶子ども世代といっても、年代は幅広く、ケアの役割の程度も多様である。人数が多いときは、共通項のある人同士でグループをつくるなどし、話しやすさを重視している。

▶仕組みづくりは、広い視野で検討することが大切である。自治体と関係をつくり、施策として取り入れるなどの調整をしていくことが求められる。必要に応じて地方議員に相談し、議会で質問してもらうこともあった。

▶マクロシステムにはたらきかけること、個別支援や地域活動で得た知見を活かし、反映させていくことが大切である。

る場を、当事者の声に寄り添いながらつくっていく必要がある。そのためには、自治体、医療機関、教育機関、若年性認知症支援コーディネーター、地域包括支援センター、ケアマネジャー、子どもの支援をするNPO法人などが、地域ぐるみでどのような支援体制を構築すべきか検討していくことが求められている（**マクロシステム**）。

▶「ケアをする選択、しない選択」「他者に委ねることを納得すること」「自身の健康を守ること」「自身の幸せ・Well-being を求めてよいこと」など、ケアラー自身の基本的人権を尊重することが必要である。併せて、適時適切な情報提供や安心して話ができる場の提供、信頼関係のある相手と話ができる体制整備が求められている。

● **ケアラー・ヤングケアラーを支える仕組みづくりに向けて**

　当団体の活動とは別に、都道府県におけるヤングケアラーの支援施策の推進委員会にもかかわった。ケアラー支援条例を制定している自治体では、具体的にケアラー・ヤングケアラーの支援推進計画・予算計画を立案し実施をしている。

　現段階では、ヤングケアラーを正しく理解するための普及啓発事業、実態調査、庁内連携のための会議体の設置、相談窓口の設置などが進められている。

　推進委員会のなかには、当事者の体験談を聞く機会を設けて、施策に反映させていこうとする動きもある。ケアラー当事者の多くは「相談窓口がどこにあるかわからない」「窓口があっても介護や学業、仕事などで忙しく、受付時間に問い合わせができない」など悩みを抱えている場合がある。仕組みをつくる目的や方向性を見失わないように、ケアラーの状況の理解を深めていくことが大切である。

▶ヒアリングやアンケートによる実態調査などを積極的に行い、自治体におけるケアラー当事者の状況や課題を把握することが大切である。

4 ソーシャルワーク実践の全体図

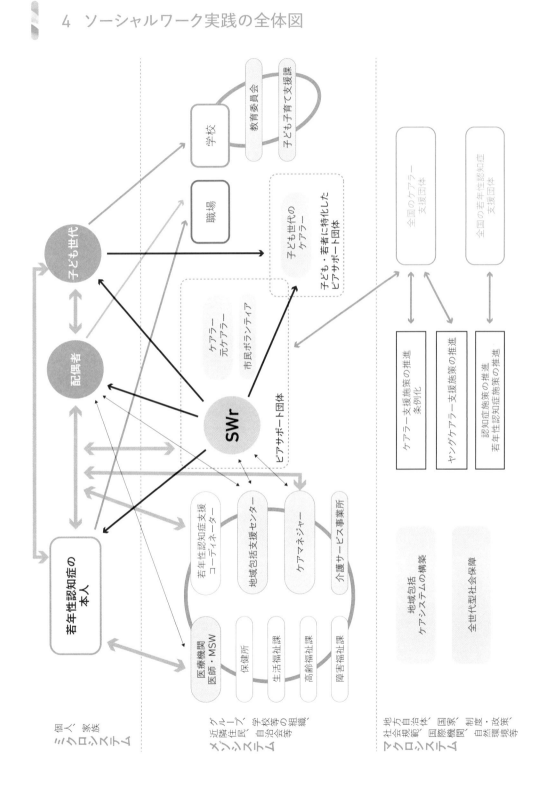

5 ミクロ・メゾ・マクロシステムの連鎖的変化

①ケアラー支援に求められる連鎖的変化

　若年性認知症の人とその家族の生活課題から支援のあり方、地域団体におけるソーシャルワーク実践について述べてきた。ここでは、個別の相談支援から医療機関や相談支援センター、学校や職場といった関係する団体組織との地域支援・ネットワークづくり、さらに政策的な変革を求めたはたらきかけについての連鎖的な変化をまとめていく。

　まず、ミクロシステムにおいては、医療機関への受診前後の支援、診断後の支援が重要になる。支援に際しては、その人の身体的、心理的、社会的な状況についてアセスメントを行い、必要に応じて適切な情報提供や心理的な支援を行っていく。また、先述した若年性認知症特有の生活課題をふまえて、活用できる社会資源があれば、申請や利用につなげていく。

　メゾシステムとして、すでに若年性認知症支援コーディネーター、あるいは地域包括支援センター、ケアマネジャーにつながっている場合は、本人や家族の同意のもと情報共有を行う。これから障害福祉サービスや介護保険サービスを利用する場合は、当事者と支援者の間に入って調整を行うことも必要になる。

　このように本人・家族を支える個別支援ネットワーク（医療・福祉・介護の連携システム）が構築されていくなかで、日常生活の支援（日中活動支援）や経済的な支援が展開され、そこにインフォーマルなピアサポートが連結することで、ピアによる情緒的支援や情報的支援が加わっていくことになる。

　ケアラー支援においては、ケアラーの職場や学校など所属機関との連絡調整が求められることがある。ケアラーの世代間の異なるニーズに対応するため、子ども・若者に特化したピアサポートグループの創設を行った。また、医療や福祉の専門職・専門機関、具体的には地域包括支援センターの職員やケアマネジャーは、若年性認知症の人を支援する経験が乏しいため、経験のある支援者は助言やスーパービジョンを求められる場合もある。その際に、同行訪問を行うなどして本人や家族のリアセスメントを行い、助言をするなど個別支援のネットワークをつくっていくことが大切である。

②マクロシステムへの連鎖のための課題

　支援に関しては、地域包括支援センターや自治体の職員は人事異動があるため、数年で担当者が交代してしまい、若年性認知症の本人・家族への相談支援の質が安定しないと感じている。

　マクロシステムへの連鎖のための課題としては、2つ考えられる。1つは、基礎自治体や生活圏域において地域包括システムが構築できるように、また、安定したソーシャルサポートが提供されるように、広域なシステムの立場から政策課題として認識し、改善していくようはたらきかけていく必要があるということ。具体的には、地域住民の声を民間団体がまとめて、地域の課題として自治体の地域包括ケアや認知症施策の担当者等に情報共有や問題提起を行うことである。

　もう1つは、地方自治体においてケアラー支援条例を制定する動きを加速化する必要があるということ。要介護者への生活支援においては介護保険制度や障害福祉制度があるが、ケアラーに特化した支援制度はないため、地域包括支援センターやケアマネジャー、相談支援専門員の力量に委ねられている状況である。ケアラー支援に焦点を当てた法整備化を求めて、全国組織のケアラー支援団体と連携して、国会や厚生労働省へ意見を陳情していくはたらきかけを今後も行っていく必要がある。

6　意思決定支援に注目したまとめ

　家族にケアを要する人がいる場合、ケアラーは「家族で何とかしなければならない」という心情を抱いている。また、世帯の人数も少なくなり役割を分担できる人がいないため、自身の健康や仕事・子育てなどの生活に悪影響が生じてしまう現状がある。さらに、周囲や支援者へSOSを出しにくく、どのような支援サービスがあるのか知らない、わからないという状況から、相談窓口にアクセスができない事態になっている。

　若年性認知症の家族を支えるケアラーについては、予測されていないタイミングで家族のケアをするという特徴がある。年齢が若いということもあり、上記のような状況にも陥りやすい。意思決定支援のなかでは、意思表明や意思形成のプロセスが大切になる。また、ケアラー自身の基本的人権を守り、適時適切な情報提供、安心して話ができる場の提供、信頼関係のある相手と話ができる体制整備が求められる。

　例えば、ケアマネジャーは要介護者の支援者の立場としてかかわるため、ケアラーは要介護者である家族の相談はしても、「自身の悩みや不安を話してよい」とは思っ

ていないことがある。意思決定支援の前に、意思表明すらしていないのがケアラー支援の現状である。だからこそ、支援者がケアラーの視点に立ち、意識的にケアラーの話や気持ちを聴くことで、ケアラーの不安が安心へと移り変わり、「この人に話してもいいんだ」と思えてくるのではないだろうか。

　そして、ヤングケアラー支援という観点からは、教育機関や児童福祉の部署との連携が生じてくるため、これまでの枠組みを超えて、多職種・多機関が協働できる支援基盤づくりが必要である。ケアをしている子どもの意見を代弁する支援者が出席できるよう、会議の場の設定においても工夫が求められる。

　最後に、家族のケアをめぐって、要介護者の状態や家族の関係性、生活環境は非常に多様であるため、選択した内容が正しいか正しくないかの判断も難しく、またうまくいった支援方法がほかの家族にも当てはまるとは限らない。個別支援を基本にしながらも、家族全体を視野に入れた包括的な支援とその質の向上、さらに、支援を継続的に実施できる体制整備が求められている。

引用文献
1）地方独立行政法人東京都健康長寿医療センター・東京都健康長寿医療センター研究所「若年性認知症の有病率・生活実態把握と多元的データ共有システム」p.32、2020年
2）朝田隆「若年性認知症の実際と対応の基盤整備に関する研究 平成20年度総括・分担研究報告書 厚生労働科学研究費補助金長寿科学総合研究事業」2009年
3）1）に同じ、p.8、p.34

参考文献
・厚生労働省「市町村・地域包括支援センターによる家族介護者支援マニュアル〜介護者本人の人生の支援〜（平成30年3月）」2018年
・厚生労働省「ヤングケアラーの支援に向けた福祉・介護・医療・教育の連携プロジェクトチーム とりまとめ報告」2021年
・地方独立行政法人東京都健康長寿医療センター「わが国の若年性認知症の有病率と有病者数」2020年
・内閣府「平成29年版高齢社会白書」2017年

第 **6** 節

地域包括支援センターを中核拠点とした
高齢期の意思決定支援の基盤整備

 1　所属組織、地域の概要、組織体制、組織内の役割

▶ 所属組織

　社会福祉協議会（基幹型地域包括支援センターと地域型地域包括支援センターを受託）

▶ 地域の概要

　人口約 69 万人。高齢者人口約 17 万人（高齢化率約 24.6％）。介護保険認定者数 3 万 7000 人。身体障害者手帳所持者 2 万 3000 人、知的障害者名簿登録者 6000 人と、福祉需要への対応が課題の地域である。日常生活圏域は 25 圏域であり、民生委員児童委員協議会の地区割りとおおむね同じ地区割り。圏域ごとに地域包括支援センターが設置され、5 か所の福祉事務所や保健所の窓口ごとにブロックを形成。基幹型地域包括支援センター（社会福祉協議会受託）は区内 1 か所。5 ブロックごとに、個別支援の地区担当と、地域づくり支援を担う第 1 層生活支援コーディネーターを配置。25 か所の地域包括支援センターと連携し、地域包括ケアシステムの構築に取り組んでいる。

　また、個別支援を通して、領域ごとに中核機能を担う権利擁護センター、福祉事務所の生活保護や障害福祉の地区担当、各保健センター、子ども家庭支援センター、生活困窮者相談窓口、消費生活センター等との相互連携や、分野横断的な地域の課題（社会的孤立、貧困、ひきこもり等）への連携ネットワーク構築が進められている。

▶ 組織体制

　所属する H 区社会福祉協議会は、地域福祉の推進を目的とする組織として 1955（昭和 30）年に創立。現在は、7 拠点に 2 部 13 課を配置する組織体制。概要は、法人運営を担当する総務部門、地域福祉推進部門（生活支援コーディネーター、ボランティアセン

ター、ふれあいサロン支援事業等）、相談拠点として、基幹型地域包括支援センター、地域包括支援センター、権利擁護センター（成年後見制度推進、日常生活自立支援事業等）を運営。事業部門として生活福祉資金貸付事業、障害者保護雇用事業、介護保険認定訪問調査、ファミリーサポート、有償家事援助サービス等の事業や取り組みを総合的に展開。

▶ 組織内の役割

　筆者は、法人内の各部署で個別支援の相談やコーディネーター等の現場経験の後、管理職として法人内地域福祉部門を統括。現在は、基幹型地域包括支援センターおよび地域包括支援センター、ボランティアセンター、ヘルパー事業所などの管理業務を担当。また、組織体制の整備や人材育成、地域福祉活動計画作成といった法人運営にも携わっている。個人では、都道府県レベルの社会福祉士会や社会福祉協議会の地域包括支援センター委員会の委員、介護支援専門員協会の協会員として、現場の抱える諸課題の検討や、各地域の実践者との定期的な情報交換・意見交流を実施している。

2 ソーシャルワーク実践の全体概要

　現在、H区における高齢期の意思決定支援は、行政や社会福祉協議会、地域包括支援センターを中心に、①もしもへの備え、②終末期の支援（ACP）、③権利擁護支援が行われている（表3-1）。しかし、地域には、何らかの理由で近隣から「孤立」し、支援以前にさまざまな地域情報が届かない人々も暮らしている。そこで本事例では、1996（平成8）年から続く実践のなかから、地域包括支援センターを中核拠点とした見守りのネットワークづくりと、その仕組みを活用した高齢期の意思決定支援の基盤整備（メゾ・マクロシステム）について紹介する。

表3-1　H区での高齢期の主な意思決定支援の取り組み

①もしもへの備え（ミクロ～マクロシステム）	もしもの事態に備え、元気なうちから老後の生活、医療や介護、財産管理、処分、終の棲家などを決めておく「老い支度」の取り組みや、任意後見契約、遺言書やエンディングノート作成の推奨や支援
②終末期の支援（ACP）（ミクロシステム）	ACP（アドバンス・ケア・プランニング）。自らが望む人生の最終段階における医療やケアについて、前もって考え、家族や医療・ケアチームと繰り返し話し合い、共有する治療とケアの取り組み
③権利擁護支援（ミクロ・メゾシステム）	認知症などで判断能力が低下し、日常生活や財産管理等に支障をきたす段階での権利擁護支援。日常生活自立支援事業や成年後見制度へのつなぎ支援、高齢者虐待や消費者被害、詐欺などの犯罪行為防止

事例へのかかわりと経過の概要は、以下のとおりである。

・1996（平成 8）年〜1998（平成 10）年：地域型在宅介護支援センターの相談員として
　→個別支援で体験した孤独死の増加と孤立問題（ミクロシステム）への取り組み
・2000（平成 12）年〜2012（平成 24）年：基幹型在宅介護支援センター（包括）等の課長として
　→介護保険制度に合わせ実現した見守りネットワーク（メゾシステム）の定着と拡大
・2013（平成 25）年〜2017（平成 29）年：他部署を兼務しつつ条例化に向けた準備や仕組みの強化
　→孤立の増加に伴い政策レベルの取り組み（マクロシステム）に発展
・2018（平成 30）年〜現在：基幹型地域包括支援センターの管理者として
　→見守りネットワークを活用した意思決定支援の基盤化を推進中

　この長期間のアプローチ事例をもとに、ミクロ→メゾ→マクロの「循環」により強化されていくシステムの基盤整備と、実践展開におけるミクロ↔メゾ、メゾ↔マクロといったシステム間を行き来する「往還」を例に、意思決定支援の基盤づくりの観点から地域環境の重要性を確認する。

◆ 個別の支援や地域課題の克服への取り組み

　取り組みのきっかけは、1996（平成 8）年からの在宅介護支援センター相談員時代に味わった「知らなければ支援できない」現実である。「なぜ、個別支援（ミクロシステム）には、環境整備（メゾシステム）が必要なのか」という問いの答えとして、もう 20 年以上、見守りや居場所づくり、介護予防などの施策と連動した地域づくりの実践が紡がれ、参加者や連携が拡大している。人生 100 年時代に向けて、高齢期を一人で生きることを考えたとき、フレイルや疾病による身体機能の低下等により、いくつもの生活課題やリスクが発生する。高齢期をより安心に過ごすためには、誰にでも支援が必要な状態が必ず訪れることを前提とし、対策を考えなければならない。そして、もしもの際には、自らの意思が尊重される支援体制が身近にある老後の環境（地域包括ケアシステム）をいかに築いていくかが、すべての自治体共通の政策課題となっている。

　この点をふまえ、環境整備の中核を担う各地域の地域包括支援センターは、日々、個別の支援や地域課題の克服に取り組んでいる。しかし現在も、一人暮らしの高齢者は増加を続け、孤立や孤独死の数も年々増加している。量的課題もあるなかで、SWr がどんなに使命感に燃えていても、かかわるべき状況を知らなければ支援のしようがないという現実のなかで業務にあたっている。結果として支援が届かず、孤独

死や自死、介護心中に至った事例に遭遇したときの無力感や悔しさは、一言では言い表せない。個別支援では、クライエントとつながったからこそ支援が可能だということを何度も思い知らされる。

　このような葛藤を少しでも減らしていけるよう、連携ネットワークづくりとその強化に多職種が協働して取り組んできた。増加する孤立や孤独死への対策として、地域ぐるみでアンテナを張り、タイムリーに相談窓口（地域包括支援センター等）につなげるためにはどうすればよいか、「つなげる社会資源」とした見守りネットワークづくりをしてはどうかなどと、現場はこれまでも試行錯誤してきた。そしてこの先も、より安心、安全に暮らせる地域生活環境づくりを主眼とした取り組みとともに、一人ひとりの意思決定支援が展開されていくことを目指した実践を続けていく。

3　ソーシャルワーク実践のプロセス

ソーシャルワーク実践の概要	ソーシャルワーカーの思考

● 個別支援（ミクロシステム）で直面した孤立問題

　社会福祉協議会（以下、社協）では、事務局での児童福祉分野や障害当事者団体、ボランティア団体等への助成や支援を担当後、手話通訳者の派遣事業やガイドヘルパー、ホームヘルパーの派遣コーディネーターを約10年間経験した。その後、開設準備からかかわった地域型在宅介護支援センターの相談員として配属。1996（平成8）年、初めての高齢者支援の現場で、地域の高齢者のために頑張ろうと張り切っていたが、そこで直面したのは、孤独死や孤立した人たちの現実だった。

　以下、過去の取り組みにさかのぼって事例を紹介する。

メゾシステムでの対応を意識するきっかけとなった個別事例
【個別事例①】
・Iさん（60代男性）、一人暮らし、日雇い警備員

　病死後約1か月後に発見。遺族とのかかわりからアパートの残存家財の処分を支援。その際、Iさんが日々つけていた日記を見せてもらった。絶命の直前まで記していたと思われる日記には、「…墓には入りたくない。これが俺の死か…苦しくて、苦しくて、苦しくて…」と、乱れた字で書き途絶えていた。人型に黒ずんだ畳から部屋に充満する強烈なにおいのなかでの作業は、涙が止まらなかった。

▶1992（平成4）年に、「国連・障害者の十年」最終年の取り組みとして、「完全参加と平等」をスローガンに、市町村網の目キャラバンが全国で展開された。その取り組み担当として、当事者団体から区長への要望書作成作業にかかわった経験が、個別支援の価値観の礎を築いたと感じている。

▶当時は、「意思決定支援」といった表現はまだ聞いたことはなかったが、仕事における自分の役割は、生きることを支援することだと自覚していたので、孤独死したという情報を聞くたびに虚しさがこみ上げた。「知らなければ助けられない」という現実に直面した出来事だった。この認

【個別事例②】

・Jさん（80代男性）、一人暮らし、生活保護受給者

　訪問からの帰り道での出来事。古いアパートの前にパトカーが止まっていた。生活保護の担当ケースワーカーに様子を聞くと、亡くなって発見されたとのこと。かかわりはなかったが、勤務先から徒歩3分の場所。生活保護の担当ケースワーカーの、「よくあることだよ」との言葉に絶句。

【個別事例③】

・Kさん（60代）、身体障害者手帳2級、左半身麻痺、うつ病

　担当ヘルパーより様子がおかしいとのことで訪問。過去に自殺企図2回あり。「死にたくなった……」との発言から話を傾聴。「大丈夫、バカなまねはしないから」と話していた翌朝、搬送先の病院から洗剤を飲んで自殺を図った旨、連絡が入る。119番へは自分で連絡したとのこと。幸い一命をとりとめ、3か月後に退院。その2か月後、ぽつんと一言。「死にたかったんじゃないんだ。寂しくて苦しかったんだ」と。

　このほかにも、所属センターが把握していなかった孤独死事例の報告が、民生委員や近隣住民からぽつりぽつりと寄せられた。ほかのセンター職員にも状況を確認してみると、同様の状況が生じていることが判明した。

● 見守りネットワークと併行した意思決定支援の仕組み化

・1997（平成9）年～1999（平成11）年

　当時、H区では、全体で13か所の在宅介護支援センターを委託型で整備する計画だったが、介護保険制度の導入を控え、公的な相談機関の中核拠点として25か所構想へと発展し、現在の地区割りでの設置が進められた。所属していた地域型在宅介護支援センターは、区内6か所目の開設。

　当時直面していた高齢者の孤独死は、区内全域の課題であることから、想定されていた在宅介護支援センター増設計画を視野に、高齢者見守りの仕組みづくりについて検討を始めた。ほかの社会福祉協議会等で先行事例を探し、関係のありそうな研修の受講や、地域福祉の情報交換の会に参加しながら具体的なイメージづくりを進めた。国の人口推計やさまざまな将来予測、町会・自治会加入率の低下、一人暮らし世帯の増加や1世帯あたりの人員数の減少等のデータを準備しつつ、現在の見守りネットワークのたたき台となる原案を作成。

識が、見守りの仕組みというメゾシステムを強化する動機に結びついていく。また、孤独死が、自分の元に届く範囲の出来事ではなく、ほかの在宅介護支援センターでも直面していると知り、改めて生きることを支える対策をまちぐるみで構築していく必要性を強く感じた（**メゾ・マクロシステム**）。そのことが、取り組みを進める動因となり、調査や企画づくりといった行動に結びついた。

▶当時、予防の視点が普及していなかった現場では、補足的にサービスを給付する措置の考え方が一般的だった。また、窓口につながった人だけを支援する「相談待ち」の状況には、早期発見・早期対応の視点が欠けていた。

▶介護保険制度の導入を控え、自治体やサービス事業者は、措置から契約へと転換される大変革とその影響に対する整備で大混乱していた。特に、介護保険制度の説明では、利用者になるということは、サービスや事業者を自分の状態や生活に合わせて選ぶことができるということだと紹介されていた。

　この自己選択、自己決定の尊重、また、介護サービスの市場化に備えた消費者保護、不利益防止などの権利擁護の視点をもとに協議を続

　地域の目で心配な人を見落とさない、見逃さない、見捨てない仕組みづくりを行政に提案した（**ミクロ・メゾシステム**）。

［仕組みづくりの案］

❶　提案した見守りシステムの概要
- 困ったときに相談できる仕組み
  在宅介護支援センターと民生委員を窓口に想定
- 困りごとに対応する仕組み
  各種制度の窓口やサービスを提供する社会資源
- 困った人を見落とさない仕組み
  在宅介護支援センターの区民協力員、企業等の協力機関
- 困らないよう支え合う仕組み
  在宅介護支援センターを事務局とした関係者連絡会の開催

❷　仕組みを成立させるために行政を説得した根拠
- 介護保険制度の導入により措置から契約へと移行
  措置制度下では、ヘルパーやデイサービス利用者の9割近くが無料でサービスを利用していたが、応能負担から応益負担への転換により自己負担が発生。このことによるサービスの利用控えを懸念。
- 大規模災害における災害弱者対策
  都市型災害として、阪神・淡路大震災を例に、発災直後の救助活動ならびに避難所での生活に焦点を当てる。地縁が基盤になっていた淡路島等の地域と、都市型の暮らしが浸透していた神戸の新興住宅地域を比較し、日常的に近隣住民の付き合いがある地域のほうが、防災だけでなく孤立防止のための見守りや防犯等、より多くの生活課題に連携して対処しやすい点を指摘。

❸　在宅介護支援センターが公の立場で機能する重要性
　　量が課題のH区では、サービスの供給力を民間企業等に依存する以外に選択肢がなく、介護の市場開放にあたっての秩序維持には、在宅介護支援センターを公的相談窓口として機能させることが必要である点を強調。

❹　秩序ある介護の市場形成と利用者の権利擁護の提案
　　介護保険制度の導入に備え、在宅介護支援センター全体を統制する機関として、基幹型在宅介護支援センターの設置（1999（平成11）年4月開設）、権利擁護センター（**ミクロ・**

け、権利擁護センターの設置に結びついていった。

▶一方で、介護サービスが必要な状態であるにもかかわらず、サービス利用に自己負担が導入されることで、利用控えが起こることも懸念された。特に、高齢者人口の増加と歩調を合わせるかのように高齢者の単身世帯が増加していたので、いざというときに身内に頼れない人の増加にどう対応するかという課題と、当時から現場で課題となっていた孤独死や地域からの孤立への対策も急務だった。

▶これらの対策を総合的にプランニングするうえで、日常生活圏域に1か所ずつ設置される予定の在宅介護支援センターは、公の立場として中核を担い（**メゾシステム**）、必要なネットワーク構築や連携促進の機能を果たす拠点となることが最適との結論に至った。その考え方から、見守りネットワークの具体化へと展開していった。

▶介護保険制度の導入にあたっては、事業者本位にサービス利用が誘導されることのないよう、不利益を防止する

メゾシステム）の設置（2000（平成12）年4月開設）を同時に準備。介護保険制度下では、基幹型在宅介護支援センターと権利擁護センターの運営を社協が担い、日常的に相互が連携できるよう同一施設内に拠点が置かれた。なお、当時の意思決定支援を支える中核機能として設置を進めた権利擁護センターのコンセプトは、「選び、決める、そして使う」を支援する機関。

❺　「選ぶ」ための情報支援

　介護保険制度下では、介護支援専門員（ケアマネジャー）をはじめ、サービスや事業者を自分で選ぶ必要が出てくることから、「介護サービスホームページ」を作成。介護保険の利用についての窓口等の案内や、介護サービス事業所の空き情報や事業所についての情報の提供を提案。

❻　「決める」ための権利擁護支援

　2000（平成12）年4月より、日常生活自立支援事業がスタート。民法も改正され、成年後見制度が施行。判断能力が低下したクライエントが安心して契約に基づく制度利用ができるよう、権利擁護サポートの窓口設置を提案。

❼　「使う」ためのサポート

　サービス利用者が不利益を被らないよう、苦情等解決委員会を設置。専門の相談員を配置し、介護サービスの利用や苦情についての相談、事実確認、斡旋、調停を実施する対応窓口の提案など、介護版の消費生活センターの機能を果たす。

　そのほかにも、民生委員の活動の中核となる、高齢者の具体的な実態把握の提案を行った。

● **介護保険制度下での見守りネットワークの実現と展開**
・2000（平成12）年～2013（平成25）年

　介護保険制度が始まった2000（平成12）年7月に「見守りネットワーク」がスタート。基幹型在宅介護支援センターでは、25か所の在宅介護支援センターが公的窓口として機能するよう、職員への研修、随時相談を担い、現場をサポート。

　また、手探りで制度がスタートした状況から、個別支援についてケアマネジャー等からの随時相談も併せて実施。制度解釈や運用面での課題について現場の意見をまとめ、区の介護保険担当課と調整を行い、それを現場に伝達するハ

仕組みが必要だった。その一策が、新たな制度に対応した権利擁護支援の仕組みづくりだった。それが権利擁護センターの機能の整理と具体化につながっていく。

　今思い返してみれば、個別支援（ケアマネジメント）が適切に機能するための市場環境整備（**マクロシステム**）と、日常生活圏域ごとに権利擁護の視点をもった公的相談窓口の設置（**メゾシステム**）は、意思決定支援の仕組みづくり（**ミクロ、メゾ、マクロシステムの循環**）そのものだったのかもしれない。

▶権利擁護センターは、その後、新たな保証機能サービスの開発や区民後見人の養成、法人後見の開始など、機能を拡充。現在は、権利擁護支援の地域連携ネットワークの中核となる機関として活動を展開中。

▶介護保険制度が始まった当初は大混乱だった。ケアマネジャーはケアプランの立て方を教わっておらず、実際にケアプランを見たこともなかった。当時は、サービス提供票と利用票さえあれば、サービスが受給できた。契約書もなく、サービス担当者会議も開かれない。ケアマネジャーの

ブ機能を担う。並行して、見守りネットワークについても取り組みを進める。試行錯誤を重ねながら、徐々に、公・民・営利・非営利の機関、団体、個人が連携するネットワークの基盤を拡大していった。

なお、2006（平成18）年からは、在宅介護支援センター制度が廃止され、25センターは新たな役割も付加された地域包括支援センターとしてスタートした。

● 見守りネットワークのメゾシステムとしての効果

見守りネットワークは、単に地域で心配な人を見守るだけではなく、参加者と地域包括支援センター、参加者と行政や社協、参加者相互、参加者と参加者が所属している地域の組織等の情報ネットワークでもあった。「見守り」と「情報交流システム」、この2つの機能を意識した取り組みが、徐々にメゾシステムの主眼となっていった。その結果、地域住民による通報も少しずつ増え、少数ではあるが、救急搬送して生命を救えた事例も出始めた。

亡くなって発見されるケースや虐待ケースについても、毎月の地域包括支援センターの連絡会やブロック単位の連絡会等で共有され、見守りネットワークの仕組みの拡大と権利擁護支援の必要性についての共通認識が少しずつ深められていった。また、25か所の地域包括支援センターでは、2か月に1回（年6回）、見守りネットワークの協力員、協力機関による連絡会開催を目標に取り組みを進めた（**メゾシステム**）。

当初、各連絡会でのテーマはさまざまだったが、2008（平成20）年頃からは、高齢期における地域でのつながりの重要性を、参加者のみで話し合うだけではなく、権利擁護センターや消費生活センターからの出前講座や、社協の出張ワークショップ等を取り入れた見守り連絡会の運営を行った。それにより、心配な高齢者への声かけや、必要な情報の入手、話し相手や相談相手の存在の大切さなどを、参加した協力員が「自分事」として認識を深めていった。

これらの取り組みにより、見守り連絡会が地域の学びの場として機能し、介護保険制度の学習や、介護予防の取り組み、また、地域づくりの講座へと発展。ふれあいサロンなどの居場所づくりの住民活動が次々と生まれることとなった。

担当件数の上限はなく、100件を超える利用者を1人で担当して過労死に至るなど、さまざまな問題が生じていた。このような状況下では、意思決定支援の是非を問う機能が現場にはなく、当時は、見守りネットワークに参加する地域住民にオンブズマン機能（**メゾシステム**）の期待がかけられていた。

▶介護保険制度の開始後は、車の両輪である見守りネットワークの取り組みと介護現場における権利擁護支援の取り組み（**ミクロシステム**）が徐々に定着していった。

▶課題となった事例
【声かけをすると食事がとれるにもかかわらず、家族が朝、パンとペットボトルだけを置いて、放置していた認知症高齢者の事例】

入院中は、食事の促しもあり、ベッドに座り「よろしくお願いします」と穏やかな笑顔で話すほど回復していた。しかし、家族が強引に連れ帰り放置した疑いがあり、アプローチ中に死亡。唯一、状況を共有し週1回往診を行っていた医師に確認すると、「自分で食べられなくなったら終末期。家族の意向に沿って自宅で看取った」との回答があった。本人は自宅を望んだ

のだろうか……。地域包括支援センター連絡会で事例共有（**ミクロ・メゾシステム**）。

● 課題の顕在化

一方、見守りネットワークの活動を進めていく過程で、地域包括支援センターはさまざまな課題に直面した。

【課題1】

見守りネットワークの協力員や協力機関の数は年々増加していったが、一方で「やる仕事（役割）がない」といった理由で辞退するケースが相次いだ。

【対策】見守りネットワーク全体の課題検討会を随時実施

見守りだけではなく、地域づくりのワークショップ等、主に協力員を対象とした出前講座や学習会の開催に全地域包括支援センターで取り組む。また、見守りネットワークの課題検討会にて、対応協議や取り組み事例の共有等も進めた。以下は、課題検討のうえ、実施された見守り連絡会での取り組み例である（**メゾシステム**）。

・高齢者の居場所マップや近隣の支えあいマップの作成
・買い物に行くことが難しい住民のための地域マップや社会資源マップの作成

【課題2】

H区では、2000（平成12）年より見守りネットワーク活動を展開していた。一方、地域では、町会や自治会活動など既存の地縁型活動に参加しない住民の増加や、一人暮らし世帯の増加に伴って、孤独死が予想以上に増加していることもわかってきた。特にコロナ禍においては、急激に孤独死が増加している。以下は、行旅死亡人として扱った件数のデータである（表3-2）。

表3-2　H区の行旅死亡人取扱件数の推移

年度	行旅死亡人件数
1999（平成11）年度（取り組み開始前）	11件
2000（平成12）年度（取り組み開始後）	27件
2006（平成18）年度（在支→包括へ制度変更）	24件
2012（平成24）年度（孤立対策の条例化）	60件
2015（平成27）年度	57件
2018（平成30）年度	98件
2021（令和3）年度（コロナ禍）	123件

出典：H区ホームページ公開データをもとに筆者作成

▶見守りネットワークを25の日常生活圏域で地域格差なく展開していくことが最も難しい課題だった。そのため、2017（平成29）年度〜2018（平成30）年度は、男性の孤独死が女性の3倍多いというデータを活用し、男性の孤立防止を全地域包括支援センターの共通テーマに設定（**マクロシステム**）。

2年間、全センターで男性の孤立防止対策をテーマとした地域ケア会議を開催。基幹型地域包括支援センターでは、センターごとのさまざまな対策や取り組みを集約し、全センターへ共有を図った（**メゾ・マクロシステム**）。

▶また、2019（令和元）年2月には、基幹型第1層生活支援コーディネーターがサポートに入り、1つのブロックで男性の居場所づくりのイベントを開催。雪のなか、約700名の参加者が集まった。イベントのインパクトもあり、男性の孤独死や孤立の問題は、地域全体の課題として共有されていった。

同時に、各センターの見守りネットワークに、居宅介護支援事業所や介護サービス事業所、診療所など、個別支援にかかわる専門機関の参加が増え始めた。

ソーシャルワーク実践の概要	ソーシャルワーカーの思考

●メゾシステムからマクロシステムへの波及

一人暮らし世帯の増加に比例して、孤独死案件も増加。事態を重く見た行政は、それまで各地域包括支援センターへの委託業務として行っていた見守りネットワーク事業の増員を図った（**ミクロ・メゾシステム**）。2012（平成24）年には、孤立防止を進めるための条例を公布（**マクロシステム**）。

2014（平成26）年からは、行政の地域担当部局内に新たに孤立防止を所管する課を設置（**マクロシステム**）。これまで25か所の地域包括支援センターで取り組んできた見守り活動に加え、区内全町会・自治会（440団体）と連携した調査を実施（**メゾ・マクロシステム**）。調査対象となった高齢者世帯うち、約6000世帯（約12%）に孤立のおそれがあることが判明。

調査で把握された孤立のおそれがある高齢者は、各地域包括支援センターへ報告され、担当地域包括支援センターの職員が訪問する流れが整備された。なお、見守りネットワークへの協力員、協力機関の参加の推移は、表3-3を参照。

表3-3　見守りネットワーク参加者の推移（区内全体）

年度	協力員数	協力機関数
2002（平成14）年度（開始3年目）	768人	347機関
2005（平成17）年度（開始5年目）	868人	430機関
2014（平成26）年度（強化1年目*）	918人	511機関
2018（平成30）年度（強化5年目）	1083人	740機関
2022（令和4）年度（直近公開データ）	1019人	882機関

*は行政に孤立防止対策の課が設置された年
出典：H区ホームページ公開データをもとに筆者作成

●意思決定支援の基盤となるメゾシステムの取り組み

孤独死ならびに地域からの孤立防止対策は、行政が所管課を設置して全域対応を展開するなど、政策課題として取り組まれていく。それと連動して、各地区でその中核となる見守り連絡会（**メゾシステム**）においても、住民主体の活動に加え、ケアマネジャーや介護事業所、医療関係者が参加するなど、ネットワークの拡大と機能強化が図られていった。また、国からACPの取り組みが奨励されて以降、各地域包括支援センターを中核とした意思決定支援の基盤整備も急速に進められた（表3-4）。

▶見守りを進める地域住民を主体としたネットワークと個別支援にかかわる専門機関とが、同じテーマを共有する場や連携する機会が徐々に拡大し、現在に至る。

この背景には、①孤独死等のデータや地域ケア会議（**ミクロ・メゾシステム**）、介護予防資源の開発、生活支援コーディネーターの地域づくり活動支援（**メゾシステム**）、主任ケアマネジャーの組織や社会福祉法人の地域貢献などを既存の見守りネットワークと絡めて積極的に活用していった各地域包括支援センターの取り組み。②その取り組み事例や地域の社会資源の情報を集約し、地域や関係機関へ発信していった基幹型地域包括支援センターと行政所管の連携。これらが効果的であったことが考えられる。

▶医師会との連携によるACPや、共通テーマの医療・介護連携研修を5つのブロックから全域のレベルで実施。見守りネットワークと並行して取り組まれてきた意思決定支援の啓発や個別支援の分野でも、行政と医師会、介護業界との連携を基軸に、地域包括支援センターが運営をサポートした。

表 3-4　主な意思決定支援の基盤となる環境整備

年度	各包括（メゾシステム）での取り組み
2011（平成 23）年度	行政「老い支度読本」15000 部作成・配布 権利擁護センター「老い支度講座」開始
2018（平成 30）年度	医療・介護従事者を対象に意思決定支援研修を実施
2019（令和元）年度	社協受託包括担当地区でモデル事業を実施 モデル地区で住民を対象に ACP 講座を開催
2022（令和 4）年度	ケアマネジャーを対象に意思決定支援研修を実施

出典：H 区会議資料等をもとに筆者作成

●メゾシステム→マクロシステム→またメゾシステムへ

　ここまでの経過を整理してみる。1996（平成 8）年の在宅介護支援センター相談員時代に直面した孤独死と孤立対策の必要性は、2000（平成 12）年の介護保険制度施行に伴う権利擁護の視点強化と相まって、意思決定支援の基盤づくりにも結びついた「見守りネットワーク」の取り組み（メゾシステム）になっていった。

　2012（平成 24）年には、孤立防止の取り組みを進める条例が交付、さらに 2014（平成 26）年には、行政組織に担当課が設置され、孤独死や社会的孤立の増加といった行政課題への具体策として、町会や自治会と連携した孤立状況の調査を開始。従来の取り組みが強化された（マクロシステム）。

　また、権利擁護ニーズの増大や意思決定支援の普及・啓発の流れが重なり、もしものときに備えた「老い支度」や終末期を想定した「ACP」、消費者被害や詐欺被害防止など身近な接点から「権利擁護」に関する啓発を、主に見守りネットワーク連絡会（地域ケア会議や第 2 層協議体）で行った（メゾシステム）。

　これらの取り組みすべての中核を担う各地域包括支援センターでは、基幹型地域包括支援センターや、5 つのブロックレベルで他センター等と連携し、医療職や介護職、ケアマネジャー、成年後見人等と、意思決定支援についての考え方や方法の共有を行っている。

　見守り活動を中心とする住民セクターと、個別支援を業務とする専門職との接点に位置する地域包括支援センターは、そのつなぎ手として、意思決定支援の実践と理解、啓発の取り組みをこれからも進めていく。

　2019（令和元）年には、社協が受託する地域型地域包括支援センターの日常生活圏域がモデル地区に指定され、見守りネットワークのメンバーを中心に、住民向けの ACP 講座を開催（メゾシステム）。200 人を超える住民が参加した。

▶現場の孤独死対策や地域から孤立し見守りが必要な高齢者の対策（ミクロシステム）として、地域全体で取り組む見守りネットワーク（メゾシステム）の整備、それが政策課題として、行政施策（マクロシステム）となった。そして、町会や自治会と連携した組織的対応として、区内全域の取り組み（メゾシステム）が強化された。こうして、サロン活動や介護予防の取り組みなど、さまざまな社会資源の開発や地域住民の協力による個別支援の基盤（ミクロシステム）が強化されていった。

▶意思決定支援の取り組みとして、政策的に「老い支度読本」の配布や出前講座の実施など、全域を対象とした啓発が行われていた（マクロシステム）。

　やがて、医療・介護の連携をテーマとして、専門職を対象に ACP の研修が区内全域から 5 つのブロックレベルを経て、地域包括支援センターの日常生活圏域レベルで地域ケア会議や意思決定支

ソーシャルワーク実践の概要

表 3-5　メゾシステム→マクロシステムへの取り組みの変化

年度	行政が政策に反映した取組み
2012（平成 24）年度	孤立防止を進めるための条例公布
2014（平成 26）年度	孤立防止推進所管課を設置。大規模調査を実施
2017（平成 29）年度	見守り連絡会を地域ケア会議で活用
2020（令和 2）年度	全包括に生活支援コーディネーターを配置
2021（令和 3）年度	見守り連絡会に第 2 層協議体機能を付加

出典：H 区ホームページ公開データをもとに筆者作成

ソーシャルワーカーの思考

援の研修として取り組まれるようになる。「見守り」と「意思決定支援」、2 つの流れは、地域包括支援センターで交わり、往還してミクロ・メゾシステムの基盤強化につながったと考える。

4 ソーシャルワーク実践の全体図

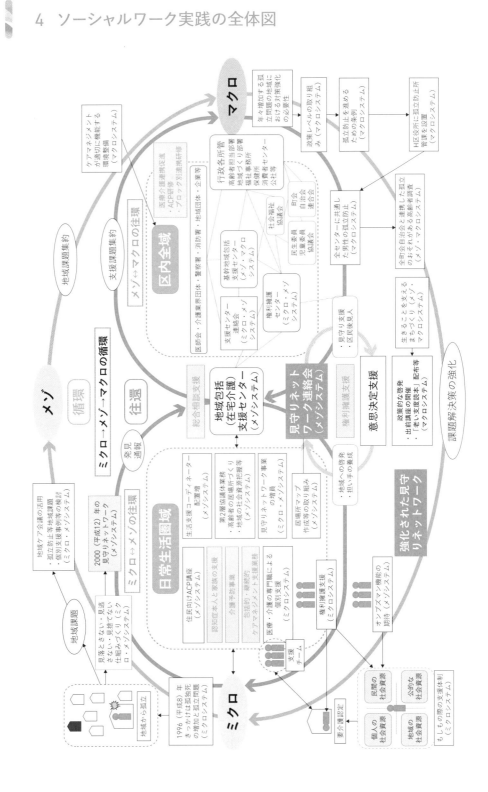

5　ミクロ・メゾ・マクロシステムの連鎖的変化

①「循環」と「往還」の流れ

　実践事例を、見守りネットワーク（つながり）と意思決定支援の関連性がクライエントにとって重要な意味をもつという価値や、連携ネットワークの視点から整理すると、ミクロ・メゾ・マクロシステムの「循環」と「往還」による2つの流れがある。1つは、対象となる人（高齢者）への個別支援（ミクロシステム）が、その人が住む環境（メゾシステム）の地域課題を浮き彫りにし、各地域課題は行政の政策課題（マクロシステム）として取り組まれ、人（高齢者）への個別支援（ミクロシステム）に対し、新たな社会資源や選択肢等を整えていくという「循環」の流れである。もう1つは、「循環」の実践系として、ミクロシステムからメゾシステムを通じてマクロシステムに上がった課題に対して、高齢者が住む環境（メゾシステム）へアプローチすることで機能を強化し、ミクロシステムの支援効果を高めていくという「往還」の流れである。

　このように、個別支援をミクロシステム、日常生活圏域での地域づくり活動支援をメゾシステム、区全体や広域の対応をマクロシステムとした場合、それぞれの連結点はメゾシステムであり、その中核機能を担うのが地域包括支援センターとなる。在宅介護支援センター時代からこれまでの取り組みの蓄積として、区内全域（マクロシステム）で構成されている医師会や介護業界団体等のネットワークと、25の日常生活圏域（メゾシステム）で構成されている見守り体制（25の町会・自治会連合会や民生委員児童委員協議会）や医療機関、介護事業所の専門職等のネットワークとが、現在も地域包括支援センターを連鎖のハブとして機能的に連携している。

②見守りネットワークを基盤とした活動

　現在、見守りネットワークを基盤とし、見守り活動のほかにも、介護予防活動やふれあいサロン活動の立ち上げおよび運営支援を行っており、コロナ禍においては、高齢者分野のみならず、食品を無償で配布するフードパントリーなどの活動にも拡大している。さらには、消費生活センターや権利擁護センター、警察署、消防署などからの出前講座やイベント開催を通じて、高齢者に必要な情報を伝達している。

　併せて、見守りネットワーク参加者による連絡会を第2層協議体や地域ケア会議の場とすることで、医療関係者やケアマネジャーなどの専門職の参加や協力が得られるなど、見守りネットワークを「地域づくりの大動脈」として活用している。その一

環として、高齢期の意思決定支援についても、ミクロシステムを支える地域への理解促進や啓発活動が行われている。

6　意思決定支援に注目したまとめ

①ミクロ・メゾ・マクロシステムでの意思決定支援

　高齢期は、何らかの地域生活課題を抱えやすく、いつかは他者からの意思決定支援を必要とする当事者になり得る。この前提に立ち、H区では、大きく3つの意思決定支援策がミクロ・メゾ・マクロシステムで実施されてきた。

1つ目：元気なうちから老後に備える予防段階の意思決定支援。老い支度に取り組もうとする個人への情報支援から広域での啓発活動まで、ミクロ・メゾ・マクロシステムで行われている。

2つ目：ACPのように、治療やケアが日常的に必要となった終末期等の状況に直面した際に、サポートを受けながらも、最期まで可能な限り自分で選択した暮らしを続けていくための直接的な意思決定支援（ミクロシステム）。

3つ目：認知症等の疾患や障害の影響により、状況に応じた適切な認知や判断が難しくなっている場合に、日常生活全般において必要な支援と周囲の見守り、そして権利擁護支援が連動して行われる意思決定支援。
　この場合、専門職による個別支援（ミクロシステム）のみならず、生活面での見守り、詐欺や消費者被害、虐待などの防止に、地域の力が求められている。

　社会関係のなかで、また、地域で生活するなかで、周囲の理解と協力の有無は、自宅で生活を継続していくことに大きな影響を及ぼす。このような視点でとらえると、権利擁護支援が必要な状態にある個人には、地域（メゾシステム）での見守りや声かけなどの臨時的、場面的な意思確認と支援が、重要な意味をもつといえる。

　H区での「見守りネットワーク」は、当初、孤独死の防止とその前段階での地域からの孤立状態を早期発見し、対処するための仕組みとして構想されてきた。しかし、取り組みを進めていく過程で、すでに介護保険サービスを受けていたとしても、認知能力や判断能力が低下した一人暮らしの高齢者など、消費者被害防止や権利擁護の観点から地域での見守りが必要な住民は多数存在していることが認識されていった。そして現在、見守りネットワークの参加者には、権利擁護にかかわる講座や情報提供を通じて意思決定支援の啓発が行われている。

②メゾ・マクロシステムへのつながり

　最後に、メゾ・マクロシステムにもふれておく。現在、日本では少子高齢化の進行や人口減少、経済の停滞等により、さまざまな構造変化を余儀なくされている。これまでの社会保障における給付と負担の割合も崩れ、財政面から制度の見直しが進んでいる。自治体レベル（マクロシステム）も同様で、財政面の影響は福祉の領域にも及んでいる。また、生活者の視点でみても、物価は上昇しているにもかかわらず、現在の所得水準は30年前よりも低下している。

　一方で、一人暮らしの高齢者は増加が続いている。今後、生活困窮などの複合的課題を抱える支援対象者もさらに増加すると予測されている。「自己責任の強調」ではないが、すでに「晩年の生き方」と「自衛型の老後」が問われ始めている印象である。遠からず訪れる人生100年時代に向けて、老後は、より安全、安心に暮らせる生活環境が求められるが、地域全体で高齢化は進む。それでも、本事例のようにメゾシステムでの見守りを継続し、生活環境である地域からの孤立防止対策を強化していかなければならない。

　マクロシステムでは、メゾシステムと対応し、ミクロシステムでの意思決定支援が適切に行われていくよう啓発を続けていくとともに、一人暮らしの高齢者の増加を念頭に置いた、量への対策整備が求められている。引き続き、区民後見人等、市民セクターから権利擁護に携わる人材を増やす取り組みが必須となる。また、専門職による意思決定を含む支援の適正さを市民セクターがチェックし、逆に、利害関係によりトラブルに発展する可能性のある親族や市民セクターによる支援の適正さを専門職がチェックできる相互の関係性と仕組みづくりを整えていくなど、目指すべき未来への備えについて議論が必要だと考える。

　その前提で、見守りや生活支援を身近で行うことができる「集団生活防衛型の地域づくり」を進めていくことを注視していきたい。今後、自ら決定した意思が尊重される生活を実現していくためには、制度的な支援のみならず、誰もが老後の生活環境の問題を自分事としてとらえ、地域としっかり向き合う必要があるといえる。

第**7**節

感染症のパンデミックによる生活困窮、孤立化等の地域課題への対応実践

1 所属組織、地域の概要、組織体制、組織内の役割

▶ 所属組織

　社会福祉協議会

▶ 地域の概要

　人口約 18 万 5000 人（高齢化率約 24%）。日常生活圏域は 6 圏域であり、民生委員児童委員協議会の地区割りと同じ地区割りとしている。地域住民に身近な存在であり、身近な立場からニーズをキャッチしやすい民生委員・児童委員との連携・協働を意図した圏域の設定である。

　各圏域に地域包括支援センターが設置されており、社会福祉協議会の地域福祉コーディネーターも圏域ごとに複数配置されている。子ども家庭支援センターの地区別協議会も同じ地区割りとなっており、連携・協働を図っている。包括的支援体制の構築を意図した社会福祉法における重層的支援体制整備事業も開始され、行政と社協が協働して事業展開を行っている。

▶ 組織体制

　地域福祉の推進を目的とする組織として、法人運営を担当する総務部門、地域福祉推進部門（地域福祉コーディネーター兼生活支援コーディネーター、ボランティア・市民活動センター）、基幹型地域包括支援センター、生活困窮者自立支援制度における事業、権利擁護センター（成年後見制度利用推進の中核機関、日常生活自立支援事業）、障害者福祉部門、介護保険事業部門など、複数の事業を総合的に実施している。

▶ 組織内の役割

　SWr である筆者は、法人内の各部署を経験した後、理事会、評議員会、財務・会計管理、労務管理等の法人運営を担当する総務部門、および地域福祉コーディネーターとボランティア・市民活動センターを中心とする、地域福祉推進部門を担当する管理職として活動している。行政の地域福祉計画と協働する民間計画である地域福祉活動計画や、法人の経営計画の策定・推進・進捗管理にも、職員とともに取り組んでいる。

　また、広域の全国レベル、都道府県レベルの社会福祉協議会のプロジェクトや、専門職団体である社会福祉士会の委員会活動に参加し、他地域の SWr と協働した社会課題の検討、情報・意見交換を実施している。

2　ソーシャルワーク実践の全体概要

　新型コロナウイルス感染症への対応は、全世界的に人々の生活に大きな影響を及ぼしたが、SWr が活動する L 市においても生活困窮や人々の孤立化等をはじめとして、多様な地域課題が顕在化した。ギリギリで生活できていた世帯の不安定化など、潜在的に社会の底流にあった諸課題が、コロナ禍によって堰（せき）を切ったように次々と浮かび

表 3-6　コロナ禍において顕在化した地域課題

1	高齢者、障害者、子どもたちへの影響	○高齢者のフレイルの進行 ○地域での直接交流機会の減少（自治会、サロン、グループ、子ども食堂など） ○病院・施設での面会制限 ○葬祭・看取りが直接できない→グリーフ・ケアの必要性 ○医療、福祉サービスでの感染防止対応 ○学習環境の変化（オフラインの併用など） ○生活環境・生活リズムの変化 ○虐待件数の増加　など
2	顕在化した新たな地域生活課題	○ギリギリで生活できていた世帯の不安定化、複合的課題の顕在化 ○親族の手助けが不可欠だった子育て環境の変化 ○外国籍の居住者の生活実態の変化、生活困窮 ○相談機関を知らない、相談方法がわからない人々の顕在化　など
3	地域活動の担い手への影響	○地域活動の停止による活動者のモチベーション低下 ○地縁関係や一体感の希薄化 ○日中の地域滞在者、地域に関心がある人は増えたのに既存の活動につながらない ○中高生も含めたボランティア活動機会の減少　など
4	情報格差への対応	○デジタルスキルの世代間格差 ○外国籍居住者の言葉の課題、支援者側の課題　など

出典：東京都社会福祉協議会「コロナ禍で顕在化した地域課題〜重層的支援体制整備事業にかかわる取組みおよびコロナ禍における地域課題に関する状況　区市町村社協アンケート結果報告書〜」p. 2、2021 年 9 月を一部改変

上がった。

　特に、感染症対策のために社会・経済活動が制限されたことは、人々の日々の生活へ深刻な影響を与えるとともに、地域社会における住民主体の諸活動の制限にもつながった。感染防止に留意しながらの活動再開の可否や直接参集するかどうか、参集する場合の感染防止対策や実施方法、参集しない場合の活動テーマや実施方法など、活動内容に関する意思決定を地域住民自身も常に問われることになった。

　これらの地域課題に対し、社会福祉協議会という地域を基盤として活動するソーシャルワーク実践機関として、できることに可能な限り対応していかなければならない。日々の個別の相談支援におけるクライエントと協働した意思決定支援とともに、地域福祉推進を目的とする団体として、地域住民の各種活動の再開や内容に関する意思決定支援、地域住民の活動への支援を通した人々のつながりの形成、孤立防止対策に取り組んだ。

　本事例では、コロナ禍において顕在化した地域課題に対して、所属組織の職員とともに取り組んだ複数のソーシャルワーク実践を記述する。そして、意思決定支援の協働相手は、個人のクライエントだけでなく、地域の多様な集団や社会資源でもあるという視点から実践過程を述べる。

3　ソーシャルワーク実践のプロセス

ソーシャルワーク実践の概要	ソーシャルワーカーの思考
● **パンデミック下の地域社会の状況** 　新型コロナウイルス感染症の世界的な流行（パンデミック）の影響により、日本においても、2020（令和2）年3月下旬以降に感染者数が急増した。感染防止のための外出自粛要請および事業者に対する休業要請等は、社会・経済に大きな影響を及ぼした。 　SWrの活動するL市社会福祉協議会（以下、社協）においても、生活福祉資金貸付制度における緊急小口資金や総合支援資金、および生活困窮者自立支援制度における住居確保給付金の特例措置の実施により、コロナ禍で休業や仕事が減ったことで収入が減少した世帯からの相談が急増した（**ミクロシステム**）。また、地域包括支援センター、権利擁護センター、地域活動支援センター等の相談支援窓口や、訪問系・通所系の介護サービスにおける感染防止対策、職員の感染防止や事業継続、各種会議や面談のオンライン化など、状況に	▶パンデミックへの対応は、あらゆるケアや相談支援の実践に大きく影響する。世界的動向、日本社会の動向、都道府県の動向、SWrのフィールドである自治体や地域社会の動向、社会・経済への影響、人々の生活への影響を常に把握しながら、SWrとして、また組織の取り組みとして、できることを考えていかなければならない。 ▶まずは、自組織の事業継続計画（BCP）（**メゾシステム**）を感

応じた対応が次々に求められた（**メゾシステム**）。

　地域社会においても、住民活動や会合が休止を余儀なくされ、直接交流する機会が減少した。社協がサポートしている市内の「支えあいサロン」は250グループ以上あったが、ほぼすべてのサロンが活動を一時停止し、市内の子ども食堂などの住民活動も感染防止のために休止となった（**メゾシステム**）。

● **地域住民や関係者からのニーズをキャッチ**

　パンデミックの影響による生活困窮者の急増、感染防止のための外出自粛や直接交流の制限下での孤立化が進行するなか（**ミクロシステム**）、「自分たちにも何かできることはないか」という声や、「善意の寄付を集めて、地域に還元することはできないか」といった地域住民や関係者からの声が社協に届き始めた（**メゾシステム**）。

　SWrは、組織の常務理事、総務部門と地域福祉推進部門の担当者に呼びかけて協議の場を設け、地域住民や関係者から寄せられた声への対応を話し合った。特に、新たな寄付制度や、寄付金の活用による助成制度の創設には、感染防止対策下で対応する職員の負荷を伴うほか、既存の共同募金制度等との整合性が問われる。「無理をすることはないのではないか」との声もある一方で、「市内企業も含めて、地域社会に何か貢献できないかというニーズもある」「停滞している地域活動の再開に向けたはたらきかけの契機にもなるのではないか」といった意見が交わされた。

　協議の結果、コロナ禍による生活困窮や孤立状況に対応する地域活動を支援するための新たな寄付制度を創設しようという方針が定まった（**メゾシステム**）。

● **組織内および地域社会へのはたらきかけ**

　新たな寄付制度の担当は地域福祉推進部門と決まり、地域から寄付を募る仕組みと地域活動に助成する制度の双方の検討が開始された。総務担当と地域福祉コーディネーターやボランティア・市民活動センター職員らのプロジェクトチームメンバーが協議し、寄付制度や助成制度の実施要綱作成、チラシ配布やホームページ、SNSを活用した広報をするという方針を固めた。

　寄付制度や助成制度の実施要綱案が固まった段階で、法人の理事長に報告・相談を行い、制度実施の決裁後に組織内のすべての部署に周知と協力を依頼した（**メゾシステム**）。

　寄付募集のチラシ等を、市内自治会、市役所内関連部署、

染症対策に当てはめて、相談支援や各種サービスを継続できる状況を整えなければならない。管理職、各部署のリーダーとの情報共有、協働体制が重要となる。

▶コロナ禍は、これまで潜在していた、ギリギリで生活していた世帯を顕在化させた。また、対面での交流の制限は人々の生活全般に影響し、孤立化の進行を早めた。

▶この状況に対して、「自分たちにも何かできることはないか」という声が地域住民から寄せられた。このような地域のもつ力を活かしながら、目に見える形にして地域社会に還元していきたいと考えた。

▶そのためには、メゾシステムである組織内で協議し、地域社会の状況認識やニーズについて、すり合わせを行い、実施に向けた合意を得ていかなければならなかった。

▶ボランティア・市民活動センターや地域福祉コーディネーターの若手職員を中心に、実施要綱や広報チラシが作成された。

▶一部署の新規業務ではなく組織全体の取り組みとするため、内部決裁を進めた。

▶市民や関係者の「何らかの役に立ちたい」という気持ちや声を活かした仕組みであ

市議会、商工会議所、市民活動団体、民生委員・児童委員等に幅広く配布し、コロナ禍の地域社会をサポートする寄付金制度であることの周知・協力を呼びかけた。

　コロナ禍の地域社会において、感染防止のために直接対面でのサポートはできなくとも、可能な範囲の寄付を行うことが、生活困窮者支援や孤立化防止に資することになるということを打ち出した（**マクロシステム**）。

　市内全戸配布の社協の広報誌、ホームページやSNSによる周知、地域団体への呼びかけなどを行った結果、広く個人や市内企業・団体、民生委員児童委員協議会などから寄付金が集まった。寄付にあたって「直接的なサポートは難しいが、自分も何かできることがあれば」といった声も寄せられた。結果として、2020（令和2）年度に集まった善意の寄付金額は350万円近くにのぼった（**メゾシステム**）。

り、地域社会の多様な関連団体にも呼びかけることで、協働体制の構築が推進されることを意識した。また、社協というプラットフォームの力を地域社会で活かす契機になると考えた。

▶目指すテーマが明確であると、市民も協力しやすくなることが改めてわかった。「これならば自分たちもできる」という意思決定の選択肢の幅を広げた。

● 地域支援活動への助成方針の策定

　集まった寄付金を原資として、下記のような地域支援活動に助成を行うこととした。なお、助成金額は、1つの活動に対し上限10万円（原則）とした。

❶　フードパントリー活動※：食材費、配達に関する諸経費など（※生活困窮世帯やひとり親家庭など、何らかの理由で十分な食事をとることができない状況にある人に対し、食品を無料で提供する支援活動）

❷　子どもや若者の居場所づくりなど、孤立の防止に関する活動

❸　地域での多世代交流といった孤立防止対策、つながりづくりの活動

（上記はあくまで活用の一例とし、助成や活動内容については市内6圏域に配置されている地域福祉コーディネーターや事務局に相談できることを関係者に周知した）

助成対象団体：市内に活動拠点が設置されているか、または市民を対象に活動する3人以上で構成されている団体。

▶地域支援活動への助成方針については、下記の諸点を勘案した。

・コロナ禍における生活困窮者支援や孤立化防止、子ども・若者支援等の地域ニーズに対応すること。

・感染防止対策を実施しながら活動すること。

・コロナ禍における地域活動再開の契機となるように、はたらきかけること。

・地域福祉コーディネーターやボランティア担当者、地域関係者と協働すること。特にグループリーダーの意思決定をサポートしていくこと。

● 市民活動団体への呼びかけと中間支援への活用

　地域づくりを担う社協の地域福祉コーディネーターは、この頃すでに市内の6生活圏域ごとに、支えあいサロンや活動団体のリーダーに対し、電話での状況把握のためのヒアリングを実施していた。コロナ禍の影響により直接参集が困難なため活動休止中の高齢者グループにおいても、グループ

▶外出や直接対面が制限され、地域住民の孤立化が進行していた。そのなかで、社協がサポートする支えあいサロンのメンバーが互いに励ま

リーダーやメンバー間での声のかけ合いなど、さりげない気遣いがみられた。コーディネーター側も、「互いに声をかけ合っていきましょうね」といった呼びかけをグループリーダーに行い、コロナ禍でも可能なコミュニケーションを促した。感染防止のために直接参集する活動を休止していたほかの地域団体・グループも、自分たちなりの地域支援やグループ活動の再開方法を模索していた時期でもあった。

創設した新型コロナ対応の支え合い寄付金を原資とした助成制度を活用し、可能な活動を行っていくことは、市民グループや市民活動団体の可能性を広げることにもつながる。地域関係団体への呼びかけを担当する地域福祉コーディネーターも、この助成制度の活用が、地域活動の再開や中間支援を通した生活困窮者支援、孤立化防止の取り組みにつながることを意識した。

各団体のリーダーやメンバーへ助成制度活用の情報を提供し、活動内容についてともに考え、協働して方法を模索し、意思決定の支援を行った（**メゾシステム**）。

● 市民活動団体における幅広い支援の実施

地域福祉コーディネーターやボランティア・市民活動センター職員が呼びかけを行った結果、2020（令和2）年度に市内で寄付金を原資とした助成制度を利用した団体は30団体以上となった。その活動は下記のような内容であった。

❶ コロナ禍で活動休止中だった市内の複数の子ども食堂によるフードパントリー活動（声かけやメッセージを添えての食料品やお弁当の配布）

❷ 市内公園を活用した生活困窮者への食料品の配布、生活相談支援活動

❸ ひとり親家庭の当事者団体と就労支援事業所の協働による、ひとり親家庭へのお弁当の配布

❹ オンラインを活用した子ども向けイベントの開催

❺ 感染防止対策を行ったうえでの親子イベントの開催

市民活動団体に助成を行うにあたっては、地域福祉コーディネーターがコロナ禍における支援内容をともに考え、協働する伴走支援を行った。社協内に設置された審査会での審査を経て、申請団体に助成金を交付した。審査会には行政の管理職にも参加してもらい、行政と社協が協働する場とした。

2020（令和2）年度のコロナ禍での支援活動をテーマとした寄付金募集、寄付金を原資とした助成制度を活用した多

し合っていたことをヒアリングで知ったことは、テーマ型の住民グループのもつ力を改めて職員が知るきっかけとなった。

▶地域福祉コーディネーターは、寄付金を原資とした助成制度を活用し、特に子ども食堂や住民グループのリーダーやメンバーに呼びかけ、思いやニーズに寄り添いながら、コロナ禍でも可能な支援活動や活動再開の意思決定をサポートしていくことに留意した。

▶助成制度の活用により、地域住民や関係者の「自分たちもできる支援の可能性」が高まり、意思決定ができる環境整備の取り組みの一環となる。

▶各団体への助成制度活用の呼びかけは、グループ活動の可能性や活動内容の選択肢を模索する意思決定支援にもつながる。

▶行政との協働の取り組みとすることで、本事業の公共性や公益性を高め、行政内や関係者の理解を深めることを意図した。

▶報告書には、助成を受けた市民活動団体や利用者の実

様な市民活動について報告書にまとめ、法人の理事会、評議員会において実施報告を行った。また、寄付者、活動団体、民生委員児童委員協議会、市役所関係部署、市議会議員等へ報告書を配布し、一連の取り組みや活動の「見える化」を図った（**メゾ・マクロシステム**）。

際の声を掲載した。寄付をしてくれた市民や企業、関係者の意思や気持ちに応えることも意図している。また、市議会や関係団体にも報告書を配布し、コロナ禍における市民活動への理解を深めてもらう契機とした。

▶寄付者と助成を受けた市民活動団体の双方の市民の善意の結びつきを形にまとめて可視化し、今後の地域福祉推進につなげていった。

● フードバンク活動との連携

L市内では、市民、NPO法人、社協が協働し、2017（平成29）年からフードバンク活動を実施している。2020（令和2）年からのコロナ禍対応においても、市民や関係者から困窮している世帯に食料品を届けてほしいといった声が多数寄せられていた。

同時期に、広域行政によるフードパントリー整備のための補助金制度の情報が入り、所管課と社協が連携して補助金を申請し、社協が入っている福祉センター内、および市内の就労移行支援事業の事務所内に食料品保管用の棚などの備品を整備した。これにより、市内2か所で生活困窮者への食料品の配布を実施できる体制が整備された（**メゾ・マクロシステム**）。

フードバンク活動の輪は年々広がっており、コロナ禍においても貴重な社会資源になった。2020（令和2）年度の寄付食材は、通常のフードドライブ（各家庭・団体で使い切れない未使用食品等を持ち寄り、それらをまとめてフードバンク団体や地域の福祉団体などに寄贈する活動。L市では市内の生協、郵便局、スーパー、企業等の協力により設置）に加えて、コロナ禍で休校となった給食用の食材や、地域のイベントで使用予定であった食料品も持ち込まれた。

2020（令和2）年度の寄付食材の重量は、2019（令和元）年度に比較して4倍以上となり、個人や団体への食料品の配布件数も2倍以上となった（**メゾ・マクロシステム**）。

▶集めた食料品の子ども食堂等のグループへの配布とともに、生活困窮者に随時、食料品の配布ができる体制の構築が重要となる。

▶フードバンク活動は、市民や関係団体との協働事業である。コロナ禍における「自分も何かできることをしたい」という人々の意志は、寄付金だけではなくフードバンク活動にも寄せられ、形となっていった。

● オンラインを活用した参加支援

コロナ禍における外出自粛や感染防止対策のなかで、

▶オンライン会議は、感染予

ソーシャルワーク実践の概要	ソーシャルワーカーの思考

人々が直接集まり、つながりを維持していくことが困難な状況が生じた。地域ケア会議などの専門機関のネットワーク会議や各種の研修においても課題が生じたが、Web会議システムを使用したオンラインでの開催や、少数での参集とオンラインを組み合わせた形態が徐々に定着していった。

一方で、これまで直接参集で実施していた市民活動団体と市民とのマッチングイベントや、ボランティア体験等にも困難が生じていた。市民が団体の内容を知ることで参加の意思決定ができる機会や、実際に体験する機会が奪われている状況に対応していく必要があった。

また、コロナ禍であっても、社協の取り組みをより多くの市民や関係者に知ってもらい、活動への理解や連携・協働を促していく必要があるとの組織内外の声も高まっていた。

防のみではなく、遠方からの参加や自宅や事務所にいながらの参加、各種資料が活用しやすいなどの参加支援にもつながる特性がある。直接参集の会議との双方の特性をふまえることが重要である。今後も、双方を使い分けたり組み合わせたりしながら、コミュニケーションを継続していく。

● SNSを活用した情報の周知と参加支援

そのようななか、これまで取り組んできたSNSによる情報の周知に加えて、職員の発案により新たに動画チャンネルを開設した。市民活動団体への参加者が伸び悩むなか、活動の様子を動画にすることで先入観の払拭や活動内容の周知を図った。また、参加や体験のハードルを下げるため、「24時間365日、いつでもどこでも市民活動の見学ができること」「社会福祉協議会の取り組みの認知度を高めていくこと」を目標として、ボランティア・市民活動センターの職員を中心に取り組みを開始した。

夏休みの時期には、『小学生がインタビューしてみた』シリーズを企画し、小学生に動画作成に参加してもらうことにした。市内の小中学校向けに発行しているボランティア広報誌に募集記事を掲載したところ、数名からの応募があった。保護者に応募のきっかけを聞くと、「僕も動画に出たい！と子どもが言っている」「子どもがチャンネルを開きたいと言っているが、それは怖いのでこちらで出演させたい」「ぜひ、うちの子どもを出演させたい！」などの声が上がった。

この『小学生がインタビューしてみた』シリーズによる社協内の各部署の職員へのインタビューは、作成動画のなかでも人気動画となった。職員自身もわかりやすく伝えることの大切さを痛感し、日常業務を省察する機会となった。

また、動画の編集作業を職員だけで行うにはクオリティ面で限界があったため、毎年恒例の「夏！体験ボランティア」のキャンペーン中に動画編集ボランティアを募集した。すると、高校生や大学生10名以上からの申込みがあり、約20

▶各種SNSの活用においても、それぞれの特性や主な利用者の年齢層をふまえる必要がある。

▶今後の地域社会におけるソーシャルワークは、地域住民の多様な生活実態に合わせて、あらゆる交流方法や情報伝達手段を組み合わせていくことを考慮していかなければならない。

▶動画作成は小学生にも人気があり、親子での参加や家族内コミュニケーションにつながることが期待される。

▶小学生にもわかる説明にすることで多くの人に理解され、円滑なコミュニケーションにつながる。

▶動画編集の企画は、これまで社協につながらなかった人々と出会う機会となった。また、動画編集という趣味や

の体験ボランティアの参加メニューのなかで一番参加者が多かった。彼らの動画編集のセンスは高く、職員がつくるよりよほど面白い動画作成が可能となった。また、自分の編集した作品が世に出て、それが形に残るため、やりがいが大きいということで、互いに win-win の関係が構築できた。直接参加ではなくとも、「得意なことを活かして社会とつながる、参加できる」新たなボランティア活動の選択肢を広げる機会となった（**ミクロ・メゾシステム**）。

特技をもっている人の新たな参加の支援につながった。

● **デジタルスキルの世代間格差への対応**

新型コロナワクチン接種の申込みをはじめとした各種の手続きや買い物等もインターネットを介することが多くなっている状況において、デジタルスキルの世代間格差への対応も地域課題となった（**ミクロ・メゾシステム**）。

そこで地域福祉コーディネーターは、高齢者が苦手意識をもつことが多いスマートフォンの使い方を若い世代が伝える、「デジタルサポーター」の場づくりを企画した。地域福祉計画と地域福祉活動計画で協働推進している地域福祉アンテナショップ（公共施設や商店街の空き店舗等を改修した地域の多世代交流・地域活動の拠点）を会場として、大学生等のデジタルサポーターを募ったところ、複数の応募があった。コロナ禍でアルバイト収入が減少していた状況を鑑みて、全くのボランティアではなく交通費実費相当の支払いも行うこととした。

担当圏域の地域包括支援センターの協力を得て地域の高齢者に参加を呼びかけたところ、多数の応募があり、改めてデジタルスキルの基本を学ぶ機会のニーズの高さを知った。高齢者もサポーターである若い世代に自分の経験談を語るなど、世代間の交互作用の場となることも意図しており、当日は盛り上がりをみせた（**ミクロ・メゾシステム**）。

この企画は、コロナ禍における孤立化防止、デジタルスキルの世代間格差への対応、多世代交流の機会創出として市内各地で実施した。その後もニーズは高く、地域包括支援センターと市内 IT 企業等の地域貢献の同様の企画としても継続して実施されている。

社会全体でオンラインによるコミュニケーションや各種手続きが進行している状況において、デジタルスキルの世代間格差への対応は、ソーシャルワークの取り組みとしても必要となる。

一方で、スマートフォンやパソコン等のデジタル機器を所有しない、あるいは希望しない層への対応も常に考慮してい

▶情報通信技術の利便性の向上や各種手続きでの活用の伸長の陰に、利用して恩恵を受ける人と、利用できずに恩恵を受けられない人との間に生ずる、知識・機会・貧富などの格差、いわゆるデジタルデバイドの問題がある。SWr は、常に見えにくい格差にも目を向けて、自身や組織、ネットワークで可能な取り組みを意識していかなければならない。

▶完全なボランティアではなくとも、何かできることをしたいという市民や関係者の意思を活かし、また双方にメリットがある状況をつくっていくための工夫が必要となる。得意なことを活かせること、「楽しい」と感じられることは、今後の多様な参加支援を行っていくうえで重要になると考えられる。

▶地域住民に情報を伝えていくうえで、伝達の手段は多様であったほうがよい。意思決定支援は、まずは選択肢の幅を知ることから始まる。

かなければならない。L 市社協では、市内全戸配布の紙媒体の広報誌（年4回）、および6生活圏域で地域福祉コーディネーターと地域包括支援センターが共同発行する地域情報誌（年4回）による情報周知も継続している。また、コロナ禍での交流不足が孤立やフレイルの進行につながることを危惧して、感染防止対策のチラシを作成し、安全性を確保しながら地域での住民主体のサロンや懇談会の再開を促した。

●外国籍住民への支援

コロナ禍では、外国籍住民の生活課題も顕在化した。生活福祉資金の特例貸付には、飲食店経営や短期雇用の外国籍住民からの相談が全国的に相次いだ。SWr が活動するL 市においても同様である（**ミクロシステム**）。

そのような状況に対し、全国各地の社協では、翻訳アプリの使用による相談支援や、地域の多文化共生を目的とするNPO 団体との協働による相談支援、生活物資の無料配布などの多様な取り組みが行われた。

L 市においても、社協が運営する生活困窮者自立相談支援の窓口と地域福祉推進部門が連携して、生活福祉資金の特例貸付や相談窓口の周知文を作成することにした。市内の多文化共生センター（NPO法人）に依頼して、市内に居住している外国人に合わせて、英語、ポルトガル語、ネパール語、中国語、タガログ語、スペイン語の6か国語で作成し、ホームページへの掲載、チラシの配布等を実施した。相談者には生活福祉資金の相談支援のほか、ニーズに合わせて多文化共生センターが実施する多言語相談窓口や多言語対応のハローワークへのつなぎ支援を実施した（**メゾ・マクロシステム**）。

さらに、行政と社協が協働で取り組む重層的支援体制整備事業においても、外国籍住民への支援を重要課題としてとらえた。多文化共生センターの理事長、行政の多文化共生担当、外国人支援に取り組む市内の特定社会保険労務士に依頼し、重層的支援体制整備事業の合同研修会として企画・実施を行った。

この合同研修会は、移民の受け入れを抑制している日本社会の複雑な在留資格制度の実態や、第一次産業や介護、飲食、製造業等の経済・社会の基盤が外国人によって支えられている現状を改めて関係者が認識する機会となった。また、相談支援の方法についての意見交換もなされた（**マクロシステム**）。

▶これまで潜在していた、あるいは気がつかなかった、把握しきれていなかったニーズが顕在化した。全国各地の外国人人口の多い地域における社協の先駆的な実践事例が参考になった。

▶制度の情報自体が周知されなければ、意思決定支援は成立しない。

▶ボランティアの担当職員と多文化共生センターとのこれまでの協働による関係性が、このような非常時に活きてくることを実感した。ネットワークにおいて大切なことは、協働して取り組むこと、それを通して育まれる信頼関係である。

▶市内の外国人支援を担う関係者、関連機関のネットワーク形成の機会となることも意図した。

▶日本社会の複雑な在留資格制度は、実質的には外国人によって支えられている社会・経済の実態を見えにくくさせており、人々の外国人受け入れを阻んでいると考えられる。

ソーシャルワーク実践の概要	ソーシャルワーカーの思考

●重層的支援体制整備事業への取り組み

従来からL市では、行政の策定する地域福祉計画と、社協が策定する地域福祉活動計画の両計画を、地域福祉推進の両輪として協働する取り組みを行ってきた。

両計画の策定委員会の委員長は同一の学識経験者が担い、事務局は常に情報交換をしながら策定を行う。また、計画策定後は合同事務局を設置し、両計画の協働推進や進捗管理を実施している。

これらの基盤のうえに、両計画では以下の3つを重点推進事項と定めた。

❶ 丸ごと相談支援の推進
❷ 地域活動の拠点となる「地域福祉アンテナショップ」の設置・展開
❸ 地域福祉コーディネーターの活動強化

同時に、多様な個別の推進目標に取り組んでいる（**マクロシステム**）。

複合的な課題を抱える世帯の増加や世帯丸ごとの支援、多機関・多職種協働、個別支援と地域支援の一体的支援の必要性の高まりから、L市においても改正社会福祉法における重層的支援体制整備事業への取り組みが準備されてきた。

重層的支援体制整備事業への取り組みは、単独ではなく、地域福祉計画と地域福祉活動計画の積み重ねの基盤の延長線上に位置づけられる。

● 重層的支援体制整備事業の実施へ

L市は、2020（令和2）年度から行政担当部署と社協とで協議し、地域福祉コーディネーター等のこれまでの活動を活かしながら、2021年（令和3年）度に重層的支援体制整備事業の移行準備自治体となった。

2021（令和3）年度の前半に集中的に事業内容の組み立てや財源構成を打ち合わせ、行政内部での予算要望、事業企画の検討を得て、2022（令和4）年度からは重層的支援体制整備事業の実施自治体となり、包括的支援体制の構築に向けた取り組みを進めている（**マクロシステム**）。

重層的支援体制整備事業の主な取り組み

重層的支援体制整備事業の柱となる取り組みは、地域福祉計画と地域福祉活動計画の両計画における下記の3つの重点推進事項の展開である。

・地域福祉コーディネーターの生活圏域への複数配置によ

▶地域福祉計画と地域福祉活動計画を両輪として協働する取り組みを行っていくことは、地域づくりの基盤となる。

▶これらの重点推進事項は、重層的支援体制整備事業の相談支援、参加支援、地域づくりに向けた支援といった3つの支援にもつながっていく。

▶重層的支援体制整備事業は、あくまで地域づくりを含む包括的支援体制を構築していくための手段である。複雑な制度に振り回されるのではなく、地域のニーズに対応するために制度を活用していく姿勢が基本となる。一方で、そのために通知内容などを読みこなし、財源構成なども考えていかなければならない。

ソーシャルワーク実践の概要	ソーシャルワーカーの思考

る、地域活動推進の強化と地域づくりに向けた支援および参加支援の展開
・相談支援包括化推進員・アウトリーチ支援員を配置することによる、包括的な相談支援体制の構築と多機関協働・アウトリーチの展開
・地域福祉アンテナショップの市内各地への設置と展開による、多様な市民の交流・地域福祉推進の場づくり

　また、L市の重層的支援体制整備事業においては、特に複合的な課題を抱えながらも制度の挟間に陥りがちである「ひきこもりの支援」「ヤングケアラーの支援」「生活困窮者への支援」が重点施策となっている。
　なかでも、生活福祉資金貸付制度の特例措置が終了することもあり、コロナ禍における生活困窮者支援の取り組みが喫緊の課題となった。行政の生活保護担当、重層的支援体制整備事業担当、社協の生活困窮者自立支援担当、地域づくり担当のネットワーク強化による、クライエントおよび世帯の状況把握、モニタリング、状況に応じた相談支援や社会資源へのつなぎ支援が継続して必要となった。
　これらの関係部署間の関係者が呼びかけ合い、生活困窮者支援に関する定期協議・検討の場が継続して開催され、クライエントの状況に応じた意思決定支援が実施されている（**メゾ・マクロシステム**）。

▶生活福祉資金貸付制度の特例措置は緊急対応であり、生活の再建に向けた、状況に応じた相談支援が本質的な支援となる。
▶生活困窮者支援においては、ネットワークによる取り組みが必須となる。行政の生活保護担当、重層的支援体制整備事業担当、社協の生活困窮者自立支援担当、地域づくり担当等が定期的に協議し、検討する場の形成は支援の基盤となる。

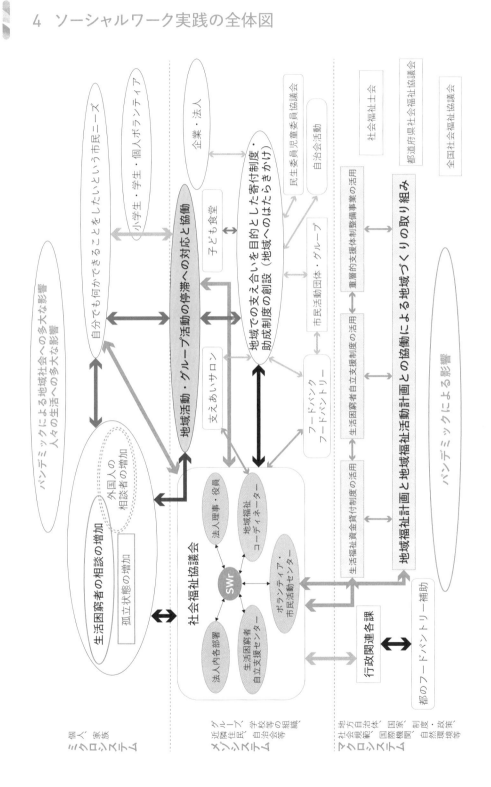

5　ミクロ・メゾ・マクロシステムの連鎖的変化

①パンデミックによる社会課題の顕在化

　新型コロナウイルス感染症のパンデミックは、人々の生活に大きな影響を与えた。特に、感染防止のための外出自粛や直接交流の制限による人々の孤立化の進行、経済的・社会的な影響による生活困窮者の急増への対応は、ソーシャルワーク実践においても継続的な課題となった。

　裏を返せば、預金等の経済的余裕が少なくギリギリで暮らしている世帯や、少子高齢化や世帯人員の減少により、仕事や地域交流の機会が途絶えるとあっという間に孤立した状況になってしまう世帯など、パンデミック以前に潜在していた日本社会の課題が顕在化したともいえる。

　L市社会福祉協議会においては、自組織のBCP（事業継続計画）に基づき各種実施事業を継続し、コロナ禍で休業や仕事が減ったことにより収入が減少した世帯への生活福祉資金貸付制度における緊急小口資金・総合支援資金の貸付けといった特例措置対応、生活困窮者自立相談支援の窓口における相談支援や住居確保給付金等の制度的な対応を行った。

　同時に、「自分たちにも何かできることはないか」という市民や関係者の声を活かして、地域づくりに向けた支援（メゾ・マクロシステム）を通した生活困窮者支援や孤立化防止への取り組み（ミクロシステム）が求められた。また、休止となった数多くの住民主体の活動の再開に向けた中間支援（メゾシステム）も課題となった。

②課題に向けた連鎖的変化

　これらの課題に向けた取り組みの1つが、本事例で紹介した地域での支え合いを目的とした寄付金募集と地域活動への助成制度（メゾ・マクロシステム）の創設である。

　事業を立ち上げるにあたっては、金銭のやり取りが発生するため、地域福祉推進部門のみではなく組織内の総務・経理部門の協力が必要であり、地域ニーズの把握に基づいた組織内合意が求められた（メゾシステム）。特に、生活困窮者支援や孤立化防止の必要性とともに、コロナ禍でも可能な支援をしたいという市民や関係者からの声が届いていることを組織内で共有することに努め、法人の組織的な取り組みとした（メゾシステム）。

　創設した寄付金募集・支援団体への助成事業については、行政の関連部署や市議会、

民生委員児童委員協議会、市内自治会、市民活動団体、商工会議所等にも周知し、地域社会のなかで支援の輪が広がっていくようなネットワークづくりに取り組んだ（メゾ・マクロシステム）。

　寄付金は、これまで社会福祉協議会との付き合いがなかった市民や市内企業などからも多く集まった（メゾシステム）。集まった寄付金を原資とした活動資金の助成により、感染防止のために休止中であった子ども食堂によるお弁当の無償配布等のフードパントリー活動や、新たに結成された市民グループによる食料品や生活物資の定期配布の実施など、市民の善意を実際の形として必要な世帯に届けることが可能となった。これらは、市民グループのメゾシステムの取り組みの活性化による生活困窮世帯への支援や、つながりの形成というミクロシステムへの連鎖的変化であった。

　本事業の取り組みについては、全国的なコロナ禍における地域支援事例特集のプラットフォームにも掲載し、全国各地の取り組みの参考事例として紹介した（マクロシステム）。

　また、「フードバンク活動との連携」「SNSを活用した情報の周知と参加支援」「デジタルスキルの世代間格差への対応」「外国籍住民への支援」といった取り組みのいずれにおいても、組織内の合意形成による対応、地域社会のボランティア、市民グループ、NPO団体等との協働というメゾシステムへのはたらきかけにより、生活困窮者支援、孤立防止対策、つながりの形成、多様な参加支援というミクロシステムへの連鎖的変化が生じた。

③地域活動推進の基盤形成

　本事例の諸活動の土台は、日頃からの地域づくりに向けた支援を通した住民主体のネットワークや専門機関のネットワークとの協働である。ボランティア、市民グループ、NPO団体等との協働というメゾシステムにおける活動の活性化は、さらなる地域社会のネットワークの広がりや、「互いを尊重し、自分にできる支援や活動を行う」という共生社会の規範形成に作用すると考えられる（メゾ・マクロシステム）。

　そして、地域づくりに向けた支援の基盤となるのは、行政の地域福祉計画と社会福祉協議会の地域福祉活動計画の一体的な計画策定と推進である（マクロシステム）。重層的支援体制整備事業の実施も、計画推進の一環となる。重層的支援体制整備事業は包括的支援体制の構築に向けた手段であるが、そこでの行政、社会福祉協議会、関係団体、住民活動等との連携・協働体制は、生活困窮者支援や地域社会における孤立化防止への取り組み（ミクロ・メゾシステム）の土台となっている。

　このように、個別の生活困窮者支援や複合的課題を抱える世帯への支援（ミクロシ

ステム）、市民グループへの支援（メゾシステム）から見えてきた地域の課題を、現行の地域福祉計画・地域福祉活動計画の推進や次期計画の策定、重層的支援体制整備事業における地域福祉コーディネーターの活動や丸ごと相談支援、地域拠点の展開といった取り組みの強化に活かしていく（マクロシステム）。

このようなミクロ・メゾ・マクロシステムの連鎖的変化を常に意識したソーシャルワーク実践が、今後の包括的支援体制の構築や、包摂的な共生社会の形成に必須となると考えられる。

6 意思決定支援に注目したまとめ

①メゾシステムにおける市民グループの意思決定支援

日々のソーシャルワーク実践は、個別支援における意思決定支援の連続となるが、本事例においては、特にメゾシステムにおける市民グループの意思決定支援に着目した。

パンデミックは、多くの社会課題、地域課題を顕在化させた。自治会、老人会等の地縁団体と同様に、地域の支えあいサロン、ボランティアグループ、セルフヘルプグループ、市民活動団体、子ども食堂などのテーマ型の市民グループの多くが活動休止を余儀なくされ、地域活動が停滞する状況となった。

他方で、これらのメゾシステムにおける住民主体の各種グループ活動や、ボランティア・市民活動団体が、人々のつながりの形成やサポートに大きな役割を果たしていることが改めて見えてきた。また、外出自粛要請下で地域福祉コーディネーターが行った、支えあいサロンのリーダーへの電話による状況確認のヒアリングにおいて、サロンのリーダーやメンバーが声をかけ合い、互いの生活状況を気遣う様子が明らかになったことは、テーマ型の市民グループの活動が地域包括ケアの基盤の1つであることを改めて認識させた。

②地域活動推進のなかでの意思決定支援

パンデミックによる社会不安のなか、社会福祉協議会が地域における支え合いや孤立化防止の活動への支援を目的とした寄付金の募集や、フードバンク活動への協力を呼びかけたことは、「自分たちにも何かできることはないか」という市民のニーズ、市民のもつ力に対応することになった。多くの市民・企業等が協力してくれたことは、

市民が意思を形成し、表明し、実現していく意思決定支援につながったと考える。

　同時に、感染防止のための外出自粛や直接参集の制限下において、多くのグループが活動再開の方法や活動内容を模索していた。そのようななか、寄付金を原資とした地域支援活動への助成制度を創設して、地域福祉コーディネーターやボランティア・市民活動センターの職員が子ども食堂等の市民グループのリーダーたちに声をかけ、ともに支援内容を考えた。「コロナ禍で困窮している世帯や子どもたちをサポートしたい」という市民リーダーたちの思いを尊重しながら、フードパントリー活動や多様な交流活動の再開を側面からサポートしたことは、住民主体の活動、市民リーダーの意思形成、意思表明、意思実現の支援であったと考えられる。

　これらの実践例は、地域社会に数多く存在する支援する力をもった人たちやグループの意思決定をともに考え支援していくことが、地域を基盤としたソーシャルワーク実践における環境の整備や強化にもつながっていくことを示している。こうした支援者や地域のグループ活動への意思決定支援のあり方は、今後も実践するうえで大切な着目点となるだろう。

　また、本事例で記述した下記のような諸活動も、地域の参加支援の環境整備や強化につながっていった。

・「SNSを活用した情報の周知と参加支援」の動画作成における小学生親子や若い世代の協力
・「デジタルスキルの世代間格差への対応」における世代間交流による支援
・「外国籍住民への支援」の実践におけるNPOとの連携・協働による多言語による情報周知

　地域社会に潜在している課題を把握し、その課題に対応できる力をもった人たちを結びつける機会や場をつくっていくことは、多様な参加支援や意思決定支援の環境整備につながると考えられる。

　ソーシャルワーク実践における土台としての意思決定支援において、協働する主体は、生活課題を抱えた個人や家族のみならず、取り巻く環境としての住民主体のサロン、ボランティアグループ、市民活動団体、自助グループ、自治会活動、互いに支援しようと模索する市民等でもある。SWrは、意思決定支援において、協働していく主体の幅広さにも留意していくことが求められる。

意思決定支援における ICT の活用

ICT の活用方法

　ソーシャルワーク実践において、ICT（情報通信技術）はどのように活用されているだろうか。ChatGPT に代表されるとおり、デジタル技術は目覚ましい勢いで進化しており、さまざまな ICT が競い合うように最新の機能を社会に送り出し、人々の生活や仕事に影響を与えている。

　日々変わり続ける社会に適応したソーシャルワークを実践する専門職としては、ICT を活用することが必然的になってきた。『社会福祉士の倫理綱領』においても、2020（令和 2）年の改定時に「情報処理技術の適切な使用」が追加されている。

　ICT の活用に際して、クライエントの権利を侵害するリスクを認識して適切に使用することが前提となるが、一方で、活用のメリットにも着目することが専門職には求められる。

　例えば、『社会福祉士の倫理綱領』では「クライエントの意思決定への対応」として、「意思決定が困難なクライエントに対して、常に最善の方法を用いて利益と権利を擁護する」ことが示されている。では、専門職として「最善の方法」を体現するためには何をすればよいのだろうか。その方法の 1 つとして、ICT の活用があげられる。

　「人類の孤独の解消」をミッションとする株式会社オリィ研究所が開発した分身ロボット「OriHime（オリヒメ）」の全国各地での実践は、「最善の方法」を体現する先進事例である。筋萎縮性側索硬化症（ALS）をはじめとしたさまざまな疾病や障害、事情等により外出が困難な人たちが、分身ロボットを介して、自らの意思を表明するだけではなく、就労等で人とかかわることで、意思の形成や実現を図ることにもつながっている。

　また、メタバース（仮想空間）を活用した実践も全国で増えている。福岡県では「メタバース活用長期無業者就労支援事業」を実施し、ひきこもり状態の人も含めた 16 歳以上の人に対して、心理相談やスキルアップセミナー、就労体験、居場所や交流会の提供を行っている。クライエントの現況に適した「最善の方法」を模索し続けると、メタバースに到達する事例も今後は増えてくることが想定される。

　さらに、生活に身近な SNS を活用したソーシャルワーク実践も増加している。クライエントの意思決定支援においては、意思を表明する環境や時間への配慮が必要である。電話や対面では意思をうまく伝えられない場合、社会に浸透した SNS が「最善の方法」となることもあるだろう。そのなかには、日中だけではなく夜や深夜帯にも意思を伝えたくなるクライエントもいるはずであり、そのために、外国に在住する

SWr と連携して、時差を活用しながら相談対応を行う専門職も現れ始めている。

　ICT の活用に際しては、前述のリスクの認識と同時にデジタルデバイド（情報格差）への配慮も必要だが、デジタルデバイドに配慮するあまり、クライエントから ICT を遠ざけないようにすることが大事になる。近年、高齢者福祉領域では、地域での携帯電話教室のニーズが高まり、体操教室や世代間交流等の取り組みと併せた実践が各地で広まっている。SNS やビデオ通話などのコミュニケーションツールを活用できるようにすることは、「最善の方法」の選択肢を増やすことにもなる。携帯電話教室で培った経験を活かすことができれば、転居や入所・入院をすることになったとしても、人とのつながりを維持し、意思を表明できる環境を継続することができる。

　また、VR（仮想現実）を活用して、お墓参りを行う高齢者施設もある。「お墓参りをしたい」というクライエントの意思のもと、仮想現実であっても自らの力でお墓参りが実現できるように「最善の方法」を考え抜いた専門職の創意工夫の実践である。

ICT の活用のメリット

　これらは実践事例の一部だが、それぞれの共通点を考察すると、ICT 活用のメリットとして以下の 3 点があげられる。

①空間を横断することができる

　国や地域が違っても、疾病や障害等により外出や移動が困難であっても、空間を超えて人とコミュニケーションをとることができる。

②仮想空間という新たなコミュニティを形成・アクセスできる

　SNS や撮影された VR 映像も含めて、仮想空間上に人や場所のつながりを形成し、居場所づくり等を行うことができる。

③クライエントの自己実現とエンパワメントにつながる

　ICT の活用により自己実現の選択肢が増え、生きる活力や意欲の向上等のエンパワメントにつながる。

　ソーシャルワーク実践および意思決定支援の新しい境地として、ICT を活用して「空間」という環境をマネジメントする力を専門職がもち得ることができるかどうか、ミクロ・メゾ・マクロシステムのそれぞれの場面で試される時代が到来したといえるだろう。

（大口達也）

災害時のソーシャルワークと防災での
意思決定支援の取り組み

災害時におけるソーシャルワーク機能の発揮

　災害は、人の住んでいない場所では起こらない。津波が押し寄せる、地面が激しく揺れるような危険な現象は「ハザード」と呼ばれている。例えば、河川周辺の低地や傾斜地が宅地化されて密集し、それらが老朽化して豪雨による土砂災害で一気に押し流されてしまう現象をいう。こうした被害は、自然現象のハザードと社会の脆弱性の交互作用によって引き起こされる現象と考えられている。もともと生活基盤が弱かった人々は、災害が起きると、より多くの生活困難を抱えた状態になりやすい。さらに、災害によって何らかの困難を被った人たちの多くが弱者になる可能性がある。

　2011（平成23）年の東日本大震災では、日本社会福祉士会が地震の翌日に災害対策本部を立ち上げて、翌4月には宮城県、岩手県の地域包括支援センターなどに会員である社会福祉士の派遣を行った。翌年には仮設住宅入居者へのニーズ調査を実施し、地域ネットワークの再構築支援を行ってきた。

　2016（平成28）年に起きた熊本地震においても、被災地の地域包括支援センターへ社会福祉士を派遣しており、そのときの支援方針であった「①ソーシャルワークを基盤とした支援、②被災地が主体となる支援、③終了後を見据えた継続的な支援」が災害対応ガイドラインとしてまとめられた。

　「地域共生社会」の実現に向けて、複合化・複雑化した課題を受け止める多機関協働による包括的支援体制や、地域住民等が主体的に地域課題を把握して解決を試みる体制の構築を進めていくことが求められている。

　そして、2020（令和2）年6月に採択された『社会福祉士の倫理綱領』の前文にある「社会システムおよび自然的・地理的環境と人々の生活が相互に関連していることに着目する」ことからも、平時とともに災害時に生じる生活課題にもソーシャルワーク機能を発揮しWell-beingを高めるように、人々やさまざまな構造にはたらきかける専門職としての役割が明確になったと考える。

ある事例から振り返る災害時の支援活動における意思決定支援の課題

　近年多発している豪雨災害の被害では、ある町において50名以上の方が犠牲となり、そのうち40名以上が避難行動要支援者であった事例がある。そのなかに軽度の知的障害がある親子が含まれていた。その親子は訪問介護等の生活支援を受けながら暮らしており、その計画と調整を相談支援事業所が担っていた。世帯と相談支援事業所の相談員とは信頼関係が築かれており、気軽に相談できる間柄であった。

その町に避難勧告が発令されると、相談員は当該世帯の親に地域の指定避難所に避難するように伝えた。しかし、親からは指定避難所の場所がわからないとの返答があったので、相談員は地元の警察などさまざまな機関に相談をしたが、その当時の状況下においては迅速な対応が困難であり、避難させることができなかった。相談員が車で避難所へ移動させることも考えたが、豪雨により河川の水位が上昇していたためできなかった。近隣との関係も薄かった当該世帯の親子は、近所の人たちと一緒に避難することもできず、残念ながら風水害の犠牲となってしまったのである。

支援していた関係者からは「専門職の支援者のみではなく、世帯を取り巻くネットワークやサポート体制の構築を支援しながら、本人たちに災害時の避難行動や避難先について説明し、支援計画に盛り込み、意思形成や意思表明をサポートできていたら、異なる結果になっていたかもしれない」と真摯な振り返りがあった。

当事者、地域住民、支援者が連携・協働する防災・災害対策の取り組み

兵庫県社会福祉士会では「誰一人取り残さない避難」に向けて、2018（平成30）年から「兵庫県防災と福祉の連携促進モデル事業」を開始した。福祉職が平時のケアプラン作成時に併せて、地域住民と一緒に「災害時個別支援計画」を作成する事業に取り組んでいる。当事者や日頃から付き合いのある近所の支援者等と関係を築きながら、担当者会議等で避難計画を確認・共有していくことによって、当事者の防災力を高めていけるものと期待している。

2021（令和3）年には災害対策基本法が改正され、避難行動要支援者の個別避難計画の作成が市町村の努力義務となった。高齢者や障害者への支援サービスを調整・提供している事業者に個別避難計画作成1件単位で補助金を交付し、要支援者への防災・災害対策を自治体は進めている。避難計画の作成には、当事者の基礎情報から利用中の医療福祉サービス情報、緊急連絡先、避難誘導時や避難先での留意事項、避難場所・避難経路、避難支援者の連絡先など、具体的な情報がまとめられる。この作成プロセスにおいては、当事者の意思形成、意思表明を社会福祉士などの支援者が促し支える必要がある。また、メゾ・マクロシステムへの取り組みとして、互いに「声かけ」しやすい地域づくり、災害時に強い地域づくりに向けて地域住民とかかわっていくことが社会福祉士の役割であると考えられる。

災害時のソーシャルワークにおいても、日常からの備えや予防的支援の観点から、本人や世帯を取り巻くサポート体制の構築支援とともに、本人への意思決定支援（情報提供と選択肢の提示、本人自身の決定への支援）を行っていくことが重要となる。それはソーシャルワーク専門職である社会福祉士の課題であり、災害時避難行動要支援者への支援体制構築を担う自治体も含めたメゾ・マクロシステムの課題でもある。

（大塚克久）

第**4**章

ソーシャルワーク実践における意思決定支援の展開に向けて

本書がテーマとするソーシャルワーク実践における意思決定支援は、ソーシャルワークのグローバル定義が示す「人々のエンパワメントと解放を促進する」ことを目的とする実践となる。第3章の7つの実践事例は、そのことを明示している。

　重症心身障害児者、一見すると身寄りのないインボランタリーな高齢者、住まいやサービス内容の課題に直面する知的障害者、ひきこもりの状況にある本人やその家族、若年性認知症の人やヤングケアラー、増加する地域の高齢者の孤独死、コロナ禍で加速した生活困窮者や人々の孤立状態、停滞していた市民活動……、いずれの事例においても、本人たちが本来もっている力や可能性が制限され、低下し、意思の形成や表明が困難な状況があった。

　その状況に直面したソーシャルワーカー（以下、SWr）は、本人に寄り添い、安心できる環境を整え、必要な情報を提供し、本来の意思や考えを表明していく過程をサポートしている。また、本人と協働したチームによる支援のもと、本人の自らの価値観や選好に基づく意思決定を支援している。その過程は、人々のエンパワメントと解放を促進する過程であるといえる。

　読者には、改めて第3章各節の「ソーシャルワーク実践のプロセス」および各段階における「ソーシャルワーカーの思考」に着目してほしい。SWrの思考過程には、ソーシャルワークの原理、知識、技術を基盤とするクライエントのWell-beingの実現へのミクロ↔メゾ↔マクロの連鎖的変化に向けた視野がある。また、各実践において、ミクロシステムにおける意思決定支援の基盤となるメゾ・マクロシステムのネットワーク構築、社会資源形成、制度・政策へのはたらきかけがある。その基盤構築が個別の意思決定支援の土台となっていく循環関係にあることを改めて認識しておきたい。意思決定支援におけるミクロ・メゾ・マクロシステムへの総合的なソーシャルワークのはたらきかけは、第3章のすべての実践事例に通底している。

　ソーシャルワーク実践における意思決定支援の展開に向けて、ミクロシステムでの意思決定支援の基盤となるメゾ・マクロシステムの動向を把握し、ミクロシステムにおける意思決定支援をより行いやすくしていくための土台形成、そして、メゾ・マクロシステムにおける権利擁護支援、意思決定支援の展開に向けたSWrのはたらきかけ、連鎖的変化に向けたエンパワメントの実践が期待されている。

第1節
ソーシャルワーク実践における意思決定支援の展開に向けた課題と展望

1 福祉関連法制の動向

　2000（平成12）年施行の「社会福祉法」は、社会福祉事業の全分野における共通的基本事項を定めた社会福祉事業法制定（1951（昭和26）年）以来の大きな改正となった。社会福祉事業、社会福祉法人、措置制度から契約制度への移行など、社会福祉の共通基盤となる制度について、国民の福祉ニーズの増大に対応するための見直しが行われた。その後も、①福祉ニーズの多様化・複雑化により、複合的な課題を有する場合や分野横断的な対応の必要性の高まり、②少子高齢化、人口減少が進行するなか、地域社会の状況に応じた体制整備や人材確保等への対応が継続的な検討課題となり、地域共生社会の実現に向けた一連の制度・政策の検討が行われ、社会福祉法の連続した改正が実施された。

　以下に、個人の尊重を旨とする意思決定支援に関連する施策動向と包括的支援体制の構築、地域共生社会の実現に向けた施策動向の流れを概観しておく。

2000 年	介護保険制度がスタート 民法改正により成年後見制度創設 社会福祉事業法を社会福祉法に改正（社会福祉基礎構造改革）
2005 年	高齢者虐待の防止、高齢者の養護者に対する支援等に関する法律（高齢者虐待防止法）公布（2006 年施行）
2006 年	国連総会において障害者の権利に関する条約（障害者権利条約）採択
2011 年	障害者基本法改正（「意思決定の支援」が明記） 障害者虐待の防止、障害者の養護者に対する支援等に関する法律（障害者虐待防止法）公布（2012 年施行）
2012 年	障害者の日常生活及び社会生活を総合的に支援するための法律（障害者総合支援法）公布（「意思決定の支援」が明記）
2013 年	障害を理由とする差別の解消の推進に関する法律（障害者差別解消法）公布（2016 年施行）
2014 年	障害者権利条約批准 障害者権利条約第 12 条に関する「一般的意見第 1 号」が出される
2015 年	生活困窮者自立支援法施行

2016 年	成年後見制度の利用の促進に関する法律（成年後見制度利用促進法）施行 「ニッポン一億総活躍プラン」（閣議決定）（「地域共生社会の実現」が明記）
2017 年	「障害福祉サービス等の提供に係る意思決定支援ガイドライン」策定 「成年後見制度利用促進基本計画」閣議決定 社会福祉法改正（市町村が包括的な支援体制づくりに努める旨を規定） 「地域における住民主体の課題解決力強化・相談支援体制の在り方に関する検討会（地域力強化検討会）」最終とりまとめ
2018 年	「人生の最終段階における医療・ケアの決定プロセスに関するガイドライン」改訂 「認知症の人の日常生活・社会生活における意思決定支援ガイドライン」策定
2019 年	「身寄りがない人の入院及び医療に係る意思決定が困難な人への支援に関するガイドライン」策定 「地域共生社会に向けた包括的支援と多様な参加・協働の推進に関する検討会（地域共生社会推進検討会）」設置　最終とりまとめ
2020 年	社会福祉法改正（地域住民の複雑化・複合化した支援ニーズに対応する市町村の包括的な支援体制の構築の支援） 「意思決定支援を踏まえた後見事務のガイドライン」策定
2021 年	重層的支援体制整備事業開始
2022 年	第二期成年後見制度利用促進基本計画 障害者権利条約第 1 回政府報告に対する国連障害者権利委員会の総括所見

　上記の福祉関連法制の改正の流れを概観すると、障害者の権利に関する条約（以下、障害者権利条約）以降の国内法の整備の過程、差別解消に向けた取り組み、少子高齢化、世帯人員の減少等も含めた社会の変容、複合化・複雑化する生活課題に対応していく包括的な支援体制の構築、地域共生社会の実現に向けた施策の動向がわかる。

　また、障害者権利条約の批准に向けた国内法整備過程において、2011（平成 23）年の改正障害者基本法第 23 条に「国及び地方公共団体は、障害者の意思決定の支援に配慮しつつ、障害者及びその家族その他の関係者に対する相談業務、成年後見制度その他の障害者の権利利益の保護等のための施策又は制度が、適切に行われ又は広く利用されるようにしなければならない」と、意思決定支援の文言が初めて入った。

　本人を主体とする認知症ケア（パーソン・センタード・ケア）、医療・介護分野の ACP（アドバンス・ケア・プランニング）、成年後見制度の利用促進等の動向とも相まって、国レベルの意思決定支援に関する各種ガイドライン作成の流れへと連なる。

2　意思決定支援の展開に向けた法制度・環境整備の課題と対応
── 国連障害者権利委員会の総括所見をふまえて

　意思決定支援の展開に向けた日本の法制度や環境整備の各種の課題については、障害者権利条約に基づく義務履行のためにとった措置および進捗状況に関する日本政府

の報告に対する国連障害者権利委員会の総括所見が、課題を整理して包括的に伝えており、その内容をよく確認し、社会全体で対応していく必要がある（外務省「障害者の権利に関する条約（略称：障害者権利条約）（Convention on the Rights of Persons with Disabilities）第1回政府報告に関する障害者権利委員会の総括所見」参照）。

　意思決定支援にかかわる法制度・環境整備の対策についても、総括所見の勧告内容に対応していく必要性にまず留意しておきたい。勧告内容としては、以下のことが示されている。

(a) 全ての障害者関連の国内法制及び政策を本条約と調和させること。

(b) 障害認定及び手帳制度を含め、障害の医学モデルの要素を排除するとともに、全ての障害者が、機能障害にかかわらず、社会における平等な機会及び社会に完全に包容され、参加するために必要となる支援を地域社会で享受できることを確保するため、法規制を見直すこと。

(c) 国及び地方自治体の法令において、「physical or mental disorder（心身の故障）」に基づく欠格条項等の侮蔑的文言及び法規制を廃止すること。

(d) 本条約の全ての用語が日本語に正確に訳されることを確保すること。

(e) 移動支援、個別の支援及び意思疎通支援を含め、地域社会において障害者が必要とするサービス・支援の提供における地域及び地方自治体間の格差を取り除くために、必要な立法上及び予算上の措置を講じること。

　日本社会の現状と照らし合わせ、上記（a）〜（e）に対するソーシャルアクションが求められる。なかでも意思決定支援について直接ふれているのは、以下の勧告内容である。

法律の前にひとしく認められる権利（第12条）

27. 委員会は、以下を懸念する。
　　(a) 意思決定能力の評価に基づき、障害者、特に精神障害者、知的障害者の法的能力の制限を許容すること、並びに、民法の下での意思決定を代行する制度を永続することによって、障害者が法律の前にひとしく認められる権利を否定する法規定。
　　(b) 2022年3月に閣議決定された、第二期成年後見制度利用促進基本計画。
　　(c) 2017年の障害福祉サービス等の提供に係る意思決定支援ガイドラインにおける「the best interest of a person（本人の最善の利益）」という言葉の使用。

28. 一般的意見第1号（2014年）法律の前にひとしく認められることを想起しつつ、委員会は以下を締約国に勧告する。
　　(a) 意思決定を代行する制度を廃止する観点から、全ての差別的な法規定及び政策を廃止し、全ての障害者が、法律の前にひとしく認められる権利を保障するために民法を改正すること。
　　(b) 必要としうる支援の水準や形態にかかわらず、全ての障害者の自律、意思及び選好を尊重する支援を受けて意思決定をする仕組みを設置すること。

上記の、法律の前にひとしく認められる権利（第12条）の総括所見の懸念、および勧告内容の指摘において必要となる取り組みについては、第2章において詳細に述べているので改めて確認してほしい。司法手続の利用の機会（第13条）に関する勧告内容等にも着目しながら、社会全体で「すべての差別的な法規定及び政策を廃止し、すべての障害者が、法律の前にひとしく認められる権利を保障」し、「すべての障害者の自律、意思及び選好を尊重する支援を受けて意思決定をする仕組みを設置」していくことが求められている。

　また、生命に対する権利（第10条）、身体の自由及び安全（第14条）、拷問又は残虐な、非人道的な若しくは品位を傷つける取扱い若しくは刑罰からの自由（第15条）に関する勧告内容などについては、精神科医療施設に入院している人への虐待案件などの状況に鑑み、早急な対応が求められる。

　SWr は、以下の勧告の内容にも着目しておく必要がある。

・優生思想及び非障害者優先主義に基づく考え方に対処する観点から、津久井やまゆり園事件を見直し、社会におけるこうした考え方の助長に対する法的責任を確保すること。
・障害者団体の緊密な関与により、司法及び裁判部門の専門家、政策決定者及び議員並びに教員、保健医療関係者、ソーシャルワーカー及びその他障害者に関わる専門家に対し、障害者の権利及び本条約上の締約国の義務に関する組織的な能力構築計画を提供すること。

　社会を揺るがした事件の背景にある、優生思想や非障害者優先主義へ対処していくための法的責任の確保へのソーシャルアクションが求められる。また、そのような取り組みを行っていくために、SWr 自身も「障害者の権利及び本条約上の締約国の義務に関する組織的な能力構築」を計画的に図る必要がある。

3　介護保険制度の動向と自立支援

①介護保険制度改正の動向

　高齢化が進行する日本社会において、介護保険制度は医療保険制度とともに基盤となる社会保障制度であり、1997（平成9）年12月に公布、2000（平成12）年4月に施行された。2005（平成17）年の制度改正に伴い全国的に設置された地域包括支援センターにおいては、社会福祉士（ソーシャルワーカー）が必置となった。地域包括支援センターのような地域における総合相談窓口においては、地域住民の多様な生活

ニーズに対応していくためのソーシャルワーク機能が重視されている。そして、総合相談支援における多様な生活ニーズへの対応の基盤となるのが、多職種の連携・協働体制、地域関係者の地域包括支援ネットワークの構築である。

2011（平成23）年の改正では、住まい、医療、介護、予防、生活支援を切れ目なく提供する地域包括ケアシステム構築の方向性が示され、2014（平成26）年の改正では、地域包括ケアシステムの構築に向けた地域支援事業の充実（在宅医療・介護連携、認知症施策の推進等）、2017（平成29）年の改正では、保険者機能の強化、介護保険と障害福祉制度に新たな共生型サービスが位置づけられた。そして、2020（令和2）年の改正では、地域の特性に応じた認知症施策や介護サービス提供体制の整備の推進などが示され、地域包括ケアの推進に向けた一連の制度改正が行われてきている。

②尊厳の保持と自立支援

一連の介護保険制度改正においては、地域包括ケアの推進の方向性の明示とともに、制度の継続性を担保するための予防施策の重視や、自立支援に関する施策の強化が図られている。少子高齢社会の進展のなかで、健康増進の取り組みの推進、住民主体のフレイル予防の地域づくりは大切な土台となる。

一方で、個人の自立支援に関しては、障害者権利条約の批准、成年後見制度の利用の促進に関する法律の成立、パーソン・センタード・ケアの動向も含めて、本人の意思の尊重、意思決定支援が土台として重要となる。介護保険法の目的でもある個人の尊厳の保持という理念に則り、身体的自立のみではない、本人の生活の歴史・物語の確認、本人を取り巻くソーシャルサポートネットワークの形成、多様な社会資源とのつながりの回復など、多面的で丁寧な自立支援、本人の意思を尊重した全人的（身体的・心理的・社会的）な自立支援を推進していく必要がある。

地域包括ケアの推進や地域共生社会の実現に向けた自立支援とは、身体的自立のみを指すものではないことは、障害者権利条約や国際生活機能分類（ICF）の倫理的ガイドラインの内容、「地域力強化検討会最終とりまとめ～地域共生社会の実現に向けた新しいステージへ～」（厚生労働省）での提起からも明らかである。このとりまとめには、「自立のあり方は多面的であるが、自立は個人で完結するものではなく、社会への参加を通して自立が促されることは共通している。他者とのつながりの中で自立していくためのつながりの再構築こそが求められている」と明記されている。このように、自立支援とは、自律（自己決定権）を土台とする人の生活の多面性、生老病死の暮らしの歩みに応じた総合的な支援となる。

③我が事としての自立と依存

自立支援について考えを深めていくうえでは、日々の暮らしにおいて、自分自身が完全に「自立」しているのか、誰かに、もしくは何かに、どのように、どの程度「依存」しているのかを考察していくことも重要である。誰もが「自立」と「依存」の両側面を併せもち、そのバランスはそのときどきの自分と環境の状況によって変化する。

誰もが病気や事故、加齢等によって、環境との関係性のなかで障害のある人になる可能性がある。また、自分や家族が認知症になって誰かの支援を受ける可能性もある。

「自立」や「依存」の関係性、自立支援について考えることは、他人事ではなく、我が事である。それは、それぞれの立場で人を支援し、地域づくりや社会形成を行っていく支援者として必要なことでもある。軽度から重度の障害者や、認知症の人たちの尊厳の保持も含めて、地域の実践現場、教育現場、学会、職能団体、行政等において、一面的ではない、多面的な議論の深まりが必要となる。

④我が事としての自律と意思決定支援

誰もが環境との関係性のなかで障害のある人になる可能性があることを考えるとき、自律（自己決定）と意思決定支援は、我が事の課題でもある。障害者権利条約が示すように、人生の最終段階まで、人は「固有の尊厳、個人の自律（自ら選択する自由を含む）及び個人の自立の尊重」を必要とする。

そのことをふまえて策定された、「障害福祉サービスの利用等にあたっての意思決定支援ガイドライン」「人生の最終段階における医療の決定プロセスに関するガイドライン」「認知症の人の日常生活・社会生活における意思決定支援ガイドライン」「身寄りがない人の入院及び医療に係る意思決定が困難な人への支援に関するガイドライン」「意思決定支援を踏まえた後見事務のガイドライン」といった一連の意思決定支援にかかわるガイドラインは、支援者として内容を把握し、実践していくためのガイドラインである。同時に、自分や家族、友人、知人が意思決定支援を受ける側となった際の指針ともなる。ソーシャルワーク実践における意思決定支援の普及は、市民社会を形成する我が事としての課題でもあるといえる。

4　包括的支援体制の構築と意思決定支援

① 「新たな時代に対応した福祉の提供ビジョン」におけるソーシャルワーカーの役割

　2015（平成27）年9月に発表された厚生労働省の「新たな時代に対応した福祉の提供ビジョン」には、新しい地域包括支援体制を目指した4つの改革として、その後の一連の政策検討、社会福祉法改正に向けた方向性が打ち出されている。（図4-1、図4-2）

---

1. 包括的な相談から見立て、支援調整の組み立て＋資源開発
2. 高齢、障害、児童等への総合的な支援の提供
3. 効果的・効率的なサービス提供のための生産性向上
4. 総合的な人材の育成・確保

図 4-1　新たな時代に対応した福祉の提供ビジョン

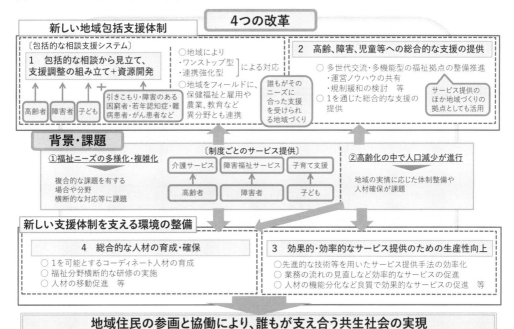

出典：厚生労働省「誰もが支え合う地域の構築に向けた福祉サービスの実現―新たな時代に対応した福祉の提供ビジョン―」2015年をもとに作成

図 4-2　新しい地域包括支援体制の構築

○　これまで、高齢者施策における「地域包括ケアシステム」の構築、生活困窮者に対する「生活困窮者自立支援制度」の創設など、各制度においても、支援の包括化や地域連携、ネットワークづくりを推進している。
○　今後とも、地域包括ケアシステムなどを着実に進めつつ、こうしたコンセプトの適用をさらに拡げ、多様なニーズを掬い取る「全世代・全対象型地域包括支援体制」を構築していく。

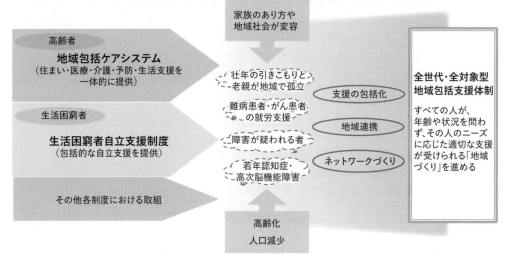

出典：厚生労働省「誰もが支え合う地域の構築に向けた福祉サービスの実現―新たな時代に対応した福祉の提供ビジョン―」2015年をもとに作成

　誰もがそのニーズに合った支援を受けられる地域づくりのためには、高齢、障害、子どもなどの分野を横断し、ひきこもり、生活困窮者、若年性認知症患者、難病患者、がん患者などへの対応を、地域の特性に応じてワンストップや連携強化により行い、さらに地域をフィールドとして保健福祉と雇用、農業、教育などの異分野とも連携した対応が必要とされる。

　なかでも、包括的な相談から見立て、支援調整の組み立てを行い、同時に資源開発を行っていくためには、地域の連携・協働の仕組みや分野横断のネットワークの構築が必須となる。また、それらを可能とするコーディネート人材の育成が肝要となり、SWrにはそのコーディネートを行っていく役割、機能の発揮が期待される。

　SWrに期待される役割は、それのみではない。「新たな時代に対応した福祉の提供ビジョン」における「効果的・効率的なサービス提供のための生産性向上」とは、クライエントへのサービスの質の向上を目的とするものでなければならない。ICTやデジタル技術等の、包括的相談支援、参加支援、地域づくりに向けた支援等への応用、書類作業や加算項目の事務が膨大となっている介護保険制度をはじめとする各分野の申請事務等の簡便化・総合化など、実践面・制度面から各種の工夫や応用が考えられる。

それらの各種の工夫や実践への応用のなかで、SWrには、「効果的・効率的なサービス提供のための生産性向上」が常にクライエントへのサービスの質の向上を目的とするものになっているかどうか、つまりは権利擁護支援の共通基盤の考え方が土台にある実践となっているか、そして意思決定支援の実践に資するものとなっているのかといった、実践や制度の評価と確認作業、必要な政策形成に向けたソーシャルアクションが求められている。

②生活困窮者自立支援制度の動向と意思決定支援

生活困窮者自立支援法は、2015（平成27）年4月に施行された。これまで行われてきた高齢者や子ども、障害者といった分野ごとの枠組みでは支援できない、あるいは十分な支援を行えない生活困窮者や孤立した状態にある人たちを支援することを目的とする法である。

施行に伴い創設された生活困窮者自立支援制度では、①生活困窮者の自立と尊厳の確保、②生活困窮者支援を通じた地域づくり、を目標としている。地域づくりにおいては、下記の2つの方向性が示されている。

---

①生活困窮者の早期把握や見守りのための地域ネットワークを構築し、包括的な支援策を用意するとともに、働く場や参加する場を広げていく。（既存の社会資源を活用し、不足すれば開発・創造していく。）
②生活困窮者が社会とのつながりを実感しなければ主体的な参加に向かうことは難しい。「支える、支えられる」という一方的な関係ではなく、「相互に支え合う」地域を構築する。

「制度のめざす目標」である生活困窮者の自立と尊厳の確保に向けて、「本人の内面からわき起こる意欲や想いが主役となり、支援員がこれに寄り添って支援する」「本人の自己選択、自己決定を基本に、経済的自立のみならず日常生活自立や社会生活自立など本人の状態に応じた自立を支援する」とされており、包括的支援体制の構築と意思決定支援の実践が制度の土台となっていることがわかる（図4-3）。また、生活困窮者とは、生活困窮者自立支援法第2条の理念からも明らかなように、単に就労や心身の状況による困窮者のみを指しているのではなく、社会からの望まない孤立状態にある人も含まれる。その支援対象者の幅は広く、包括的かつ早期の予防的な相談支援を行っていく実践であることを理解しておく必要がある。

全国各地の社会福祉協議会等の地域福祉実践と、本制度における各地の包括的支援の実践は、改正社会福祉法における重層的支援体制整備事業の土台にもなっている。

図 4-3　生活困窮者自立支援制度の理念

1. 制度の意義

　本制度は、生活保護に至っていない生活困窮者に対する「第2のセーフティネット」を全国的に拡充し、包括的な支援体系を創設するもの。

2. 制度のめざす目標

(1) 生活困窮者の自立と尊厳の確保
・本制度では、本人の内面からわき起こる意欲や想いが主役となり、支援員がこれに寄り添って支援する。
・本人の自己選択、自己決定を基本に、経済的自立のみならず日常生活自立や社会生活自立など本人の状態に応じた自立を支援する。
・生活困窮者の多くが自己肯定感、自尊感情を失っていることに留意し、尊厳の確保に特に配慮する。
(2) 生活困窮者支援を通じた地域づくり
・生活困窮者の早期把握や見守りのための地域ネットワークを構築し、包括的な支援策を用意するとともに、働く場や参加する場を広げていく。(既存の社会資源を活用し、不足すれば開発・創造していく。)
・生活困窮者が社会とのつながりを実感しなければ主体的な参加に向かうことは難しい。「支える、支えられる」という一方的な関係ではなく、「相互に支え合う」地域を構築する。

3. 新しい生活困窮者支援のかたち

(1) 包括的な支援…生活困窮者の課題は多様で複合的である。「制度の狭間」に陥らないよう、広く受け止め、就労の課題、心身の不調、家計の問題、家族問題などの多様な問題に対応する。
(2) 個別的な支援…生活困窮者に対する適切なアセスメントを通じて、個々人の状況に応じた適切な支援を実施する。
(3) 早期的な支援…真に困窮している人ほどSOSを発することが難しい。「待ちの姿勢」ではなく早期に生活困窮者を把握し、課題がより深刻になる前に問題解決を図る。
(4) 継続的な支援…自立を無理に急がせるのではなく、本人の段階に合わせて、切れ目なく継続的に支援を提供する。
(5) 分権的・創造的な支援…主役は地域であり、国と自治体、官と民、民と民が協働し、地域の支援体制を創造する。

出典：厚生労働省社会・援護局地域福祉課生活困窮者自立支援室「生活困窮者自立支援制度について」p.7、2015 年をもとに作成

　SWr は、本制度が目指す「生活困窮者の自立と尊厳の確保」「生活困窮者支援を通じた地域づくり」という目標を確認し、各地の生活困窮者への支援の実践やネットワーク構築に参加していくとともに、常に意思決定支援の実践となっているかどうかの確認作業と普及・啓発を行っていくことが求められる。

③社会福祉法の動向と意思決定支援

　厚生労働省内に設けられた「地域における住民主体の課題解決力強化・相談支援体制の在り方に関する検討会（地域力強化検討会）」や、「地域共生社会に向けた包括的支援と多様な参加・協働の推進に関する検討会（地域共生社会推進検討会）」等における地域の実践家も含めた検討や報告を経て、2020（令和2）年6月に「地域共生社会の実現のための社会福祉法等の一部を改正する法律案」が可決、成立した。市町村で包括的な支援体制の整備を行う重層的支援体制整備事業の創設を盛り込んだ改正社会福祉法の第4条では、「地域福祉の推進は、地域住民が相互に人格と個性を尊重し合いながら、参加し、共生する地域社会の実現を目指して行われなければならない」という記載が新設された。

また、同法第 6 条第 2 項（福祉サービスの提供体制の確保等に関する国及び地方公共団体の責務）では、「国及び地方公共団体は、地域生活課題の解決に資する支援が包括的に提供される体制の整備その他地域福祉の推進のために必要な各般の措置を講ずるよう努めるとともに、当該措置の推進に当たっては、保健医療、労働、教育、住まい及び地域再生に関する施策その他の関連施策との連携に配慮するよう努めなければならない」と定められている。

　市町村においては、同法第 106 条の 4 に規定する重層的支援体制整備事業その他地域生活課題の解決に資する支援が、包括的に提供される体制の整備が適正かつ円滑に行われるように取り組み、地域共生社会の実現に向けて取り組みの土台となる重層的な連携・協働の仕組みづくり、ネットワークの構築を行っていく方向性が示されている。

　第 3 章の実践事例が示すように、ミクロシステムにおける意思決定支援の実践を支える土台がメゾ・マクロシステムの連鎖的変化であり、社会福祉法が目指す包括的支援体制の構築は、意思決定支援の 1 つの土台となる。ソーシャルワーク実践においては、地域における分野横断の重層的な包括支援体制の構築に向けた取り組みが、個別の意思決定支援を支える土台となることを常に意識し、SWr はそれぞれの持ち場で、ミクロ・メゾ・マクロシステムの連鎖的変化に向けたエンパワメントの実践に取り組んでいく必要がある。

5　制度・政策の動向とソーシャルワーク実践の循環関係

　制度・政策の動向はソーシャルワーク実践の背景となるとともに、現場のソーシャルワーク実践や研究・教育によって、人々や社会の多様なニーズを制度・政策へ反映させていくといった循環関係にある。SWr は、制度・政策の動向の把握と実践現場への応用とともに、制度・政策のみにとらわれない創造的なソーシャルワークの実践を試みながら、人々や社会のニーズに制度・政策が対応していけるようはたらきかけ、ソーシャルアクションを継続していかなければならない。

　SWr には、制度・政策の内容をわかりやすくクライエントに伝えるとともに、人々の多様な生活ニーズを制度・政策へ反映させていく双方向の通訳者の役割や、ソーシャルアクションの実践者としての役割が求められていることは、第 3 章の実践事例にも示されているとおりである。

　また、第 1 章において、多様性を包摂する社会的規範への変革と、実態に即して機能する社会福祉関連法制度への変革を連動させながら推進し、誰もが Well-being

を実現できる機会を確保できる社会に向けて変化させていくための5つの実践を示しているので、再度確認してほしい（p.14）。さらに、第2章においては、意思決定支援の法的位置づけを明確にする必要があること、ソーシャルワーク実践における意思決定支援を担保できる環境整備が重要であること、ソーシャルワークは多様性や個別性を重視した対人援助であり、既存の制度や社会資源の枠組みに当てはめるために存在しているのではないことを明示している。

　誰もがWell-beingを実現できる機会を確保できる社会に向けて、創造的なソーシャルワーク実践が求められている。

第**2**節

メゾ・マクロシステムにおける
意思決定支援の展開

　ミクロ・メゾ・マクロシステムにおける意思決定支援の循環性については、第2章第3節、および第3章の実践事例の内容を改めて確認してほしい。そのうえで、ミクロシステムにおける意思決定支援の実践の土台として重要となる、メゾシステム、マクロシステムにおける実践の留意点について述べる。

1　メゾシステムにおける意思決定支援の展開
──所属組織・職場での展開

　第3章の実践事例を通して明らかなことは、ミクロシステムの展開を支えるメゾシステムの展開、なかでも所属組織のサポート体制と組織のもつ力の活用が重要になるということである。そして、組織・職場のマネジメントの基盤となるのは、組織として目指す使命、理念、目標を職員間で共有することである。まずは、所属組織の使命、理念、目標の内容を確認しておく必要がある。

　「ソーシャルワーカーの倫理綱領」の倫理基準Ⅱ「組織・職場に対する倫理責任」には、以下のことが示されている（一部抜粋）。

3.　倫理綱領の理解の促進
　　組織・職場において本倫理綱領が認識されるよう働きかける。
4.　倫理的実践の推進
　　組織・職場の方針、規則、業務命令がソーシャルワークの倫理的実践を妨げる場合は、適切・妥当な方法・手段によって提言し、改善を図る。
6.　組織改革
　　人々のニーズや社会状況の変化に応じて組織・職場の機能を評価し必要な改革を図る。

　そのため、権利擁護実践の基盤である意思決定支援の理念、実践の具体的方法について組織内における普及啓発・実践の促進を図っていくことも、SWrの役割、行動規範となる。

　組織内への普及・啓発については、国レベルの5つの意思決定支援ガイドライン、

専門職団体発行の意思決定支援に関するガイドブック、「ソーシャルワーカーの倫理綱領」の内容、障害者権利条約の内容、国連障害者権利委員会の総括所見の内容等を活用して、職員間で意思決定支援の理念、知識、技術、実践方法等を学び合う機会をつくっていくことから始める。職場内のスーパービジョン（管理機能、教育機能、支持機能）、事例検討、職員研修会等の多様な機会を通じて、職員間の意思決定支援の実践の情報共有、相互評価等を行い、実践の力を高めていく必要がある。

　それらの組織・職場内の意思決定支援の実践の土台形成のためにも、SWr養成教育や専門職団体による現任者教育・研修での、「意思決定支援」に関する普及・啓発と教育・研修との協働の取り組みが必要となる。特に、養成校におけるソーシャルワーク教育とともに、実践現場においてスーパーバイザーの役割を担う組織・職場の中堅職員への意思決定支援に関する研修や普及・啓発が、今後、より肝要となるだろう。

2　メゾシステムにおける意思決定支援の展開
──意思決定支援の普及・啓発と実践

　メゾシステムにおいては、所属組織・職場以外にも地域の各種の市民サロン・グループ、関係機関、社会福祉法人、地縁組織、ボランティアグループ、NPO、地域住民等への意思決定支援の理念、実践の普及を図っていくことが肝要であり、地域社会全体への意思決定支援の普及・啓発にもつながっていく。

　第二期成年後見制度利用促進基本計画の推進図（図4-4）が示しているように、単に制度の推進ではなく、「地域共生社会の実現」という目的に向けての各種制度の推進であることの理解が必要である。そのためには、包括的・重層的・多層的な支援体制と権利擁護支援の地域連携ネットワークの構築が土台として必要となる。

　ネットワークの構築にあたっては、権利侵害からの回復と意思決定支援を中心とする権利擁護支援の考え方が共通基盤となることを地域社会に広く周知・啓発していくことが求められる。まずは、この推進のイメージ図や各種の意思決定支援ガイドラインの内容を、地域の関係者に普及・啓発していくことから始めてみるとよいだろう。

　例えば、SWrの各所属組織・職場において「メゾシステムにおける意思決定支援の普及・啓発」にかかわる構想を立てて事業計画に盛り込み、ケアマネジメントにおけるチーム形成の過程や多様な地域連携ネットワーク構築の過程等を通して、意図的・計画的に普及・啓発を図っていくことなどが考えられる。

　行政機関や地域包括支援センター等であれば、介護保険運営協議会、地域包括支援センター運営協議会、地域ケア推進会議や地域ケア個別会議、医療・介護連携推進協議会、認知症多職種協働研修、介護支援専門員の連絡会や研修会、介護サービス事業

図 4-4　地域共生社会の実現に向けた権利擁護の推進

○ 地域共生社会は、「制度・分野の枠や『支える側』と『支えられる側』という従来の関係を超えて、住み慣れた地域において、人と人、人と社会がつながり、すべての住民が、障害の有無にかかわらず尊厳のある本人らしい生活を継続することができるよう、社会全体で支え合いながら、ともに地域を創っていくこと」を目指すもの。
○ 第二期基本計画では、地域共生社会の実現という目的に向け、本人を中心にした支援・活動における共通基盤となる考え方として「権利擁護支援」を位置付けた上で、権利擁護支援の地域連携ネットワークの一層の充実などの成年後見制度利用促進の取組をさらに進める。

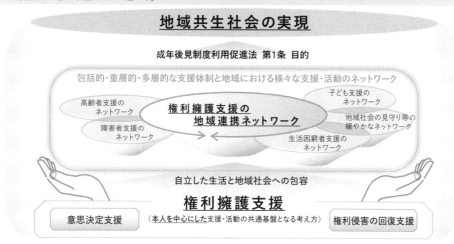

出典：厚生労働省「第二期成年後見制度利用促進基本計画」

者の連絡会や研修会、地域での各種予防教室や介護教室など、多様な機会や場において、意思決定支援にかかわる理念や内容の普及・啓発を行うことができる。第3章第6節の ACP の地域住民への普及・啓発の実践事例（p.151）などは顕著な例の1つであろう。

　障害福祉分野であれば自立支援協議会、児童福祉分野であれば要保護児童対策地域協議会、生活困窮者自立支援事業や重層的支援体制整備事業であれば地域づくり・参加支援の取り組みや個別支援における支援会議・支援調整会議等、地域福祉推進のプラットフォームである社会福祉協議会であれば地域福祉活動計画における各種の推進プランや小地域福祉活動というように、あらゆる場や地域関係者との連携・協働において、意思決定支援にかかわる普及・啓発、そして実践を行っていくことができる。

　上記のような連携会議やネットワーク形成の場面以外でも、ソーシャルワーク実践のあらゆる場面において意思決定支援の実践は求められ、理念や内容の普及・啓発の機会は組織の内外で多様に存在する。

3 マクロシステムにおける意思決定支援の展開

①意思決定支援の展開方法

　次に、地方自治体レベル、国家レベル、制度・政策、社会規範、国際機関、自然環境等のマクロシステムの実践における意思決定支援の展開について述べる。

　第3章の実践事例でも示されているように、地域福祉計画、地域福祉活動計画、介護保険事業計画、高齢者保健福祉計画、障害者福祉計画、成年後見制度利用促進計画、重層的支援体制整備事業実施計画等の市町村レベルの自治体の福祉推進計画に、国の5つの意思決定支援ガイドラインや第二期成年後見制度利用促進基本計画に基づく施策や支援を実行していくことを明記し、自治体の福祉施策の土台として、本人を中心にした支援・活動の共通基盤となる権利擁護支援、意思決定支援の理念と実践が位置づけられるようにはたらきかけていくことが求められる。

　都道府県レベルの自治体計画においても同様である。第二期成年後見制度利用促進基本計画においては、「意思決定支援の浸透」が計画上の重要テーマとなっており、「都道府県による意思決定支援研修の実施」「各種意思決定支援ガイドラインの普及、啓発」「基本的考え方の整理と普及」のKPI（重要業績評価指標）が、計画推進プロセスにおける目標数値として記載されている。

②マクロシステムへのソーシャルアクション

　ミクロシステムにおける意思決定支援の環境整備として、マクロシステムへのソーシャルアクションが重要である。第3章にも示されているように、自立支援協議会の議論を通した自治体施策としての社会資源の創出、異なる自治体間の社会資源の結びつけ、専門職団体を通した権利擁護支援や意思決定支援にかかわる制度・政策形成、当事者団体を通した普及啓発、市町村・都道府県の条例策定へのはたらきかけ、自治体レベルの地域包括ケアの仕組みづくりへの参画、市民や各種グループへの啓発活動を通した地域社会の規範形成、重層的支援体制整備事業を通した総合的な分野横断の取り組みなど、多様なはたらきかけが想定できる。

　また、第1章における「多様性を包摂する社会的規範への変革」と「実態に即して機能する法制度への変革」の連動をつくり出し社会を変えていく必要性、および第2章における「意思決定支援の法的位置づけを明確にすること」「ソーシャルワークの非効率性を担保できる環境整備」「適切に意思決定支援プロセスをふまえた場合の

結果責任を問われないようにするための免責規定等を含む法制度」「社会全体としての価値観や多様性の尊重が根づくような SWr の関与」など、マクロシステムへのソーシャルアクションにおいて取り組むべき課題は数多くある。

　マクロシステムにおける意思決定支援の展開において最も重要となるのが、前述したように、障害者権利条約への日本の取り組みに対する国連障害者権利委員会による総括所見への対応を着実に行っていくことであろう。SWr には、第 2 章において確認した障害者権利条約の内容、および「ソーシャルワーカーの倫理綱領」と意思決定支援の関係性をふまえながら、総括所見の勧告内容が社会に反映されるようなソーシャルワーク実践や、マクロシステムへのソーシャルアクションが求められる。

ソーシャルワーカーの養成と
専門職団体の役割

　ソーシャルワーク実践のなかで意思決定支援を行うには、SWr が意思決定支援についての知識とスキルを有しておく必要がある。しかし、意思決定支援の概念は比較的新しいものであるため、すべての SWr が十分に実践できる力量を備えているとはいえないだろう。そこで本節では、SWr の養成と専門職団体の役割について、社会福祉士を中心にして述べていく。

1　ソーシャルワーク教育における意思決定支援

①社会福祉士の養成カリキュラム見直しの背景

　社会福祉士の養成については、資格制度が創設された 1987（昭和 62）年以降、社会状況の変化や法制度の改正等に合わせて教育内容の見直しが行われてきた。直近では、2019（令和元）年 6 月に公表され、関係省令・通知の改正を経て 2021（令和 3）年度から順次適用されている、新たな社会福祉士の養成カリキュラムがある。この新たな養成カリキュラムは、2007（平成 19）年以来 12 年ぶりの見直しとなった。この背景にあるのは、社会保障審議会福祉部会福祉人材確保専門委員会が 2018（平成 30）年に取りまとめた報告書「ソーシャルワーク専門職である社会福祉士に求められる役割等について」である。そこで、まずは報告書の内容について確認しておきたい。

　報告書では、社会福祉士が高齢者支援、障害児・者支援、子ども・子育て支援、生活困窮者支援などの従来からの支援対象別法制度に基づく分野での相談援助実践に加えて、教育分野や司法分野などにも配置されるようになるなど、活躍の範囲が広がってきているとしながら、少子高齢化の進展、人々の意識や世帯構造の変化、地域における孤立化などの社会福祉士を取り巻く社会状況が変化してきたとしている。

　このような変化は、例えば、ニーズの多様化・複雑化に伴って対応が困難となるケースや、多様な分野での対応が必要となる課題を生み出し、既存の制度では対応が困難なさまざまな課題の顕在化につながってきた。また、すべての人が地域で自分らしく暮らし続けられるよう、多様な主体が支え合い、地域、暮らし、生きがいをともに創っ

ていく地域共生社会の実現が目指されている。

　こうした地域共生社会の実現と新たな福祉ニーズに対応していくために、①複合化・複雑化した課題を受け止める多機関の協働による包括的な相談支援体制の構築、②地域住民等が主体的に地域課題を把握して解決を試みる体制の構築が求められるとしたうえで、社会福祉士にはソーシャルワークの機能を発揮し、制度横断的な課題への対応や必要な社会資源の開発といった役割を担うことができる実践能力を身につけることが求められる、と報告書では指摘されている。

　社会福祉士に求められるソーシャルワーク機能については、表 4-1 に示されるような 24 の機能をあげ、これらの機能が相互に補完し合いながら発揮される必要があるとしている。その実践能力を有する社会福祉士を養成するために、養成カリキュラムの内容や実習・演習の充実等が必要であると指摘されている。

表 4-1　地域共生社会の実現に向けて社会福祉士に求められるソーシャルワーク機能

| 複合化・複雑化した課題を受け止める多機関の協働による包括的な相談支援体制を構築するために求められるソーシャルワークの機能 | ①地域において支援が必要な個人や世帯及び表出されていないニーズの発見
②地域全体で解決が求められている課題の発見
③相談者が抱える課題を包括的に理解するための社会的・心理的・身体的・経済的・文化的側面のアセスメント
④相談者個人、世帯並びに個人と世帯を取り巻く集団や地域のアセスメント
⑤アセスメントを踏まえた課題解決やニーズの充足及び適切な社会資源への仲介・調整
⑥相談者個人への支援を中心とした分野横断的な支援体制及び地域づくり
⑦必要なサービスや社会資源が存在しない又は機能しない場合における新たな社会資源の開発や施策の改善の提案
⑧地域特性、社会資源、地域住民の意識等を把握するための地域アセスメント及び評価
⑨地域全体の課題を解決するための業種横断的な社会資源との関係形成及び地域づくり
⑩包括的な相談支援体制に求められる価値、知識、技術に関する情報や認識の共有化
⑪包括的な相談支援体制を構成するメンバーの組織化及びそれぞれの機能や役割の整理・調整
⑫相談者の権利を擁護し、意思を尊重する支援や方法等の整備
⑬包括的な相談支援体制を担う人材の育成に向けた意識の醸成 |
| 地域住民等が主体的に地域課題を把握し、解決を試みる体制を構築するために求められるソーシャルワークの機能 | ⑭潜在的なニーズを抱える人の把握、発見
⑮ソーシャルワーカー自身が地域社会の一員であるということの意識化と実践化
⑯地域特性、社会資源、地域住民の意識等の把握
⑰個人、世帯、地域の福祉課題に対する関心や問題意識の醸成、理解の促進、福祉課題の普遍化
⑱地域住民が支え手と受け手に分かれることなく役割を担うという意識の醸成と機会の創出
⑲地域住民のエンパワメント（住民が自身の強みや力に気付き、発揮することへの支援）
⑳住民主体の地域課題解決体制の立ち上げ支援並びに立ち上げ後の運営等の助言・支援
㉑住民主体の地域課題解決体制を構成するメンバーとなる住民や団体等の間の連絡・調整
㉒地域住民や地域の公私の社会資源との関係形成
㉓見守りの仕組みや新たな社会資源をつくるための提案
㉔「包括的な相談支援体制」と「住民主体の地域課題解決体制」との関係性や役割等に関する理解の促進 |

出典：社会保障審議会福祉部会福祉人材確保専門委員会「ソーシャルワーク専門職である社会福祉士に求められる役割等について」pp.6 ～ 7、2018 年をもとに作成

②新たな社会福祉士の養成カリキュラムの全体像

　次に、2019（令和元）年に公表された新たな養成カリキュラムについても確認しておく。まず、養成カリキュラムの充実として、地域共生社会に関する科目の創設やソーシャルワーク機能を学ぶ科目の再編成などが行われ、指定科目数は 23 科目となった（図 4-5）。従来は「相談援助」とされていた科目名称が「ソーシャルワーク」に置き換わったことは、極めて重要な変更点である。また、ソーシャルワーク機能の実践能力を効果的に習得するために、講義で学んだ理論や知識を演習と実習で統合し、実習体験を基にした総合的な能力の習得を行う「講義—演習—実習」の学習循環の構築を重視している。さらに、実習の充実として、地域における多様な福祉ニーズや多職種・多機関協働、社会資源の開発等の実態を学ぶことができるよう、実習時間を従来の 180 時間から 60 時間増やし 240 時間とするとともに、機能の異なる 2 か所以上の施設・機関での実習を必須とした。

図 4-5　新たな社会福祉士の養成カリキュラムの全体像

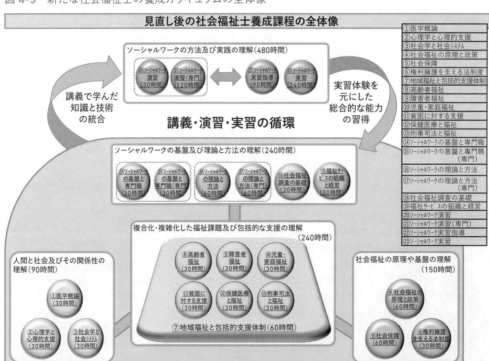

出典：厚生労働省社会・援護局福祉基盤課福祉人材確保対策室「参考 2（別添）見直し後の社会福祉士養成課程の全体像」2020 年

③社会福祉士の養成カリキュラムにおける意思決定支援の位置づけ

先に示した社会保障審議会の報告書でまとめられた社会福祉士に求められるソーシャルワーク機能においても、「相談者の権利を擁護し、意思を尊重する支援や方法等の整備」や「地域において支援が必要な個人や世帯及び表出されていないニーズの発見」が位置づけられており、意思決定支援の実践が展開できる力量を有する社会福祉士が求められていることが理解できるであろう。そして、これらの機能は別々に発揮されるのではなく、それぞれの機能が相互に補完し合い、影響し合うことがソーシャルワーク実践で不可欠となる。

ミクロシステムでの意思決定支援の実践が、メゾ・マクロシステムの連鎖的変化をもたらし、メゾ・マクロシステムの変化がミクロシステムの意思決定支援の実践に循環していく仕組みが重要であり、このような実践ができる社会福祉士の養成が求められている。

では、新たな社会福祉士の養成カリキュラムにおいて、意思決定支援の実践がどのように位置づけられているのかを確認しておく。厚生労働省が示している各指定科目のシラバスでは、各養成校の教育内容に必ず含まれなければならないとされる「教育に含むべき事項」に意思決定支援は登場しないが、具体的な教育内容の例を示している「想定される教育内容の例」においては、「保健医療と福祉」と「権利擁護を支える法制度」の2科目で意思決定支援が例示されている（表4-2）。

表4-2　社会福祉士の養成のカリキュラムにおける「意思決定支援」の位置づけ

科目名	教育に含むべき事項		想定される教育内容の例
保健医療と福祉	③保健医療に係る倫理	1 自己決定権の尊重	・インフォームド・コンセント、インフォームド・アセント ・意思決定支援、アドバンスケアプランニング
権利擁護を支える法制度	③権利擁護の意義と支える仕組み	6 意思決定支援ガイドライン	・障害福祉サービス等の提供に係る意思決定支援ガイドライン ・人生の最終段階における医療・ケアの決定プロセスに関するガイドライン ・認知症の人の日常生活・社会生活における意思決定支援ガイドライン
	⑥成年後見制度	6 成年後見制度の最近の動向	・利用動向 ・成年後見制度利用促進法 ・成年後見制度利用促進基本計画 ・意思決定支援

出典：厚生労働省社会・援護局福祉基盤課福祉人材確保対策室「社会福祉士養成課程のカリキュラム（令和元年度改正）」2020年より作成　（下線は筆者）

なお、標準的な教材となることを目的に、日本ソーシャルワーク教育学校連盟が編集し、2021（令和3）年に刊行された『最新 社会福祉士養成講座』（中央法規出版）では、厚生労働省が例示した2科目（『保健医療と福祉』『権利擁護を支える法制度』）以外にも、『高齢者福祉』『障害者福祉』『ソーシャルワーク演習［社会専門］』において意思決定支援が扱われている。

④ソーシャルワーク教育に意思決定支援を組み込んでいくために

　意思決定支援は、指定科目における教育内容としては2科目でしか扱われていないものの、社会福祉士によるソーシャルワーク実践においては、クライエントを主体としたエンパワメントプロセスを展開することが求められる。そのため、意思決定支援を実践的に展開できるよう、理論や知識と具体的な方法について学ぶ必要がある。

　さらには、意思決定支援のプロセスが含まれる事例教材を、演習教育のなかでできるだけ多く取り入れることも重要である。こうした学習を繰り返すことで、たとえ事例教材のなかに意思決定支援のプロセスが明示されていなくても、SWrは事例のどの場面で、どのような意思決定支援を行えばよいかを自然に考えていけるようになるだろう。

　ただし、意思決定支援がクライエント個人のみを視野に入れた支援に限定した理解にならないように留意したい。第1章で述べているように、クライエントの生活ニーズは、ミクロシステムだけではなくメゾ・マクロシステムとの交互作用によって形成されている。そのため、事例教材に対して意思決定支援のプロセスを検討する際にも、常にミクロ・メゾ・マクロシステムの連鎖的変化を意識することが必要となる。第3章の実践事例は、その事例教材にもなり得るだろう。

　次に、実習との関連についてもふれておきたい。ソーシャルワーク実習では、クライエント等とのコミュニケーション、援助関係の形成、ニーズの把握、プランニングから評価までを、実習指導者による指導を受けながら学ぶことになるが、それが単なるクライエント個人のミクロシステムに焦点を当てたアセスメントやプランニングで終わらないように留意する必要がある。

　実践経験のない実習生は、実習で出会ったクライエントの問題について、クライエント個人に焦点を当てたアセスメントやプランニングを行いがちである。しかし、ミクロ・メゾ・マクロシステムの連鎖的変化を志向するSWrを目指すためには、実習で出会うクライエントの個別ニーズを普遍化し、メゾシステムやマクロシステムにおける課題としてとらえ直すことが大切である。実習指導者をはじめとして、実習生にかかわるSWrにはこうしたことを視野に入れた実習指導や助言が求められる。

ソーシャルワーク実習は 240 時間しかなく、日数に換算すれば 1 か所目の実習が 8 日間、2 か所目の実習は 24 日間となる場合が多いだろう。極めて限られた実践現場での実習をより効果的な学習にしていくには、実習を含めた教育課程全体を「講義―演習―実習」の学習循環が成り立つようなカリキュラムとして編成していく必要がある。そうすることで、「理論や知識の蓄積」（講義）→「理論や知識の技術への転換」（演習）→「理論・知識・技術の実践への応用と実践上の課題の発見」（実習）につながり、課題解決に向けた新たな理論や知識の蓄積へと学習循環が構築される。

　また、実習での体験を経験学習モデル（具体的経験→振り返り→概念化→次なる実践への応用）による学習とすることで、言語化できなかった「暗黙知」を、教訓や他者に説明できる「形式知」に変換することが可能になる。ただし、実習生が経験を概念化するには、振り返り段階での内省支援を行うことでより効果的になるため、実習指導者や実習担当教員による適切なフィードバックやスーパービジョンが重要となる。

2　ソーシャルワーク専門職団体の役割

①専門職と専門職団体の役割

　先ほど述べたように、2018（平成 30）年 3 月に社会保障審議会福祉部会福祉人材確保専門委員会は「ソーシャルワーク専門職である社会福祉士に求められる役割等について」をまとめた。国の公式な文書で、社会福祉士は「ソーシャルワーク専門職」であると示された意義は大きい。社会福祉士及び介護福祉士法の創設時、社会福祉士は「社会福祉従事者」という位置づけであったが、ようやく「ソーシャルワーク専門職」として位置づけられたのだ。

　かつて、仲村優一は「専門職」として成立する要件について次の 6 点をあげている[1]。

---

①専門職とは、科学的理論に基づく専門の技術の体系をもつものであること。
②その技術を身につけるのには、一定の教育と訓練が必要であること。
③専門職になるには、一定の試験に合格して能力が実証されなければならないこと。
④専門職は、その行動の指針である倫理綱領を守ることによって、その統一性が保たれること。
⑤専門職の提供するサービスは、私益でなく公衆の福祉に資するものでなければならないこと。
⑥社会的に認知された専門職団体として組織化されていること。

仲村が6点目にあげているように、専門職団体として組織化されていることが専門職の要件の1つであり、その専門職団体のメンバーであることが専門職としての証でもある。ただし、専門職団体の役割は、それぞれの職業や職種の位置づけや業務が独占的であるかどうか、資格を必要とするかどうか、社会や他職種との関係によって大きく異なっている。そのため、専門職団体の役割を一概に定義づけることは困難である。

　日本社会福祉士会の場合、定款において「社会福祉士の倫理を確立し、専門的技能を研鑽し、社会福祉士の資質と社会的地位の向上に努めるとともに、都道府県社会福祉士会と協働して人々の生活と権利及び社会福祉の増進に寄与すること」を目的として規定している。例えば、社会福祉士に対しては、専門職としての倫理綱領を策定しそれを遵守させることや、研修を開発し専門性の向上を図ること、スーパービジョンの環境を整えていくことなどである。また、外部に対しては、社会福祉士の社会的地位の向上や業務環境の整備に向けてはたらきかけていくことや、クライエントを含めた誰もが Well-being を実現できる社会になるような活動を展開することである。

②社会に対するはたらきかけと専門職団体の役割

　第3章第3節の事例（p.96）では、独立型社会福祉士としての成年後見実践をベースにしながら、関連制度の政策形成に影響を与えていく過程が述べられている。このような実践は個人だけでは限界があり、専門職団体の存在が重要になってくる。すなわち、SWr 個人が行っているミクロシステムでのソーシャルワーク実践の実態や課題を把握し、メゾ・マクロシステムの連鎖的変化に向けたアプローチにつなげていくことは、ソーシャルワーク専門職団体の重要な使命でもある。そのために、実践の実態把握のための調査や分析を行う体制の構築、政策等の立案を行うなど関係機関に効果的にはたらきかける力量が求められるであろう。

③実践研究と研修開発について

　第3章で示されているようなソーシャルワーク実践は、顕在化していないだけで各地で展開されているだろう。まだ実践には至っていないが、このような実践を志向している SWr もいるはずである。実践に理論を与えたり、スーパービジョンを行ったりすることも、ソーシャルワーク専門職団体の重要な役割である。そして、個々に展開されているソーシャルワーク実践を、SWr 個人の経験として完結させるのではなく、1つの実践事例として事例検討や報告を行うことにより、報告者だけでなく参

加者も含めた SWr 全体の底上げに寄与するであろう。さらに、実践研究にまで高めることで、日本のソーシャルワーク実践の進化に資することにもつながってくる。理論は実践の蓄積によって生成され、発展していくのである。

そのためには、ソーシャルワーク専門職団体でのスーパービジョン、事例検討会や研究活動の仕組みの充実が求められる。また、SWr は、「ソーシャルワーカーの倫理綱領」に明記されている専門性の向上に向けた取り組みとして、これらの活動に積極的に参加すべきだろう。

なお、日本社会福祉士会では「研究倫理ガイドライン」や「正会員及び正会員に所属する社会福祉士が実践研究等において事例を取り扱う際のガイドライン」等を準備しているので、参考にしてほしい。

意思決定支援が初めて法的に位置づけられたのは、2011（平成23）年の障害者基本法の改正であり、各種ガイドラインが整備され始めたのが 2017（平成29）年と、意思決定支援は比較的新しい概念である。そのため、SWr のなかには、意思決定支援に関する知識やスキルの習得が十分ではない人も多いと考えられる。現任者への研修は、専門職としての質を保証する役割と、専門職養成教育と専門職業務をつなぐ役割がある。意思決定支援をソーシャルワーク実践で活かしていくためにも、意思決定支援に関する研修の開発は急務である。成年後見制度に関連する研修は先行して実施されているが、さまざまな実践に応用が可能な汎用性をもった研修プログラムの開発も、専門職団体の重要な役割であると考える。

引用文献
1) 仲村優一『仲村優一社会福祉著作集第6巻　社会福祉教育・専門職論』旬報社、p.130、2002年

参考文献
・社団法人日本社会福祉士会編『ネットワークを活用したソーシャルワーク実践——事例から学ぶ「地域」実践力養成テキスト』中央法規出版、2013年
・公益社団法人日本社会福祉士会編『地域共生社会に向けたソーシャルワーク——社会福祉士による実践事例から』中央法規出版、2018年
・公益社団法人日本社会福祉士会編『基礎研修テキスト2021【上巻】』公益社団法人日本社会福祉士会、2021年
・公益社団法人日本社会福祉士会編『社会を動かすマクロソーシャルワークの理論と実践——あたらしい一歩を踏み出すために』中央法規出版、2021年
・公益社団法人日本社会福祉士会編『新版 社会福祉士実習指導者テキスト』中央法規出版、2022年

おわりに

　本書作成の契機は、2022（令和2）年7月2日〜3日に開催された「第30回 日本社会福祉士会全国大会・社会福祉士学会（東京大会）」である。この大会はコロナ禍での開催となり、感染防止に留意した対面開催とオンライン開催を組み合わせて実施された。社会福祉士会の数多くのメンバーの参加協力による工夫と努力が結晶した大会であった。

　大会のテーマ「ソーシャルワークを紡ぐ〜一人ひとりがつながりを実感できる社会への変革と社会的包摂の実現〜」には、一人ひとりのソーシャルワーカーの「知」「技術」「価値」「実践」、そして各団体の取り組みを紡ぎながら、これからのソーシャルワーク実践の大きな流れを創っていこうという意図、さらに社会の諸矛盾や障壁、人々の孤立、格差などを乗り越えて、一人ひとりの個人が尊重されながら必要に応じて連帯できる包摂的な社会を実現しようという意思が含まれている。

　2日目の特別分科会「包括的支援体制の構築と意思決定支援〜ソーシャルワークにおける意思決定支援の実践と課題を考える〜」は、本書の編集委員である星野美子、丸山晃、山本繁樹も含めた東京社会福祉士会の多様なメンバーにより、1年がかりで企画、準備された分科会である。当日は各分野のソーシャルワーカーにより、ミクロシステムにおける意思決定支援の実践と、それを可能にするメゾ・マクロシステムの体制構築および各システムの連関が語られた。

　この特別分科会における討議内容と1日目の髙良麻子による基調講演「すべての人びとがWell-beingを実現できる社会への変革に向けたソーシャルワーク」の社会認識と課題提起は、これからのミクロ・メゾ・マクロレベルの総体としてのソーシャルワーク実践における意思決定支援を展望していくうえでも、一連のものとして書籍という形にして残しておくべきだと考えられた。作品として残すことにより、各地で活動を進めているソーシャルワーカーの実践、研修、教育、後進の育成、そして多様な関係者間の連携・協働に資するものとなり、ソーシャルワーク実践を通したすべての人々のWell-beingの実現につながっていくことが期待できる。

　幸いにして、書籍という作品として創造していくことに編集委員4人をはじ

め分科会の発表者、東京社会福祉士会、日本社会福祉士会の賛同が得られ、改めて内容を検討し深めたものが本書である。編集委員および執筆者一同の願いは、ミクロ・メゾ・マクロシステムの連鎖的変化に向けたエンパワメントのソーシャルワーク実践における意思決定支援を通した人々の Well-being の実現に、本書が寄与することである。

　最後に、作品として創造していくことに粘り強く伴走してくれた中央法規出版編集部の三浦功子氏、照井言彦氏、寺田真理子氏、そして社会福祉士会の関係諸氏にお礼申し上げる。

2023 年 8 月

編集委員　髙良麻子　星野美子　丸山晃　山本繁樹

ソーシャルワーク実践における意思決定支援
ミクロ・メゾ・マクロシステムの連鎖的変化に向けたエンパワメント

2023 年 8 月 25 日　発行

編　集　　　　公益社団法人日本社会福祉士会
発行者　　　　荘村明彦
発行所　　　　中央法規出版株式会社
　　　　　　　〒 110-0016 東京都台東区台東 3-29-1 中央法規ビル
　　　　　　　TEL 03-6387-3196
　　　　　　　https://www.chuohoki.co.jp/

装幀・本文デザイン　　加藤愛子（株式会社オフィスキントン）
印刷・製本　　　　　　株式会社アルキャスト

定価はカバーに表示してあります。

ISBN 978-4-8058-8922-0

本書の内容に関するご質問については、下記URLから「お問い合わせフォーム」にご入力いただきますようお願いいたします。
https://www.chuohoki.co.jp/contact/